MAURIZIO CATTELAN
*1961

NEO RAUCH
*1960

TRACEY MOFFAT
*1960

TAKASHI MURAKAMI
*1962

DINOS CHAPMAN
*1962

GABRIEL OROZCO
*1962

PIPILOTTI RIST
*1962

RACHEL WHITEREAD
*1963

TRACEY EMIN
*1963

DAMIEN HIRST
*1965

ZHANG HUAN
*1965

ELIZABETH PEYTON
*1965

JAKE CHAPMAN
*1966

ÓLAFUR ELÍASSON
*1967

MATTHEW BARNEY
*1967

SAM TAYLOR-JOHNSON
*1967

MARIKO MORI
*1967

TAL R
*1967

WOLFGANG TILLMANS
*1968

CHRIS OFILI
*1968

DOUG AITKEN
*1968

GREGOR SCHNEIDER
*1969

KARA WALKER
*1969

JONATHAN MEESE
*1970

ANSELM REYLE
*1970

1960–1965

1966–1969

1970er

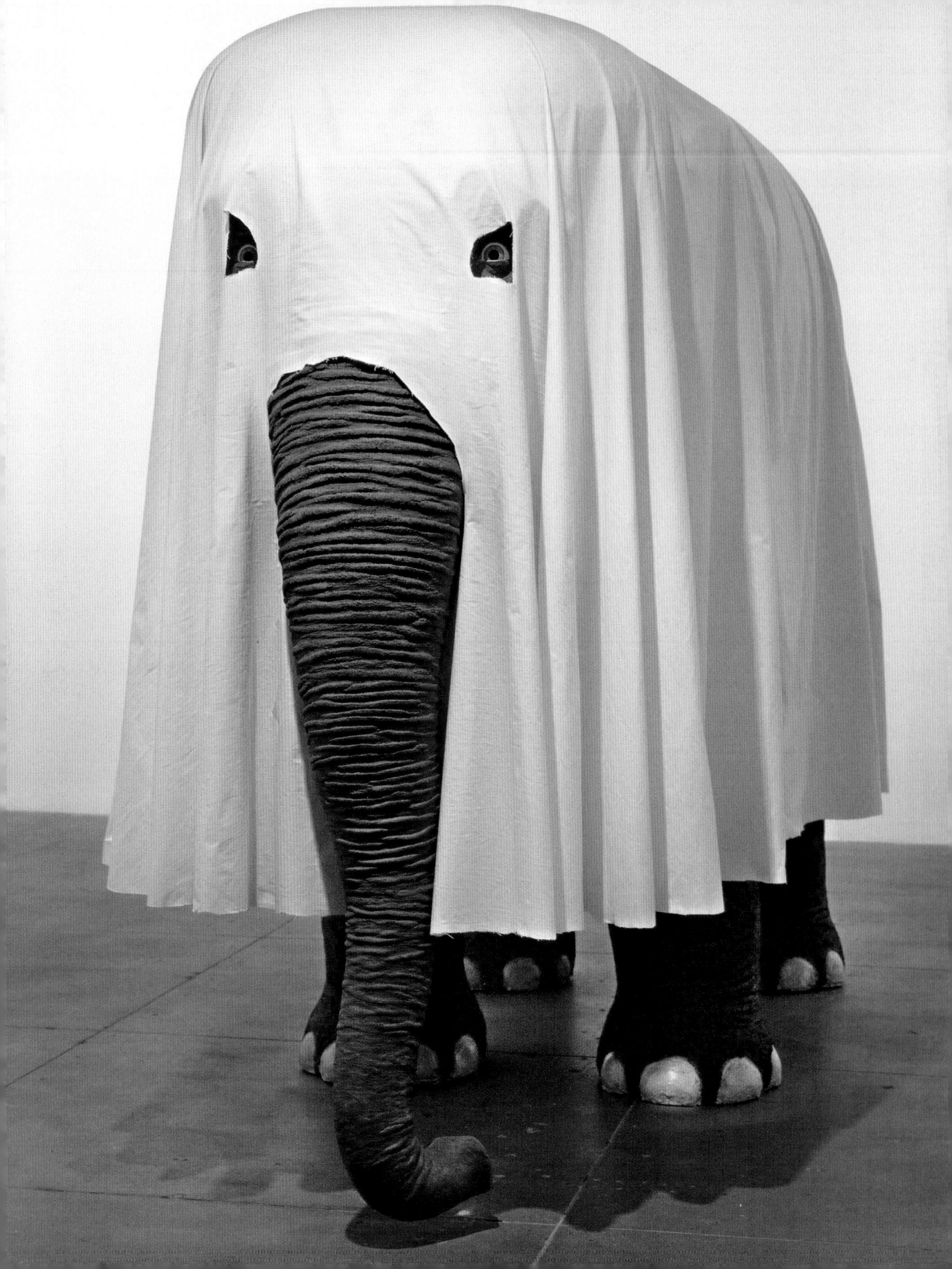

50 ZEITGENÖSSISCHE KÜNSTLER

DIE MAN KENNEN SOLLTE

Brad Finger
Christiane Weidemann

PRESTEL
München · London · New York

INHALT

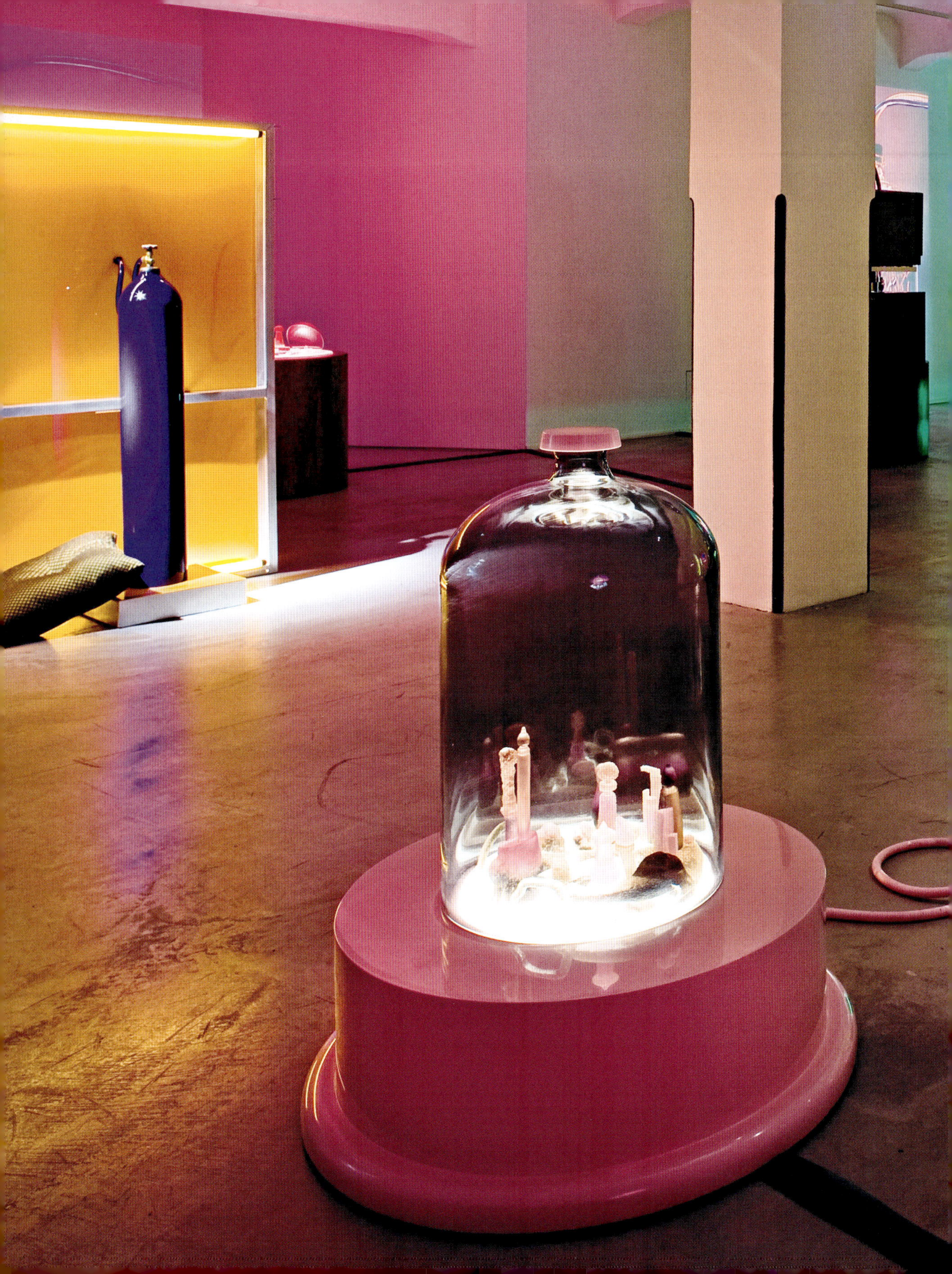

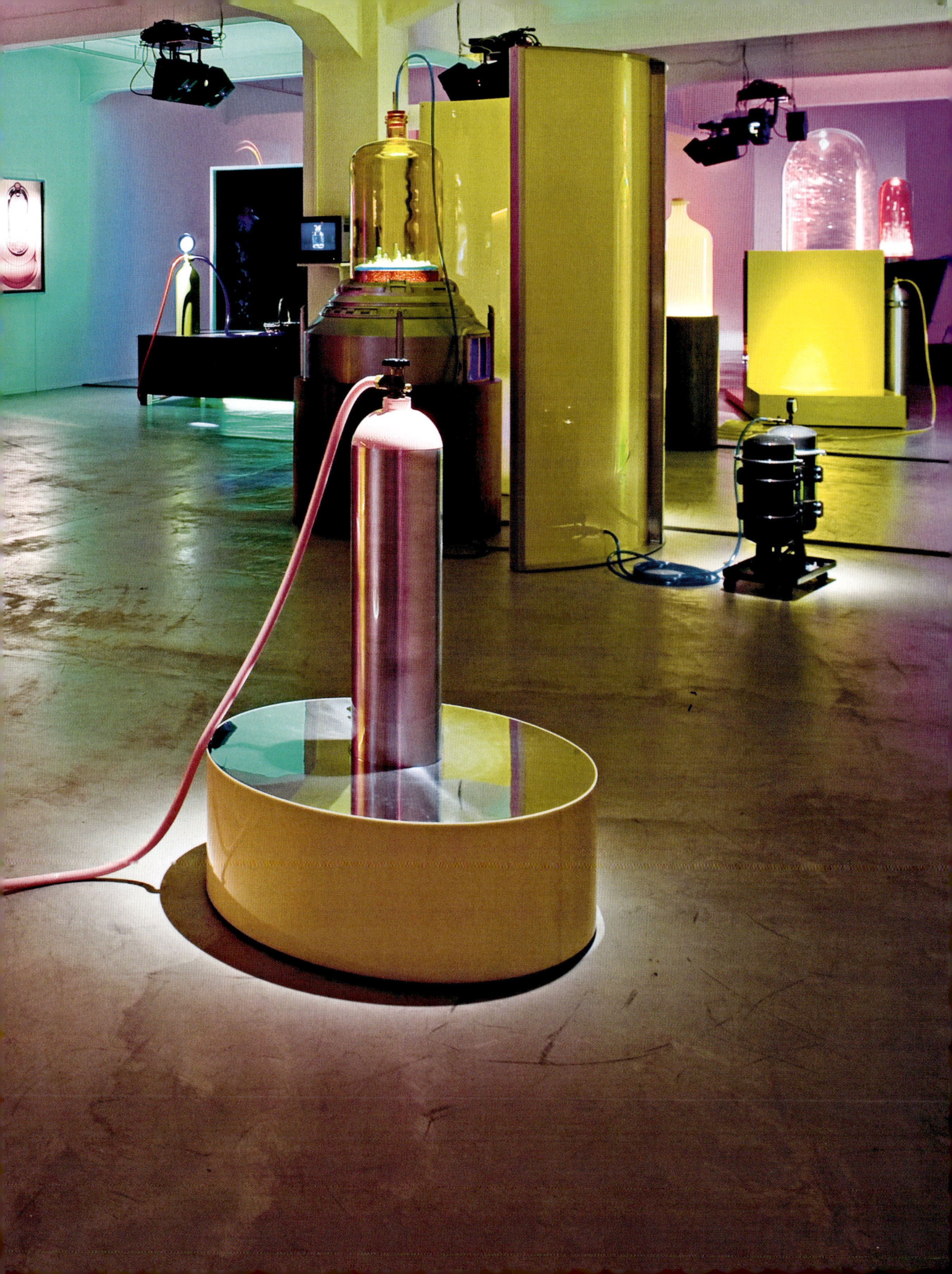

01

GERHARD RICHTER

»*Was* soll ich malen, *wie* soll ich malen. Das *Was* ist das Schwierigste, denn es ist das Eigentliche. [. . .] mit dem *Wie* beginnen ist leichtsinnig, aber legitim. Das *Wie* anwenden, also die Bedingungen der Technik, des Materials, wie die der physischen Möglichkeiten, im Hinblick auf die Absicht nutzen. Die Absicht: nichts erfinden, keine Idee, keine Komposition, keinen Gegenstand, keine Form – und alles erhalten: Komposition, Gegenstand, Form, Idee, Bild.« *Gerhard Richter, 1986*

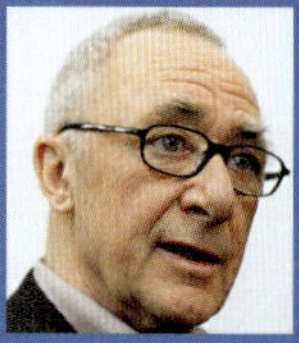

GERHARD RICHTER

1932 Wird in Dresden, Deutschland, geboren

1948–1951 Ausbildung zum Bühnen- und Werbemaler in Zittau

1952–1963 Studium an der Hochschule für Bildende Künste Dresden und ab 1961 an der Kunstakademie Düsseldorf

1971–1994 Professur an der Kunstakademie Düsseldorf

1972 Richter bespielt den deutschen Pavillon der Biennale in Venedig

2005 Gründung des Gerhard Richter Archivs in Dresden

2007 Beteiligung an der documenta 12, Kassel

2011 Große Retrospektive anlässlich des 80. Geburtstags von Richter in der Tate Modern, London

Seit mehr als fünf Jahrzehnten arbeitet Gerhard Richter mit dem traditionellen Medium der Malerei, fragt nach ihrer Bedeutung in unserer medienbestimmten Gesellschaft und liefert den Beweis, dass sie auch nach unzähligen Todesprophezeiungen nicht an Relevanz verloren hat. Richter gehört zu den wichtigsten lebenden Künstlern, seine Werke zu den höchst dotierten.

1932 in Dresden geboren, nahm er nach Tätigkeiten als Bühnen- und Betriebsmaler ein Studium an der dortigen Kunstakademie auf. Um den restriktiven Grenzen einer ideologisch instrumentalisierten Kunst zu entkommen, floh er 1961 in den Westen und studierte abermals an der Kunstakademie in Düsseldorf. Anfang der 1960er-Jahre entdeckte Richter einen künstlerischen Freiraum für sich durch die Verwendung trivialer fotografischer Vorlagen: gemalte Fotografie. »Ich hatte die Scheißmalerei satt, und ein Foto abzumalen erschien mir das Blödsinnigste und Unkünstlerischste, was man machen konnte«, erklärt er rückblickend. Er nutzte private Fotografien wie Porträts und Familienszenen sowie Reproduktionen aus den Medien und gab sie bei der malerischen Umsetzung bewusst unscharf wieder, um eine gewisse Distanz zum Bildinhalt zu schaffen. Bei den letztlich unoriginell entstandenen, realistischen Fotobildern geht es nicht darum, Fotografie und Malerei gegeneinander auszustechen. Richter verdeutlicht, dass die subjektive Wahrnehmung nur bedingt mit einer objektiven Wirklichkeitserfahrung einhergeht, er zeigt, dass Bilder »nicht das Dargestellte, sondern der Anschein davon« sind.

Ab 1966 entstanden die ersten *Farbtafeln* nach Lackmusterkarten, die monochromen *Graubilder*, in denen Richter Möglichkeiten des Farbauftrags erforschte, und die farbigen *Vermalungen*, mit denen er die totale Abbildlosigkeit erreichte. Schließlich arbeitete er an zahlreichen pastosen Landschaftsbildern – Gebirgslandschaften und *Stadtansichten* sowie romantisierenden *Landschaften*, *Seestücken* und *Wolkenbildern* mit stark transparentem Farbauftrag. Gemeinsam ist ihnen die Abwesenheit des Menschen.

1976 kam es zu einem radikalen Neuansatz – abstrakten Werken, die ohne Vorbild gemalt sind und seither den Hauptteil von Richters Produktivität ausmachen. Im Schaffensprozess spielen die Eigenwirkung von Farbe und Form und der Moment des Zufalls eine bedeutende Rolle. Mit »geplanter Spontaneität« trägt Richter die Farben mit Spachteln, Pinseln und Rakeln Schicht für Schicht auf die Leinwand auf, nimmt sie wieder ab und setzt von Neuem an, bis er das Bild als abgeschlossen betrachtet.

Bis heute lotet Richter die Möglichkeiten des Mediums Malerei in alle Richtungen aus, beweist seine Wandlungsfähigkeit und arbeitet meist antizyklisch gegen die Kunstkonventionen der Zeit. »Ich verfolge keine Absichten, kein System, keine Richtung, ich habe kein Programm, keinen Stil, kein Anliegen«, äußert er und bekennt sich zu einem offenen Werkbegriff. Bereits 2002 richtete das MoMa in New York als führende Einrichtung moderner Kunst eine bedeutende Retrospektive für Gerhard Richter aus. Es folgten zahlreiche Ausstellungen seines Werks – unter anderem 2011 in der Tate Modern in London, 2018 im Museum Barberini in Potsdam, 2020 in The Met Breuer in New York und 2021 im Kunsthaus Zürich. *cw*

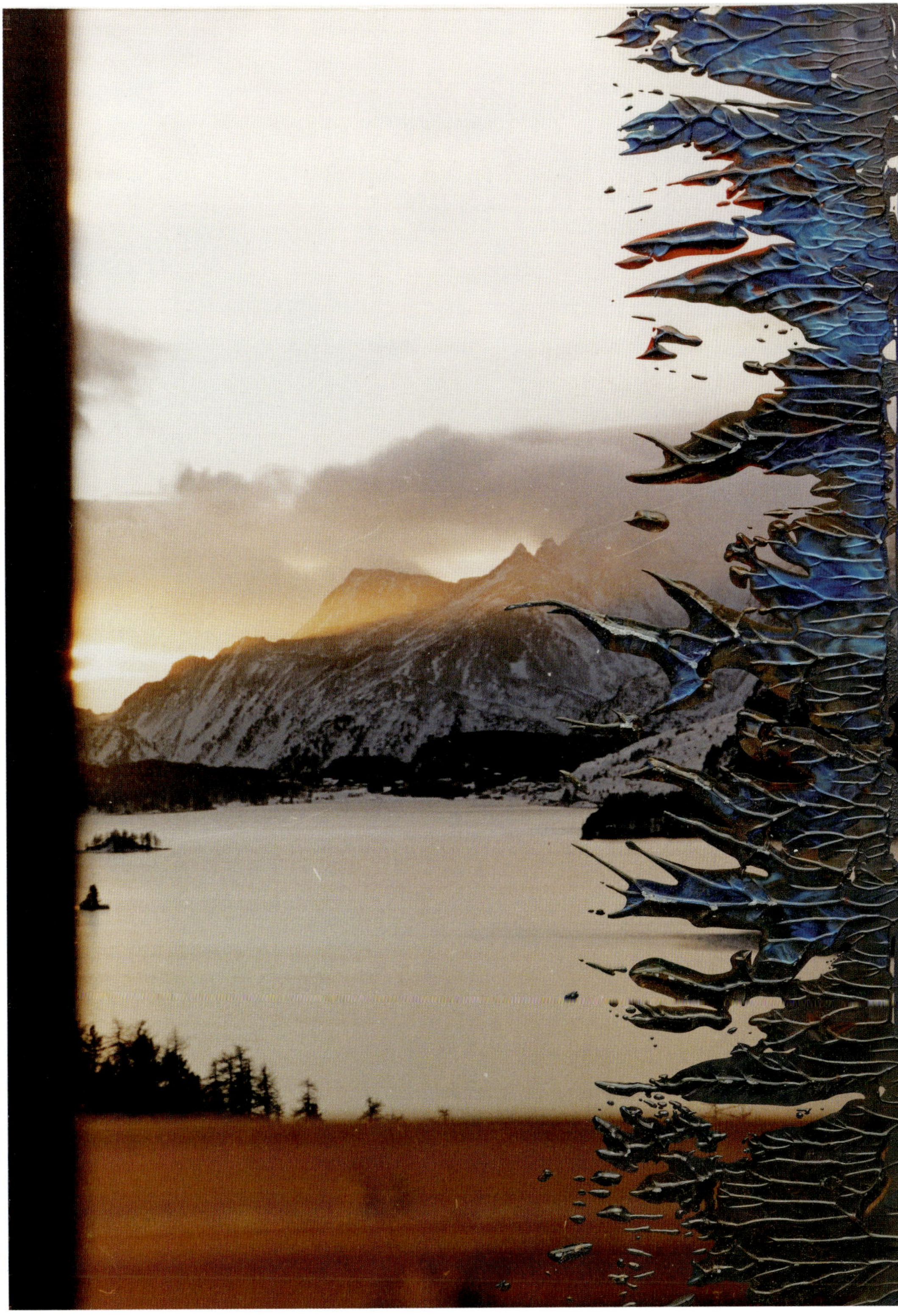

19.4.07, 2007, Öl auf Farbfotografie, 16,9 × 12,5 cm, Privatbesitz, Deutschland

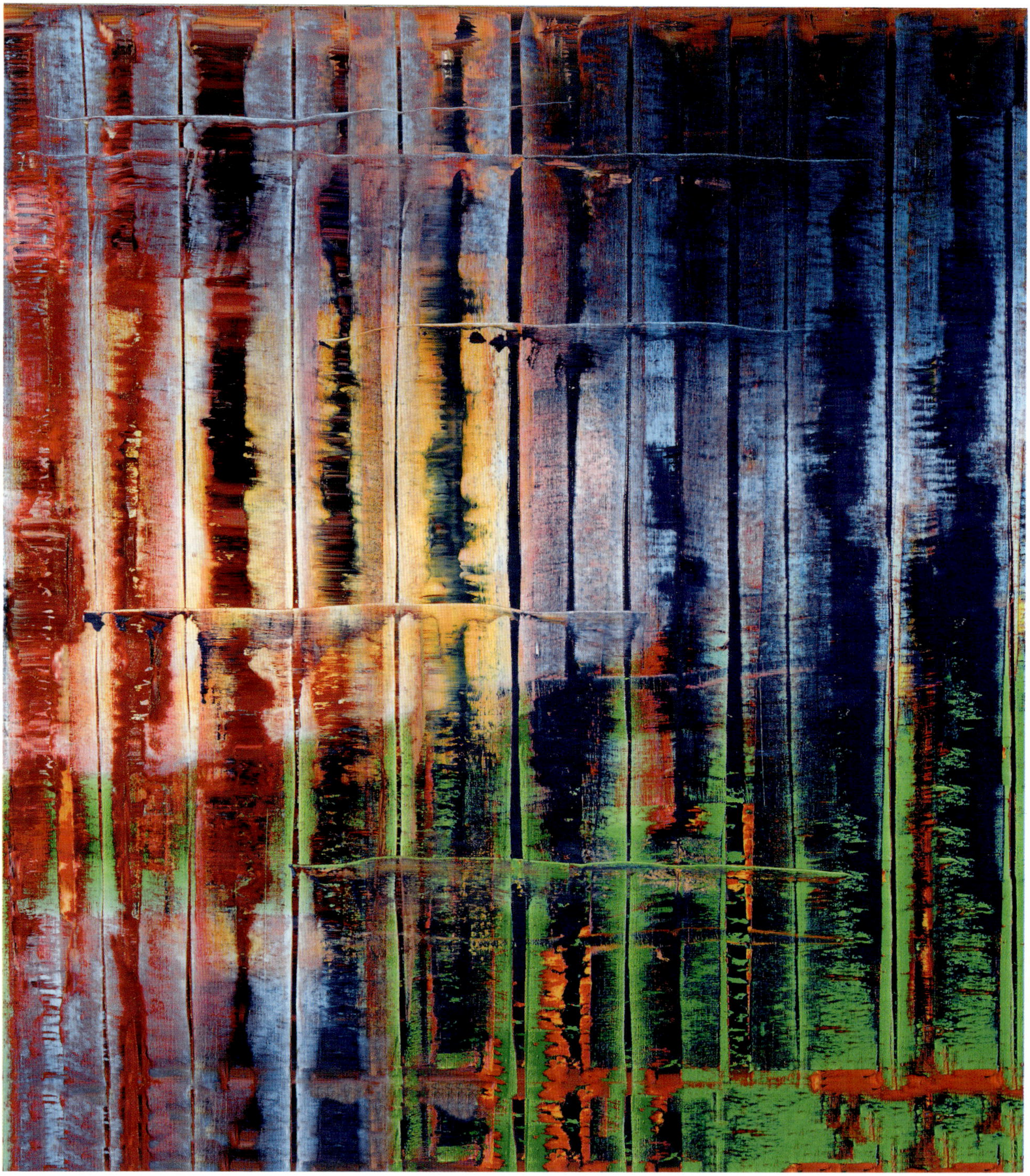

Abstraktes Bild, 1992, Öl auf Leinwand, 200 × 180 cm, Privatsammlung

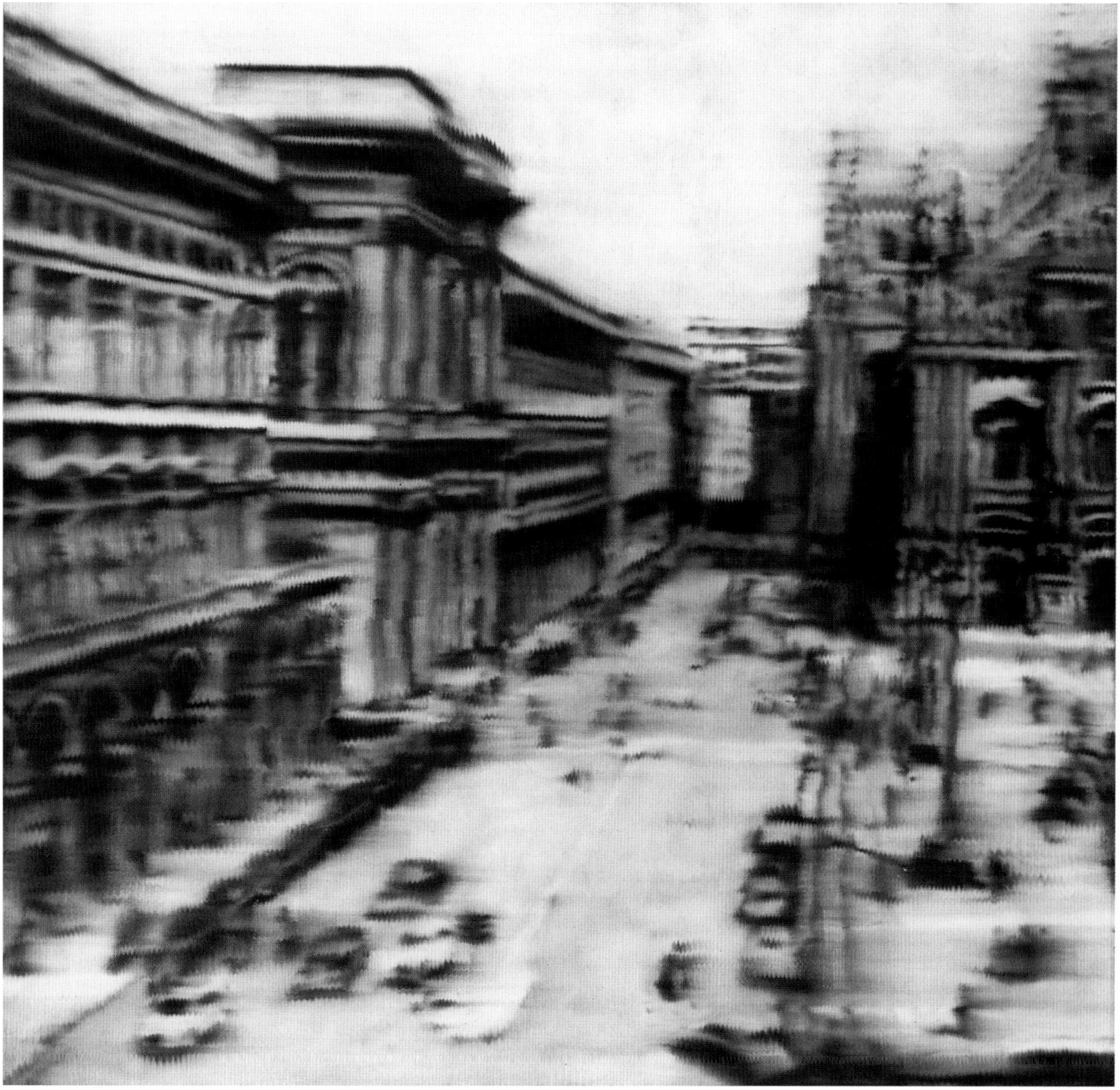

Domplatz, Mailand, 1968, Öl auf Leinwand, 275 × 290 cm, Privatsammlung, USA

02

DAVID HOCKNEY

David Hockney gehört zu den bekanntesten Künstlern Großbritanniens. Sein extrovertierter Charakter spiegelt sich in seinen ikonischen Bildern wider – in hellen Pool-Szenen aus Kalifornien oder in farbenfrohen Landschaften aus Yorkshire. Seine große Neugier führte ihn dazu, immer wieder neue Technologien auszuprobieren.

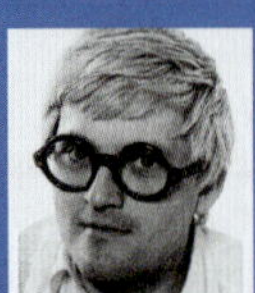

DAVID HOCKNEY

1937 Wird in Bradford, Großbritannien, geboren

1959 Kunststudium in London

1960 Erstmals sind seine Bilder öffentlich zu sehen

1963 Weitere Ausstellungen; er lernt Andy Warhol kennen

1976 Hockney fährt durch Nordamerika

1991 Aufnahme in die Royal Academy of Arts in London

1999 In Paris werden drei Hockney-Ausstellungen eröffnet

2001 Sein Buch *Secret Knowledge: Rediscovering the lost techniques of the Old Masters* erscheint

2007 Hockney kuratiert die größte Ausstellung von Aquarellen William Turners in der Tate Britain in London

2017 Retrospektive in der Tate Britain in London und im Pariser Centre Pompidou anlässlich seines 80. Geburtstags

Hockney versucht stets, den kulturellen Trends einen Schritt voraus zu sein. Im englischen Bradford geboren, wuchs er in einem Land auf, das sich von den Folgen des Zweiten Weltkriegs erholte. Doch der angehende Künstler fürchtete sich nicht vor Veränderungen. Während er am Royal College of Art in London studierte, bekannte er sich zu seiner Homosexualität – in den 1950er-Jahren ein gefährliches Thema. Seine Direktheit zeigt sich in Gemälden wie *We Two Boys Clinging Together* (1961). Die sich umarmenden männlichen Figuren demonstrieren Hockneys kühnen Umgang mit Homosexualität.

Schon bald begann Hockney andere Teile der Welt zu erkunden. Seine Reisen führten ihn nach New York, wo er sich mit Andy Warhol und weiteren Koryphäen der Pop Art anfreundete, sowie nach Südkalifornien, dessen entspannte Gelassenheit ihm ganz entsprach. Während seiner frühen Jahre in Los Angeles setzte er sich mit der Widersprüchlichkeit der Stadt auseinander. Sein Gebrauch von neuen Acrylfarben verlieh seinen Werken eine Leuchtkraft, die das sonnige Klima von Los Angeles widerspiegelt. Zugleich suggerieren die Bilder ein Gefühl der Einsamkeit und der zerbrochenen Gemeinschaft. *A Bigger Splash* (1967) zeigt zum Beispiel eine Welt, die für den menschlichen Gebrauch perfekt zu sein scheint. Dennoch ist nirgendwo ein Mensch zu sehen, und selbst das spritzende Wasser wirkt wie eingefroren.

Die Zerrissenheit des modernen Lebens tritt in seinen Fotocollagen, von denen die meisten in den 1980er-Jahren entstanden sind, noch mehr zutage. Diese Arbeiten konzentrieren sich meist auf eine Landschaft oder eine Straße und wurden aus zahlreichen Polaroid-Schnappschüssen komponiert. Das Endergebnis erinnert oft an unfertige Puzzles. In *Merced River, Yosemite Valley* (1982) bekommen die Felsen und die schäumenden Stromschnellen durch Hockneys Bildanordnung eine noch chaotischere Qualität.

Wie viele bildende Künstler begeisterte sich auch David Hockney fürs Theater und entwarf Bühnenbilder und Kostüme. Seine Entwürfe für Opern wie *The Rake's Progress* (1975) und *Die Zauberflöte* (1978) besitzen eine wehmütige, papierhaft vergängliche Qualität und scheinen auf das Flüchtige des Theaters als Kunstform zu verweisen.

Hockney setzt sich immer wieder mit neuen Techniken und Technologien auseinander. So benutzte er Digitaldrucker und Faxgeräte, um Zeichnungen anzufertigen und zu übermitteln, und entwirft Skizzen auf iPhone und iPad. Diese Bilder erinnern an Postkartenversionen seiner konventionelleren Kunst, wobei die Themen von Landschaften bis hin zu Buntstift-Texten vor vielfarbigem Hintergrund reichen. Oft schickt er sie an Freunde, die sie weiterleiten, wodurch neue Methoden der Herstellung und Übermittlung von Kunst sichtbar werden.

Hockney übernahm in den letzten Jahren auch verstärkt große Auftragsarbeiten, die aus mehreren Tableaus bestehen, wie *Bigger Trees Near Water* (2007). Sie offenbaren seine anhaltende Begeisterung für helle Farben, seine Aufmerksamkeit für realistische Details, aber auch ein wachsendes Interesse an der Porträtierung seiner Landsleute. 2017 feierte die Tate Britain in London den 80-jährigen Künstler mit 140 Gemälden, Zeichnungen oder Fotografien in der bislang umfangreichsten David-Hockney-Schau. 2019 zog Hockney in die Normandie, um dort *The Arrival of Spring, Normandy* zu malen, eine Bilderserie, die daraufhin in der Royal Academy of Arts in London ausgestellt wurde. *bf*

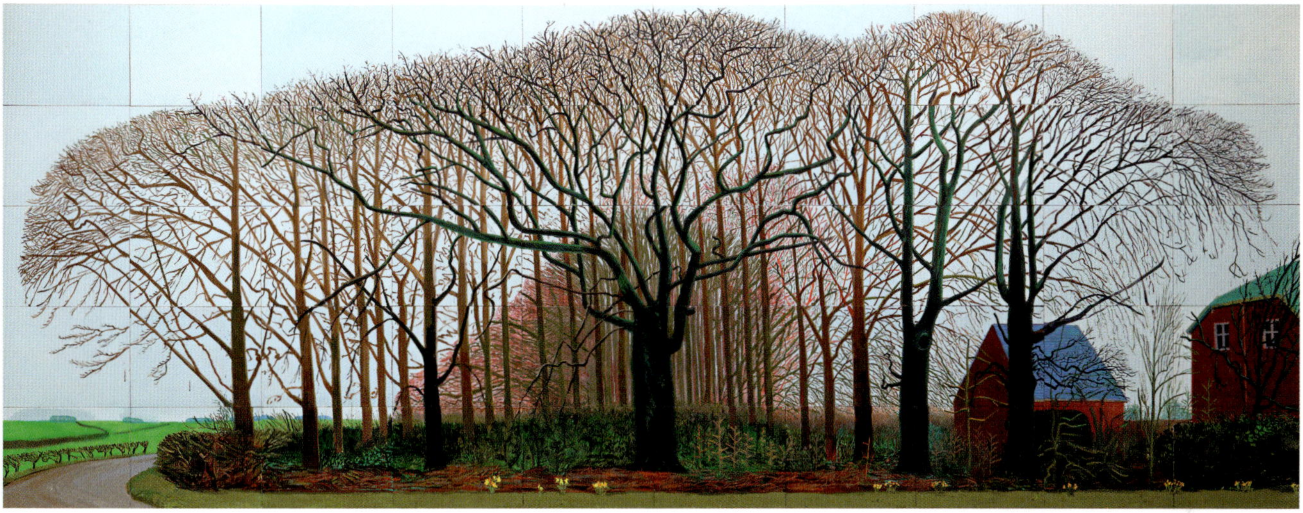

Bigger Trees Near Warter or/Or Ou Peinture Sur Le Motif Pour Le Nouvel Age Post-Photographique, 2007,
Öl auf 50 Leinwänden, insgesamt 460 × 1220 cm, Tate Gallery, London

03

BRUCE NAUMAN

Bruce Naumans Kunst besitzt eine große Bandbreite. Mithilfe von Skulpturen, Zeichnungen, Videos, Gefundenem und Performance-Kunst untersucht der Künstler die Macht von Sprache und Symbolen oder experimentiert mit dem Entstehungsprozess von Kunst.

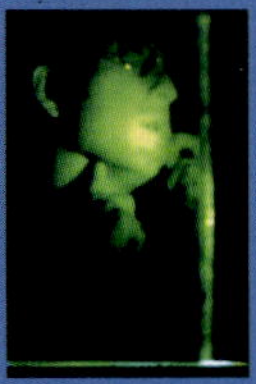

BRUCE NAUMAN

1941 Wird in Fort Wayne, Indiana, USA, geboren

1960–1964 Studium der Mathematik und Kunstgeschichte an der University of Wisconsin, Madison

1964–1966 Kunststudium an der University of California

1968 Teilnahme an der documenta 4 in Kassel

1990 Erhält den Max-Beckmann-Preis

1999 Für sein Lebenswerk wird ihm der Goldene Löwe der Biennale in Venedig verliehen

2009 Auszeichnung für den besten Pavillon auf der Biennale in Venedig

2010 Ausstellung *Dream Passage*, Hamburger Bahnhof, Berlin

2018 Retrospektive im MoMA, New York: *Disappearing Acts*

2020–2021 Ausstellung in der Tate Modern in London

»Im Atelier […] verbringe ich viel Zeit mit Hinsehen und Nachdenken«, erklärt Bruce Nauman. »Dann suche ich nach dem besten Weg, das zu bekommen, was ich will, mag das nun eine Zeichnung, eine Skulptur […] oder sonst was sein.« Der Prozess ist »Teil des Vergnügens«. Indem er immer wieder neue Methoden für seine Projekte findet, kann er Überraschendes schaffen, was seine Kunst so unmittelbar macht.

Bruce Naumans Kreationen bauen das Überraschungselement oft direkt mit ein. Schon früh erkundete er das Potenzial des eigenen Körpers in seiner Kunst. In einer Reihe von Performance-Art-Filmen mit dem Titel *Art Make-Up* (1967–1968) sieht man, wie er Gesicht und Oberkörper mit verschiedenen Farben bemalt. Die Performance besteht in dem schlichten Akt des Sich-selbst-Verbergens. Im Titel spiegelt sich zudem die Vorliebe des Künstlers für Doppeldeutigkeiten wider, verweist *Make-Up* doch nicht nur auf das Schminken, sondern auch auf den Akt der Anfertigung von Kunst an sich (*to make up:* erfinden, erschaffen).

Andere Performances wurden auf Siebdrucken festgehalten. In *Studies for Holograms* (1970) manipulierte Bruce Nauman seine eigenen Gesichtszüge (siehe hierzu auch Abb. links). Er verstand diese Arbeit als eine Möglichkeit, »zufälliges« Verhalten festzuhalten – Verhalten, das verschiedene Betrachter unterschiedlich wahrnehmen.

Nauman setzte auch andere Methoden ein, um Flüchtigkeit und Dauer zu untersuchen. So fertigte er Bronzeskulpturen von Händen an, die er auf zarte Tische legte oder an Drähten von der Decke herabhängen ließ. Die »schwebenden« Gliedmaßen waren im ganzen Ausstellungsraum verteilt, wobei ihre Gesten an die Bewegungen von Tänzern denken ließen. Andere Abgüsse zeigen tote Tiere, oft Pferde oder Fische. In *One Hundred Fish Fountain* (2005) sieht man einen schwebenden Schwarm von 97 Bronzefischen, die durch Röhrchen miteinander verbunden sind. Immer wieder läuft Wasser durch die Leitungen und sprudelt aus den Fischen heraus. Die Installation lässt an das »Entwässern« der Natur durch den Menschen denken. Nauman erklärte, dass er zu dieser Arbeit durch Angelausflüge in der Kindheit angeregt wurde, was sie wiederum mit dem Themenkomplex Erinnerung und Entwurzelung in Verbindung bringt.

Einige seiner bekanntesten Werke spielen mit Sprache und Kommerzialisierung. In den späten 1960er-Jahren begann Nauman Kunst aus Neonröhren herzustellen, die an die typische Leuchtreklame erinnert. In *The True Artist Helps the World by Revealing Mystic Truths* (1967) verdrehte er die banale Werbesprache, um eine Lanze für den Künstler zu brechen. Selbst die Form der falschen Reklame ist verdreht, sodass die Kabel offen gelegt sind und die Wörter in Spiralform erscheinen. In *Human/Need/Desire* (1983) leuchten die Neonwörter immer wieder auf, was auf den Konflikt zwischen der Wegwerfmentalität des Kommerzes und dem menschlichen Wunsch nach Dauer hinweist. Viele seiner Arbeiten widmen sich dem Thema der zwischenmenschlichen Kommunikation. So zeigt zum Beispiel die Videoinstallation *For Beginners (all the combinations of the thumb and fingers)* von 2010 Naumans Hände, die alle möglichen Kombinationen der vier Finger und des Daumens – 31 Positionen insgesamt – zusammen mit der verbalen Aufzählung jeder Fingerkombination darstellen. *bf*

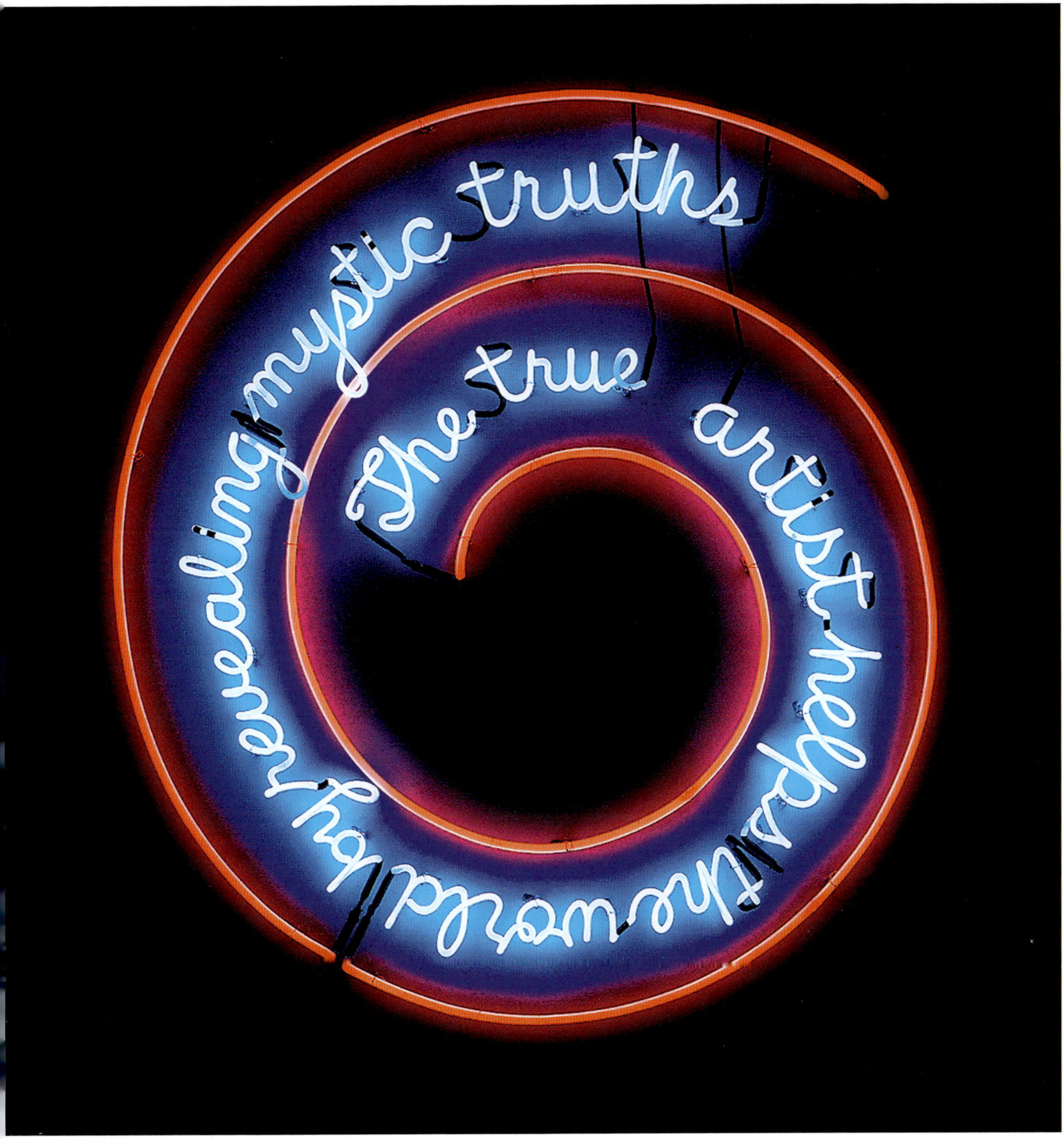

The True Artist Helps the World by Revealing Mystic Truths (Window or Wall Sign), 1967,
Leuchtstoffröhren, 149,9 × 139,7 × 5,1 cm, Philadelphia Museum of Art

04

BARBARA KRUGER

Kämpferisch stechen Barbara Krugers Botschaften in der Schrift Futura Bold Italic in kontrastreichem Schwarz, Weiß und Rot vor dem Hintergrund grob gerasterter Fotografien hervor. »Ich versuche, mich mit den komplexen Zusammenhängen von Macht und Gesellschaft auseinanderzusetzen«, erklärt Kruger, »doch was die visuelle Präsentation betrifft, bemühe ich mich, einen hohen Schwierigkeitsgrad zu vermeiden. Ich möchte, dass die Leute in das Werk hineingezogen werden.«

Barbara Kruger begann in den 1980er-Jahren in nächtlichen Plakatieraktionen ihre kritische Wortkunst im Stadtzentrum von New York publik zu machen. Inzwischen zu einer der bedeutendsten internationalen Konzeptkünstlerinnen avanciert, erlauben Krugers prägnante Bild-Text-Kombinationen einen Wiedererkennungseffekt, wenn sie unvorhergesehen inmitten einer Vielzahl anderer Bild- und Textbotschaften im urbanen Alltag auftauchen.

Vom Betrachter oft nur in einem kurzen Augenblick wahrgenommen, sollen die Botschaften nachhaltig beschäftigen: Denn hinter den scheinbar vertrauten Redewendungen verbergen sich Inhalte von mehrdeutigem Sinn. *Your body is a battleground (Dein Körper ist ein Schlachtfeld)* schrieb Kruger 1989 quer über das Porträt einer Frau und rief damit zu einer Großdemonstration in Washington für das Recht auf Abtreibung auf. Das Plakat machte Epoche und wurde im Kampf für die Rechte der Frauen in vielen anderen Ländern übernommen.

Barbara Krugers Werke konfrontieren den Betrachter mit seinen Lebensgrundsätzen und dem eigenen Verlangen, das letztlich Ausdruck von kulturellen Normen ist. Auf einer ihrer bekanntesten Arbeiten hält eine Hand dem Betrachter ein weißes Schild mit großen roten Lettern entgegen: *I shop therefore I am (Ich kaufe, also bin ich).* Wer viel kauft, ist viel wert. Kaufen heißt sein. Mit der an Descartes' *cogito, ergo sum (Ich denke, also bin ich)* erinnernden Formel entlarvt die Künstlerin die Konsummentalität der Konsumgesellschaft. Ein anderer Entwurf kommentiert das durch die Medien vermittelte ideale Frauenbild: *Super rich/ultra gourgeous/extra skinny/forever young*, zu lesen auf dem stereotypen Modelgesicht einer Frau nach einer Schönheitsoperation.

Kruger studierte an der Syracuse University und der Parsons School of Design in New York. Den größten Einfluss auf ihre Arbeit nahm nach Aussage der Künstlerin jedoch ihre praktische Erfahrung. Jahrelang arbeitete sie in leitender Position als Grafikdesignerin, Bildredakteurin und Art-Direktorin bei Magazinen wie *Vogue* und *Mademoiselle*. Vertraut mit den ästhetischen und linguistischen Strategien von Werbung und Medien, gelingt es ihr, deren Mechanismen aufzugreifen und ins Gegenteil zu verkehren. Ihre Collagen, Objekte, Film- und Audioinstallationen fanden Eingang in bedeutende Sammlungen wie die der Tate Gallery, des Solomon R. Guggenheim Museums und des MoMA in New York.

2005 wurde Barbara Kruger auf der Biennale in Venedig mit dem Goldenen Löwen für ihr Lebenswerk ausgezeichnet. Kruger lebt in New York und Los Angeles.

Überwältigend auf den Betrachter wirkt Krugers Installation *Circus*, die sie 2010 für die Schirn-Kunsthalle in Frankfurt am Main konzipierte. Überdimensionierte schwarze und weiße Wörter und Sätze aus Massenmedien und der Werbung bedecken Wandflächen, Boden und Decke der Rotunde des Museumsbaus. Kruger spielt mit allen Bereichen der Massenmedien. Auf der Performa-Biennale in New York 2017 gestaltete Kruger einen Skatepark in Manhattan. Im Jahr 2021 begann die Ausstellung *THINKING OF ~~YOU~~. I MEAN ~~ME~~. I MEAN YOU.* im Art Institute of Chicago. Kruger trägt den Titel der Ehrenprofessorin an der UCLA School of the Arts and Architecture. *cw*

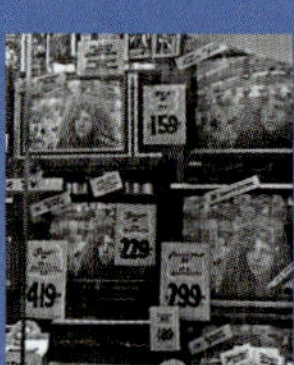

BARBARA KRUGER

1945 Wird in Newark, New Jersey, USA, geboren

ab 1964 Studium an der Syracuse University und der Parsons School of Design in New York

seit 1975 Dozentin an Universitäten und Kunstinstituten

2005 Verleihung des Goldenen Löwen auf der Biennale in Venedig

2010 Installation *Circus* in der Schirn Kunsthalle, Frankfurt a. M.

2016 Ausstellung *In the Tower*, National Gallery of Art, Washington

2017 *Barbara Kruger. Forever*, Sprüth Magers (Galerie), Berlin

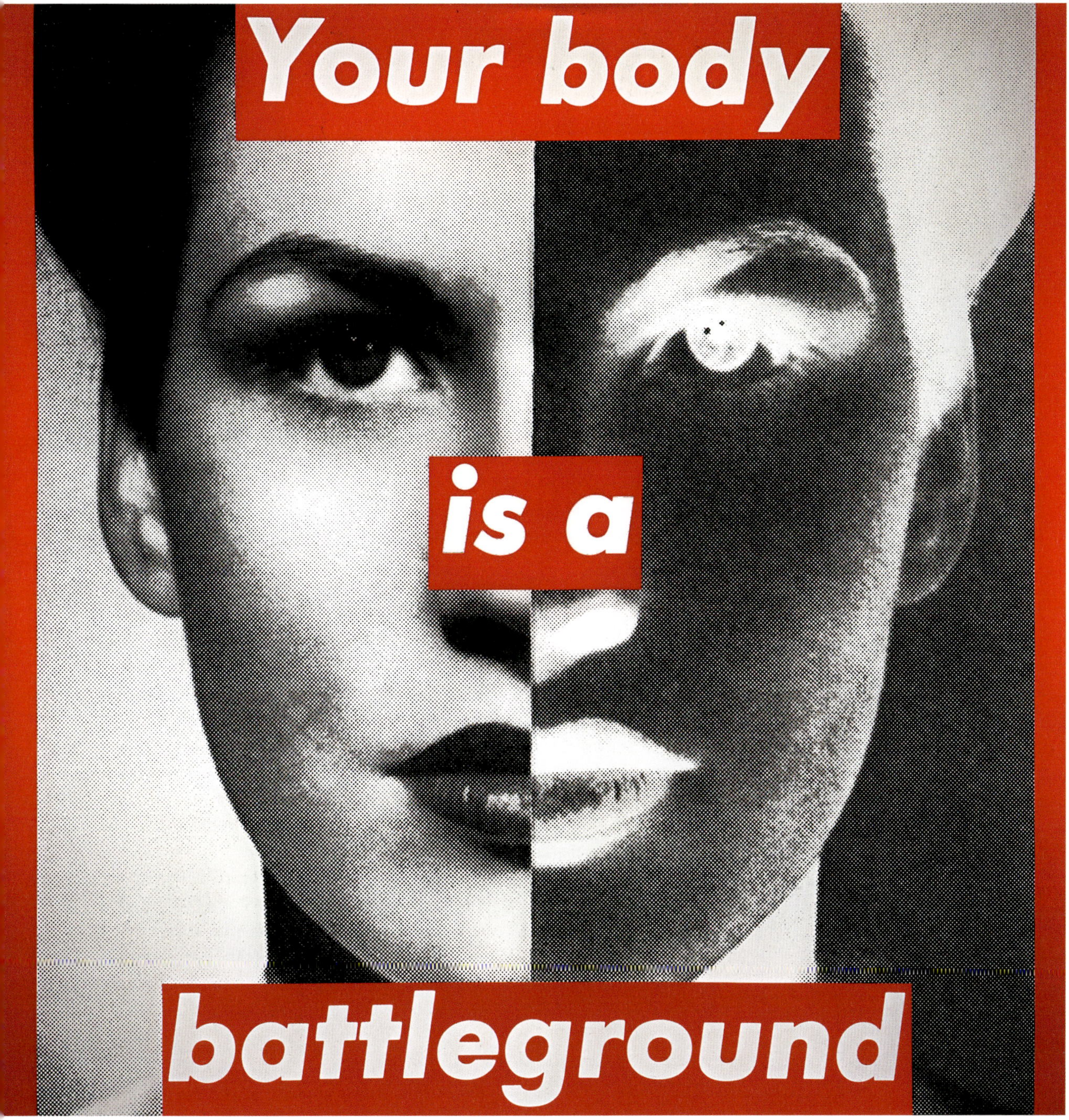

Untitled (Your body is a battleground), 1989, fotografischer Siebdruck auf Vinyl, 284,5 × 284,5 cm, The Broad Foundation, Downtown Los Angeles, Kalifornien

05

ANSELM KIEFER

Anselm Kiefer hat die ideengeschichtlichen Vorbedingungen unserer Kultur wie kein anderer zeitgenössischer Künstler ins Bild gesetzt. »Ich erzähle in meinen Bildern Geschichte«, erklärt Kiefer, »um zu zeigen, was hinter der Geschichte ist. Ich mache ein Loch auf und gehe hindurch.« Seit seiner Fotofolge *Besetzungen,* in der er sich mit faschistischem Gruß porträtiert (siehe Seite 22), zählt er zu den bekanntesten und umstrittensten deutschen Gegenwartskünstlern.

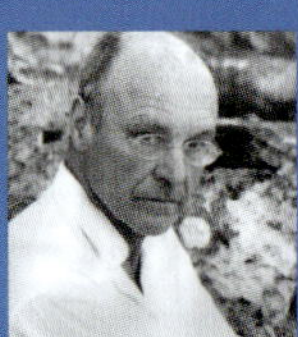

ANSELM KIEFER

1945 Wird in Donaueschingen, Deutschland, geboren

1965–1970 Romanistik- und Jurastudium

1966–1969 Studium der Malerei in Freiburg und an der Kunstakademie Karlsruhe

1999 Verleihung des Praemium Imperiale der Japan Art Association für sein Lebenswerk

2007 Enthüllt im Pariser Louvre ein von ihm erstelltes Auftragswerk

2008 Als erstem bildendem Künstler wird ihm der Friedenspreis des Deutschen Buchhandels verliehen

2015 Retrospektive *L'évènement Anselm Kiefer* im Centre Pompidou in Paris

Anselm Kiefer, 1945 in Donaueschingen geboren, setzt sich in vielen seiner Werke kritisch mit der deutschen Geschichte auseinander. Als einer der ersten Künstler reflektierte er die Vereinnahmung von Mythen und Legenden durch den Nationalsozialismus und betont ihre ungebrochene Kraft, damit sie nicht »durch die Hintertür wieder hereinkommen – und zerstörerisch wirken« (Kiefer). Er »erschien im richtigen Moment, um das Diktat der unverbindlichen Ungegenständlichkeit der Nachkriegszeit zu überwinden«, heißt es in der Begründung zur Verleihung des Friedenspreises des Deutschen Buchhandels, der im Jahr 2008 erstmals einem bildenden Künstler zuerkannt wurde.

In den 1970er-Jahren sah das noch ganz anders aus: Publikum und Kunstkritik reagierten entsetzt auf seine Bilderserie *Besetzungen.* Auf einer Reise durch verschiedene europäische Länder war Kiefer in die Rolle des Faschisten geschlüpft, um sich vor verschiedenen landschaftlichen Kulissen oder kulturellen Orten wie dem Kolosseum in Rom mit Hitlergruß fotografieren zu lassen. Er wollte »einen Schritt mitgehen, um den Wahnsinn zu verstehen«. Und musste eingestehen: »Ich habe sehr deutlich die Faszination gespürt, die es möglich machte, dass zeitweise die Mehrheit der Deutschen daran glaubte.«

Anselm Kiefer kam nach einem Jura- und Romanistikstudium zur bildenden Kunst. Er besuchte die Kunsthochschulen in Freiburg und Karlsruhe und hatte Konrakt zu Joseph Beuys. Seine Arbeiten sind mit den Werken seiner malenden deutschen Zeitgenossen kaum vergleichbar. Er schuf Landschaften auf monumentalen Leinwänden in Erdfarbtönen und setzte Öl, Acryl und Schellack zu vielfältigen Materialien wie Gold, Ton, Holz, Stoff, Stroh, Stacheldraht oder Blei in Beziehung. Handschriftlich eingefügte Namen und Begriffe verweisen auf die deutsche Geschichte und den Nationalsozialismus. Anschließend spielte Kiefer Apokalypse, attackierte die Leinwand mit einem Beil oder bearbeitete sie mit dem Brenner und gab dem Bild so einen Anschein von Verwüstung. Rätselhaft erscheinen die Werke in ihrer ästhetischen Obsession und hinterlassen den Betrachter mit einer Reihe offener Fragen in Bezug auf seine Begegnung mit dem Historischen. Eine hitzige politische Debatte über die Zielsetzungen des Künstlers provozierte auch seine Werkschau *Verbrennen, Verholzen, Versenken, Versanden* auf der Biennale in Venedig 1980.

In den 1990er-Jahren löste sich Kiefer von der jüngsten deutschen Geschichte, um sich universelleren Themen wie der Philosophie, Religion und Mystik sowie der Literatur und Poesie zuzuwenden. Neben Malerei, die einen besonderen Stellenwert einnimmt, gehören zu seinem Werk Fotografien und Künstlerbücher, Skulpturen, Holzschnitte, Installationen und Vitrinen.

Anselm Kiefer wurde vielfach ausgezeichnet, unter anderem mit der Leo-Baeck-Medaille 2011 in New York für besondere Verdienste um die deutsch-jüdische Aussöhnung und dem japanischen Praemium Imperiale 1999. Seit rund 30 Jahren stellt Kiefer weltweit aus. Das Pariser Centre Pompidou widmete dem deutschen Künstler 2015 eine große Retrospektive auf über 2000 Quadratmetern. 2019 erhielt er den Preis für Verständigung und Toleranz des Jüdischen Museums Berlin. *cw*

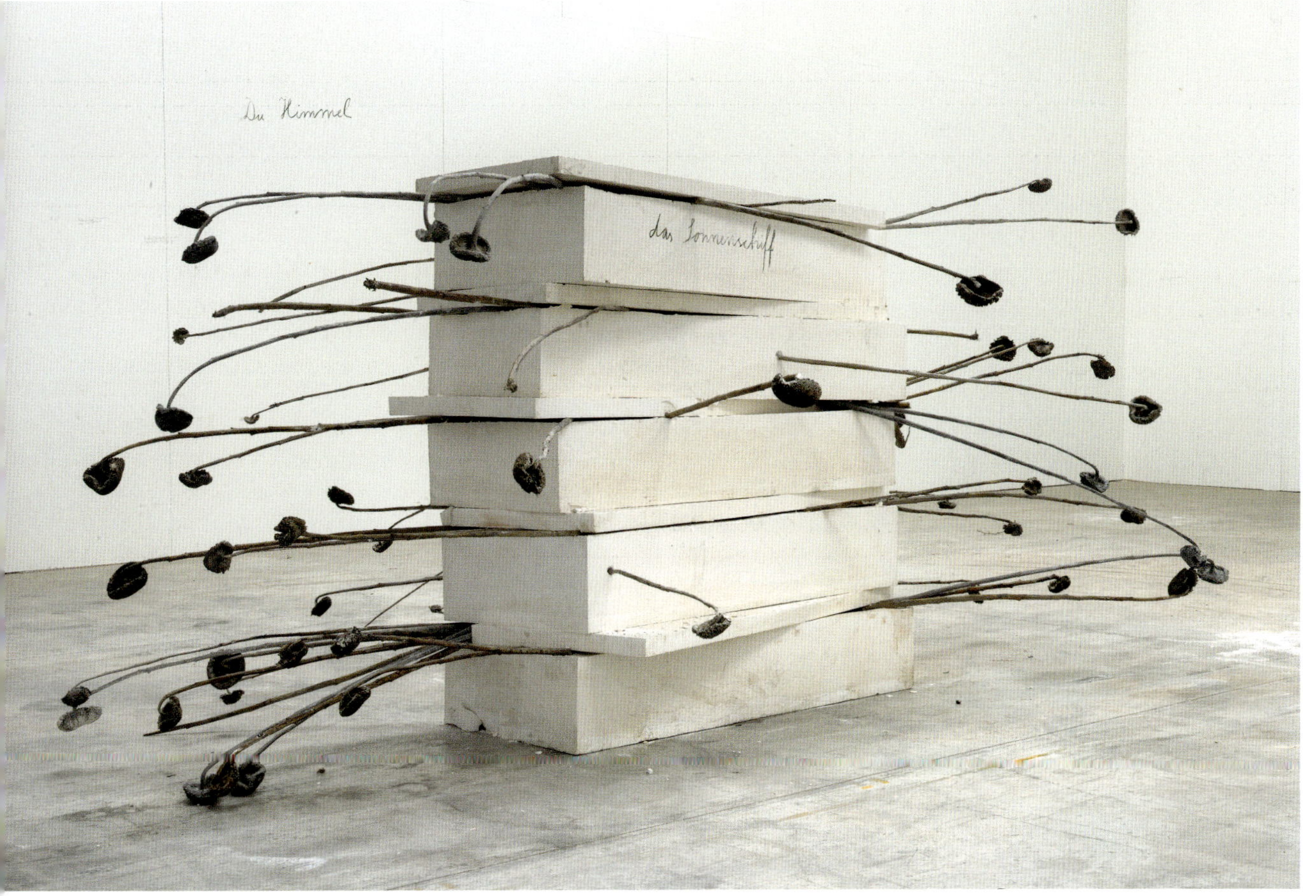

Das Sonnenschiff, 2010, Gips, Aluminium, Harz, Gipssonnenblumen, 190 × 460 × 290 cm, Galerie Thaddaeus Ropac, Paris

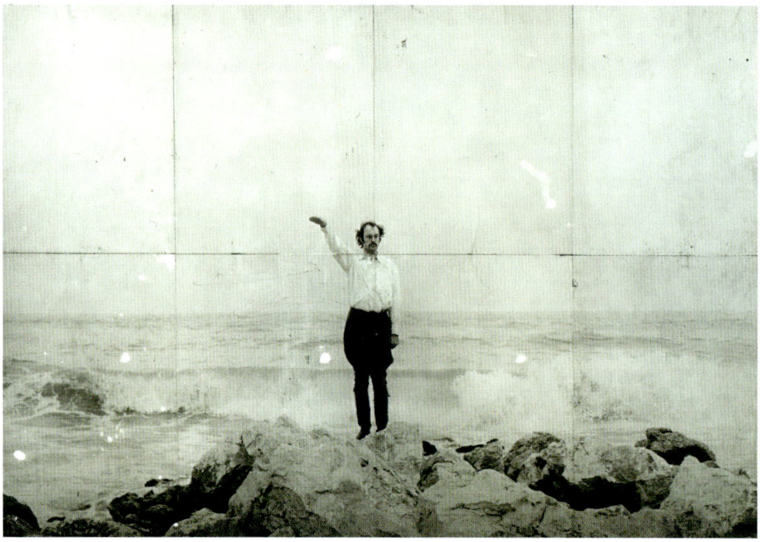

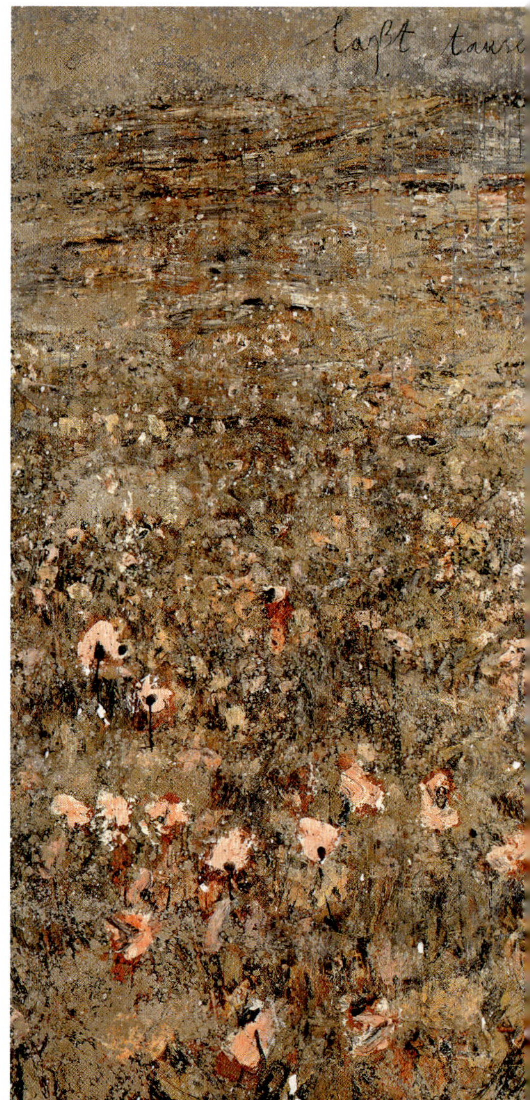

oben:

Besetzungen (Meer), 1969, acht Fotos auf Karton, 80 × 117 cm, Sammlung unbekannt

rechte Seite:

Lasst tausend Blumen blühen, 2000, Öl, Schellack, Emulsion auf Leinwand, 280 × 500 cm, Sammlung unbekannt

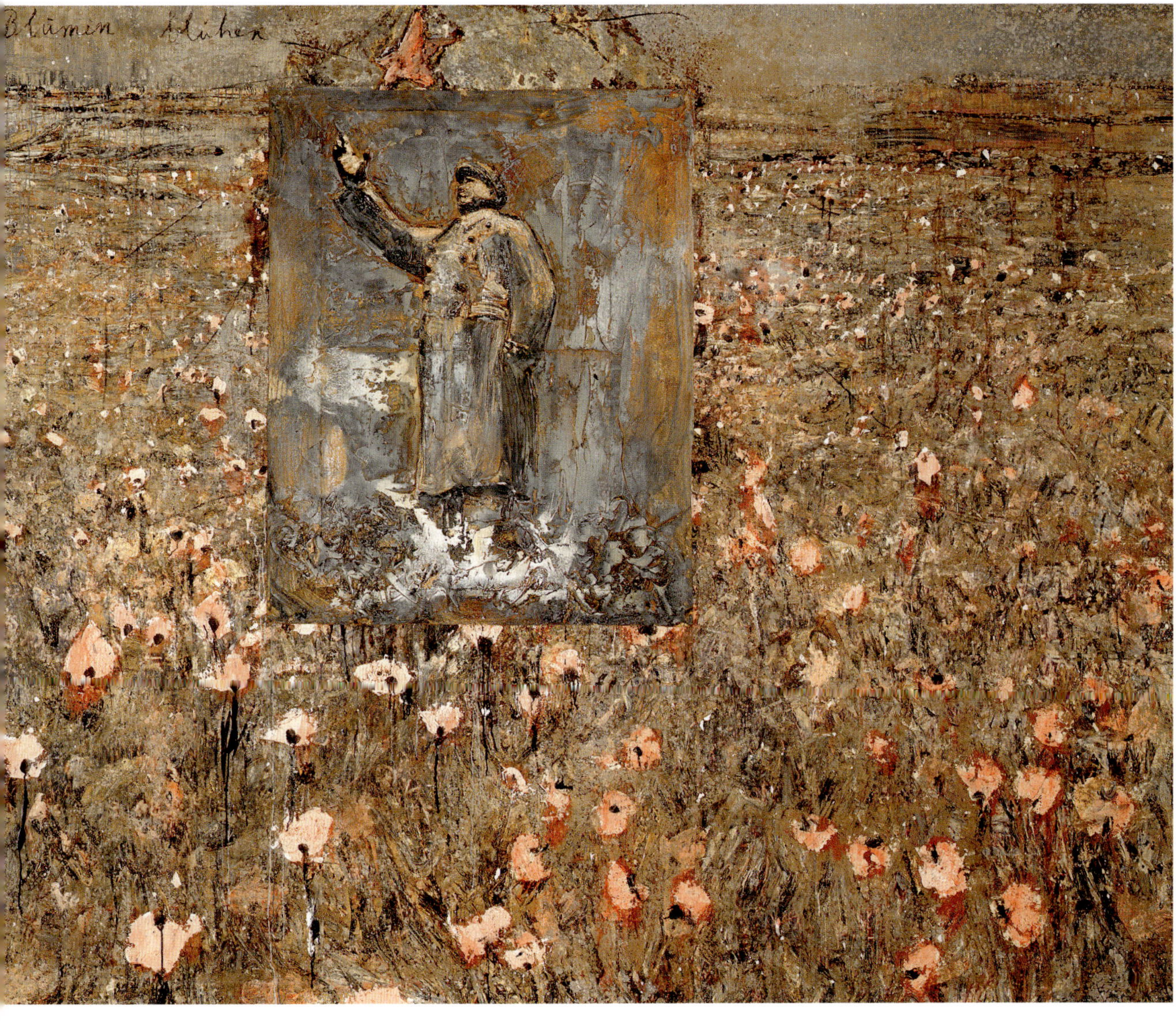
Blumen blühen

06

PAUL MCCARTHY

Paul McCarthy schwelgt gern in den Ausscheidungen der menschlichen Existenz. Für seine Skulpturen, Zeichnungen und Installationen verwendet er oft Exkremente und andere Körperflüssigkeiten. Er parodiert zudem ikonische Figuren der Populärkultur, vor allem solche mit einem »sauberen« Image.

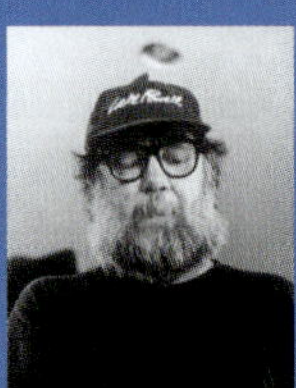

PAUL MCCARTHY

1945 Wird in Salt Lake City, Utah, USA, geboren

1969–1972 Kunststudium an der University of Utah und am San Francisco Art Institute sowie Studium der Fächer Film, Video und Kunst an der University of Southern California, Los Angeles

1982–2002 Dozent für Performance, Video, Installationskunst und Geschichte der Performance-Kunst an der University of California, Los Angeles

2005 Ausstellung *Paul McCarthy*, Haus der Kunst München

2017 *Coach Stage Stage Coach, Experiment* (Virtual Reality Art) auf der Biennale in Venedig

Paul McCarthy gilt der Körper als Hauptwerkzeug der Kunst und wichtigste Möglichkeit, seine Ideen zu erkunden. Er studierte Filmwissenschaften an der University of Southern California, die enge Verbindungen zu Hollywoods Filmindustrie pflegt. Seine subversiven Videos begründeten schon bald seinen Ruf als Künstler. In den 1970er-Jahren filmte er sich dabei, wie er seinen Körper mit Farbe und flüssigen Lebensmitteln bedeckte. In *Painting Face Down – White Line* (1971) tauchte er sein Gesicht in weiße Farbe. Dann glitt er damit über den Boden, wo er eine breite weiße Linie hinterließ. In *Sauce* (1974) benutzte er seinen nackten Körper als Leinwand, indem er seine Genitalien und andere Körperteile mit Heinz-Ketchup beschmierte. Die sexuell aufgeladenen Bilder offenbaren das Sinnlich-Fleischliche des künstlerischen Prozesses und weisen auf die Kommerzialisierung von Kunst und Sex hin.

Andere Filme setzen sich mit häuslicher Gewalt auseinander und benutzen dabei oft Charaktere aus bekannten Kindergeschichten. In *Pinocchio 2* (1994) verkleidet sich McCarthy als Disney-Version des berühmten Holzjungen, spielt ihn jedoch als manischen Vater, der eine hilflose Pinocchio-Kinderpuppe durch ihre Nase zwangsernährt. Diese explizite Darstellung von Misshandlung wurde noch durch die klaustrophobische Kulisse verstärkt, ein winziges Zimmer voller Löcher. Auch im Film *Heidi* (1992), den er gemeinsam mit seinem Künstlerkollegen Mike Kelley (Seite 62) produzierte, beschäftigte er sich mit ähnlichen Themen. Der Film zeigt eine groteske Heidi-Puppe, die mit den männlichen Protagonisten der Geschichte, Großvater und Peter, Sex hat. Beide Filme wirkten auf viele Betrachter abstoßend. Ihre grafischen Details porträtieren jedoch eindringlich die furchtbare Intensität kindlicher Traumatisierungen und hinterfragen den Wert einer auf Kinder ausgerichteten Unterhaltungsindustrie.

Nachdem McCarthy jahrzehntelang zurückgezogen gelebt hatte, tauchte sein Name in den 1990er-Jahren wieder verstärkt auf. Viele junge Künstler bezeichneten ihn als wichtigen Einfluss für ihr Werk. Er begann erneut häufiger auszustellen und größere Auftragsarbeiten zu übernehmen. Eine seiner Ausstellungen, *White Snow* (2009), zeigte Zeichnungen und Collagen, die auf Disneys Film *Schneewittchen* basieren. Auf einigen der größeren Arbeiten sieht man Schneewittchen, das sich in eine Unzahl von phallischen Symbolen und Ausschnitten aus billigen Klatschmagazinen verwandelt – Arbeiten, welche die Beziehung zwischen Ware und sozialen Fehlfunktionen untersuchen.

Der Künstler experimentiert auch mit Skulpturen, wobei er oftmals riesige, ballonartige Außeninstallationen entwirft. *Piggies* (2007) zeigt zwei gewaltige Ferkel, die das gierige Wesen menschlicher Existenz symbolisieren. Für *Blockhead* (2003) komponierte er eine Figur aus verschiedenen Gestalten der Popkultur und eigenen Ideen. Der monumentale Kopf samt Pinocchio-Nase erdrückt fast den Körper, auf dem er sitzt. Speckblasen an Hals und Brust scheinen jeden Moment zu platzen und jene Körperflüssigkeiten auszuscheiden, die schon so lange Teil von McCarthys Kunst sind. 2014 ließ er eine riesige grüne aufblasbare Skulptur, die er als »Tree« charakterisierte, die jedoch die Form eines Sexspielzeugs (Butt-Plug) aufweist, auf dem Place Vendôme in Paris installieren und erzeugte damit einen Skandal. *bf*

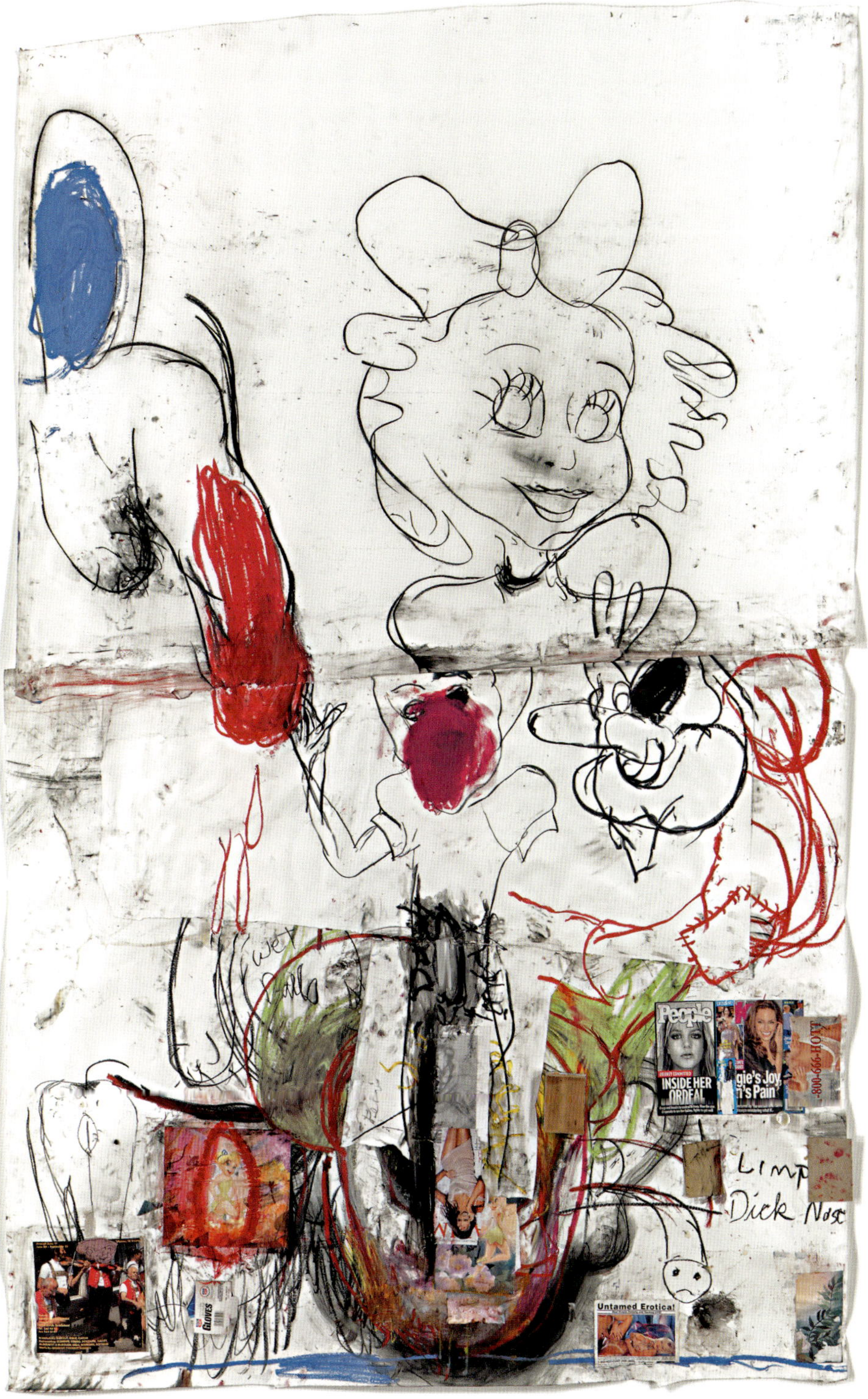

Inside Her Ordeal, 2009, Ölstift, Zeichenkohle und Collage auf Papier, 322,6 × 205,7 cm, Friedrich Christian Flick Collection. Courtesy the artist and Hauser & Wirth

07

JEFF WALL

Das Werk von Jeff Wall ist von zentraler Bedeutung für die zeitgenössische Fotografie. Insbesondere der Einsatz von Leuchtkästen und das Aufgreifen der Werbeästhetik wirkten nachhaltig. Der kanadische Künstler verbindet in seinen Bildern Elemente der Fotografie, der Malerei und des Films.

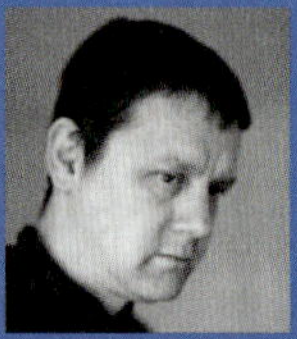

JEFF WALL

1946 Wird in Vancouver, Kanada, geboren

1970 Studienabschluss am Department of Fine Arts der University of British Columbia in Vancouver

1970–1973 Forschungsaufenthalt am Courtauld Institute of Art, University of London

1982 Teilnahme an der documenta 7, es folgen Teilnahmen an der documenta 8, X und 11

Seit 1987 Dozent am Centre for the Arts, University of British Columbia, Vancouver

2003 Jeff Wall erhält den Roswitha-Haftmann-Preis

2005 Große Einzelausstellung in der Tate Modern, London

2014 Ausstellung *Jeff Wall: Tableaux, Pictures, Photographs, 1996–2013* in der Pinakothek der Moderne in München und im Stedelijk Museum in Amsterdam

Jeff Wall studierte von 1964 bis 1970 Kunstgeschichte und bildende Kunst an der Universität von British Columbia in Vancouver, es folgte ein dreijähriger Forschungsaufenthalt am Courtauld Institute of Art in London. Als Fotografien in der Regel noch in Schwarz-Weiß-Abzügen in kleinem Format ausgestellt wurden, präsentierte Jeff Wall Ende der 1970er-Jahre große Farbdiapositive in Leuchtkästen.

Seine Motive fand Wall zunächst im Freien, zumeist »unsichtbare Dinge, die faszinieren, sobald man ihnen Aufmerksamkeit schenkt«, erklärt er. Die mit der Großformatkamera entstandenen Bilder sind sorgfältig komponiert und gestochen scharf, ihre glänzende Schönheit erweist sich jedoch bei genauerem Hinsehen häufig als trügerisch. Wall richtet seinen Fokus vor allem auf die urbane und suburbane Lebenswelt in und um seine kanadische Heimatstadt Vancouver. Er zeigt soziale Missverhältnisse und Konflikte wie Armut, Arbeitslosigkeit, Prostitution, Schwarz- und Drogenhandel auf sowie unspektakuläre, stille Orte als Sinnbilder für die Ausbeutung und Zerstörung durch den Menschen.

Daneben entwickelte Jeff Wall eine weitere, nicht an der Fotografie, sondern am Kino orientierte Produktionsstrategie: Wie ein Regisseur konzipiert und arrangiert er Szenen im Studio oder an authentischen Orten, fotografiert sie ab und befindet die Aufnahmen erst nach aufwendiger digitaler Nachbearbeitung als abgeschlossene Werke. Nur selten gelingen Fotojournalisten derart verdichtete, perfekte Bilder. Die Fotos erscheinen wie Standbilder, Momente, die aus einer Handlung gerissen sind. *Mimic* (1982) ist eines von Jeff Walls »quasi-dokumentarischen« Bildern: Es zeigt die rassistische Geste eines Mannes, von Wall im Straßenalltag beobachtet und anschließend mit professionellen Schauspielern nachgestellt. »Das Spontane ist bei Weitem das Schönste, aber nichts in der Kunst kommt weniger spontan zustande als das Spontane«, kommentiert Wall.

Neben der intensiven Auseinandersetzung mit fotografischen und filmischen Strategien haben Jeff Walls Kenntnis der Kunstgeschichte und die Beschäftigung mit Malerei sein Werk nachhaltig geprägt. Viele seiner Fototableaus, die seit den 1990er-Jahren auch in Schwarz-Weiß entstehen, nehmen inhaltlich und kompositionell Bezug auf die Stilrichtung des Realismus im 19. Jahrhundert mit direkten Anspielungen etwa auf Werke von Delacroix, Velázquez oder Manet. Daneben hat sich Wall auch als Autor grundlegender kunsthistorischer Studien zur Kunst der Nachmoderne einen Namen gemacht. Er lebt und arbeitet in Vancouver. *cw*

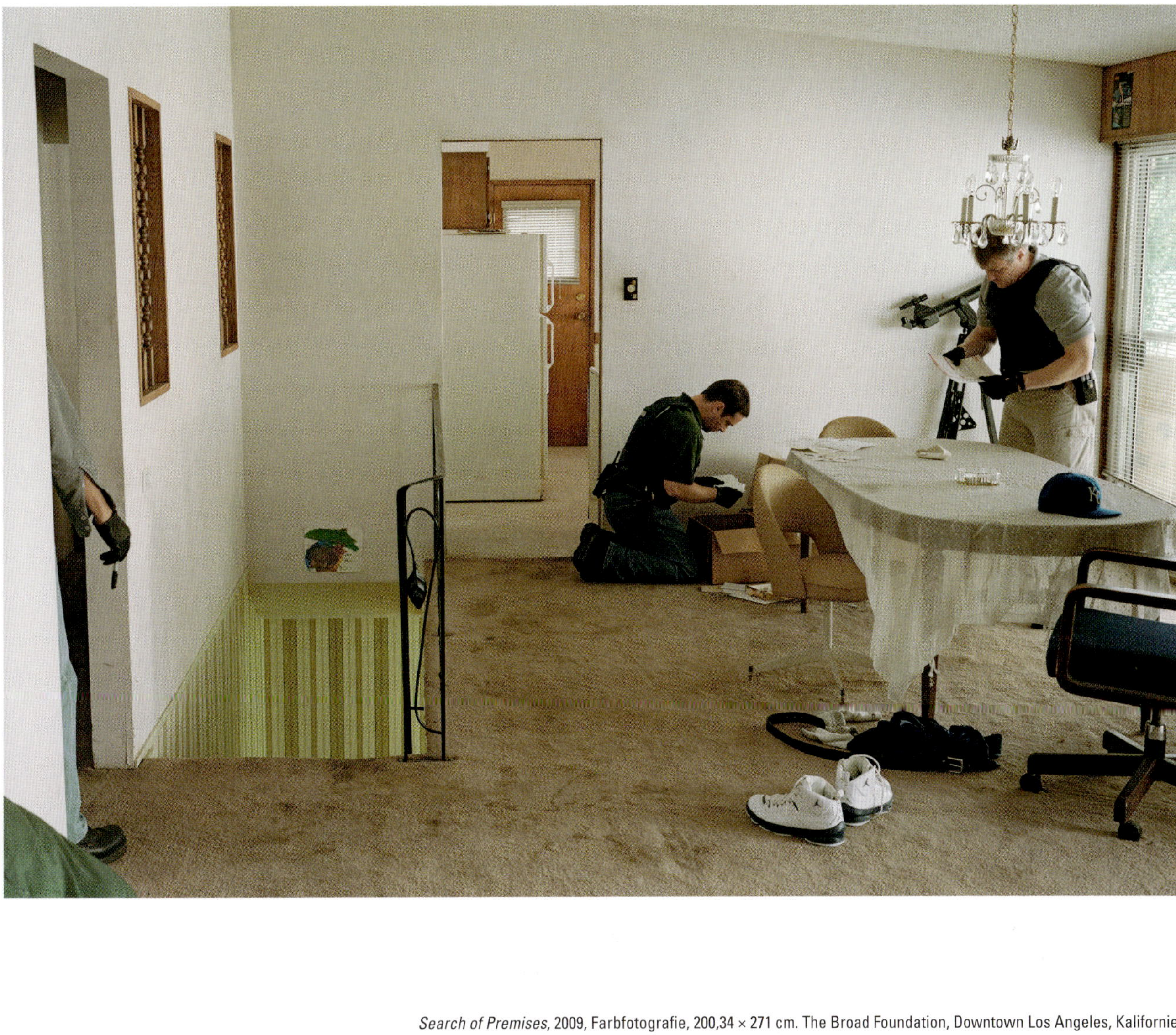

Search of Premises, 2009, Farbfotografie, 200,34 × 271 cm. The Broad Foundation, Downtown Los Angeles, Kalifornien

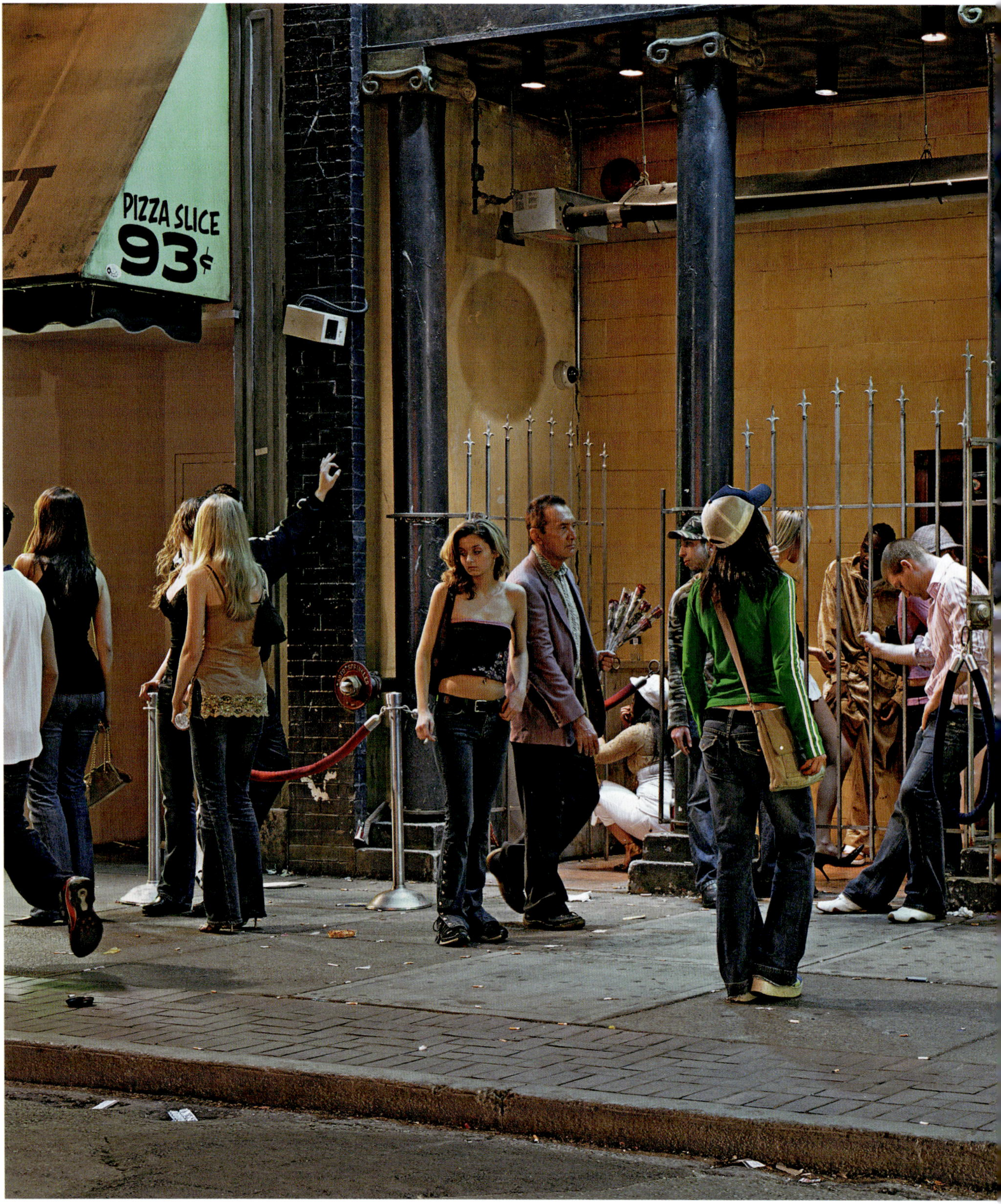

In Front of a Nightclub, 2006, Diapositiv in Leuchtkasten, 226 × 360,8 cm. In Besitz des Künstlers

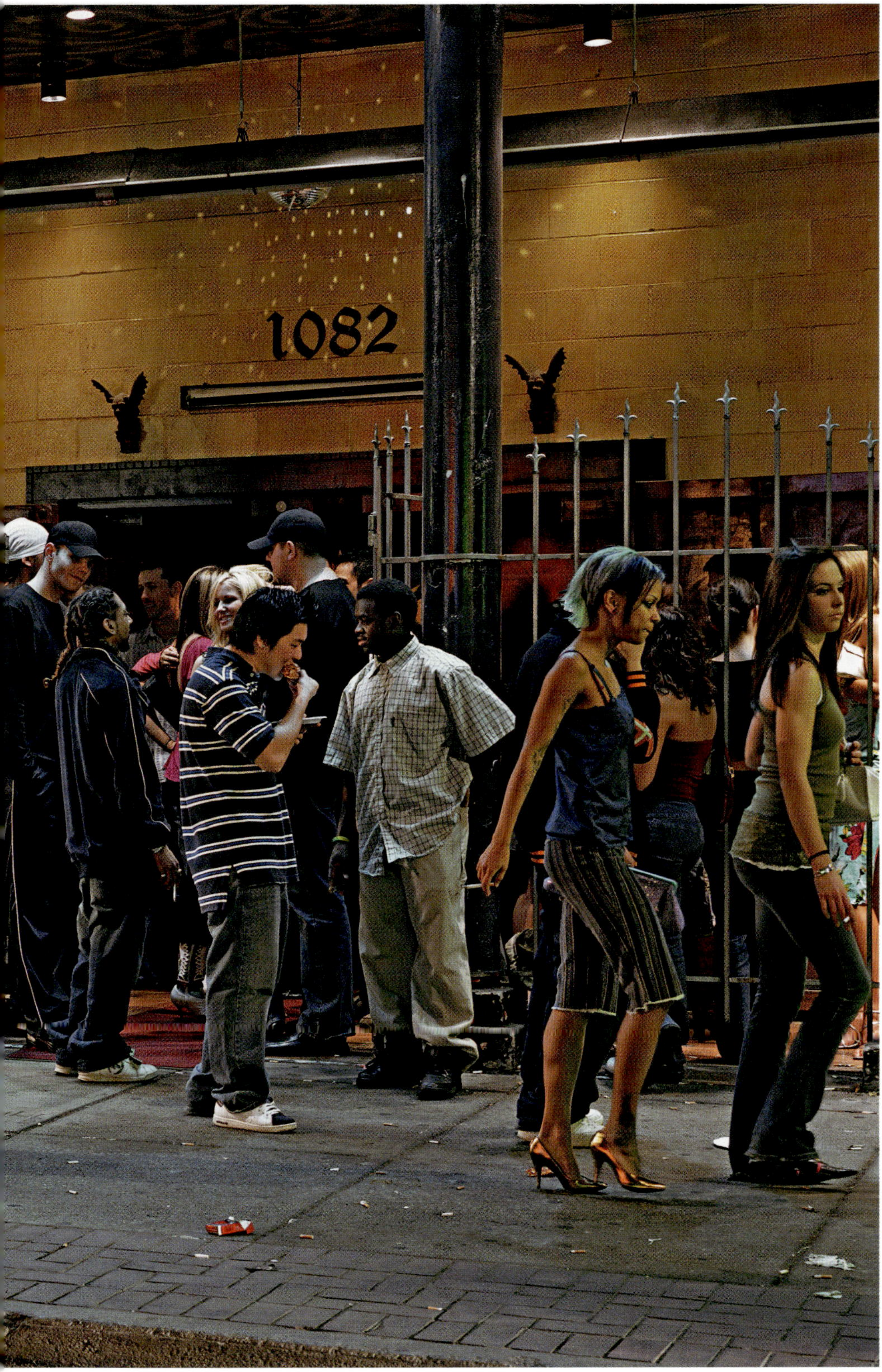
1082

08

MARINA ABRAMOVIĆ

Marina Abramović setzt ihren Körper als Medium künstlerischer Erfahrungen ein. Dahinter steht die Vorstellung, den Geist zu reinigen und Energien an das Publikum zu übertragen.

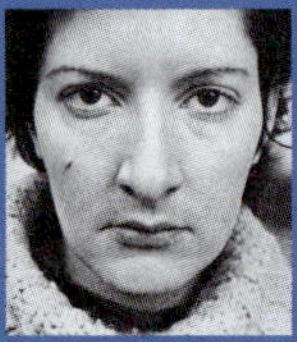

MARINA ABRAMOVIĆ

1946 Wird in Belgrad, Jugoslawien, geboren (heute Hauptstadt Serbiens)

1965 Studium an der Akademie der Bildenden Künste in Belgrad

1988 *The Lovers: Walk on the Great Wall of China*

1997 *Balkan Baroque* wird mit dem Goldenen Löwen der Biennale in Venedig ausgezeichnet

2005 *Seven Easy Pieces*

2010 Ausstellung *The Artist is Present* im MoMA, New York

2014 Ausstellung *512 Hours* in der Serpentine Gallery, London

2017 Große Abramović-Retrospektive *The Cleaner* im Moderna Museet in Stockholm

2021 Goldene Medaille für Verdienste, Republik Serbien

Marina Abramović, eine der führenden Vertreterinnen der Body Art, bezeichnet sich selbst gern als »Großmutter der Performance«. In den 1970er-Jahren wurde sie für ihre radikalen, oft mehrere Tage dauernden Aktionen berühmt, bei denen sie sich oft vollkommen verausgabte, um die Grenzen ihrer physischen und psychischen Belastbarkeit auszuloten. In einer Serie von Performances fügte sie sich selbst bewusst Verletzungen und Schmerzen zu. Bei *Rhythm 10* (1973) stach sie mit einer Messerklinge sehr schnell zwischen ihre gespreizten Finger ein; bei *Rhythm 0* (1974) präsentierte sie sich den Galeriebesuchern als Objekt und stellte ihnen eine Reihe von Gegenständen zur Verfügung, darunter auch Nägel, Alkohol, eine Peitsche und eine Säge; einige Besucher steigerten sich derart in die Performance hinein, dass Abramović beinahe ihr Leben verlor. Die Reaktionen der Besucher als teilnehmende Beobachter oder als Agenten spontaner oder absichtlicher Handlungen war zentraler Bestandteil der Performance.

1975 zog Abramović nach Amsterdam, wo sie den deutschen Künstler Ulay (F. Uwe Laysiepen) kennenlernte. Gemeinsam mit Ulay entwickelte sie Performances. 1988 beendete das Paar sowohl seine künstlerische Kooperation als auch seine Liebesbeziehung mit einer inszenierten Wanderung entlang der Chinesischen Mauer mit dem Titel *The Lovers: Walk on the Great Wall of China*.

Ulay begann seine Wanderung in der Wüste Gobi, während Marina am Gelben Meer startete. Nachdem beide gleich lange Strecken zurückgelegt hatten, trafen sie einander an der Chinesischen Mauer, um sich endgültig voneinander zu trennen.

Nach dieser Aktion bezog Abramović ihre Arbeiten eng auf Objekte, in dem Bestreben, ihrem Publikum den Übergang in neue Bewusstseinssphären zu ermöglichen. An ihrer Skulptur *Red Dragon* (1988) konnte das Publikum durch direkten Körperkontakt individuelle Erfahrungen mit »transitorischen Objekten« wie Rosenquarz und Kupfer sammeln, um die Energien dieser Substanzen zu erspüren. Für Abramović stellen die bei derartigen Prozessen stattfindenden Veränderungen das eigentliche Kunstwerk dar.

1997 wurde Abramović bei der Biennale in Venedig mit dem Goldenen Löwen für ihr Werk *Balkan Baroque* ausgezeichnet. Das Thema dieser Performance waren die vom Bosnienkrieg hervorgerufenen traumatischen Erfahrungen der serbisch-montenegrinischen Künstlerin. Inmitten von wassergefüllten Kupferkesseln und Videoinstallationen, die die Künstlerin und ihre Eltern zeigten, bürstete sie vier Tage lang an die 2500 Kilogramm Rinderknochen vom Schlachthof ab und sang dabei Totenlieder ihrer Heimat.

2010 fand im New Yorker Museum of Modern Art die 716-stündige Performance *The Artist is Present* statt, mit der Marina Abramović ihren bislang größten Erfolg feierte. Die Künstlerin setzte sich dabei 90 Tage lang jeweils für sieben Sunden auf einen Stuhl und tat nichts anderes, als denen in die Augen zu schauen, die ihr gegenüber Platz nahmen. Kurz darauf gründete sie das Marina Abramović Institute (MAI), eine Plattform, die neue Möglichkeiten der Kooperation von Denkern aus allen Disziplinen schaffen soll. *cw/cp*

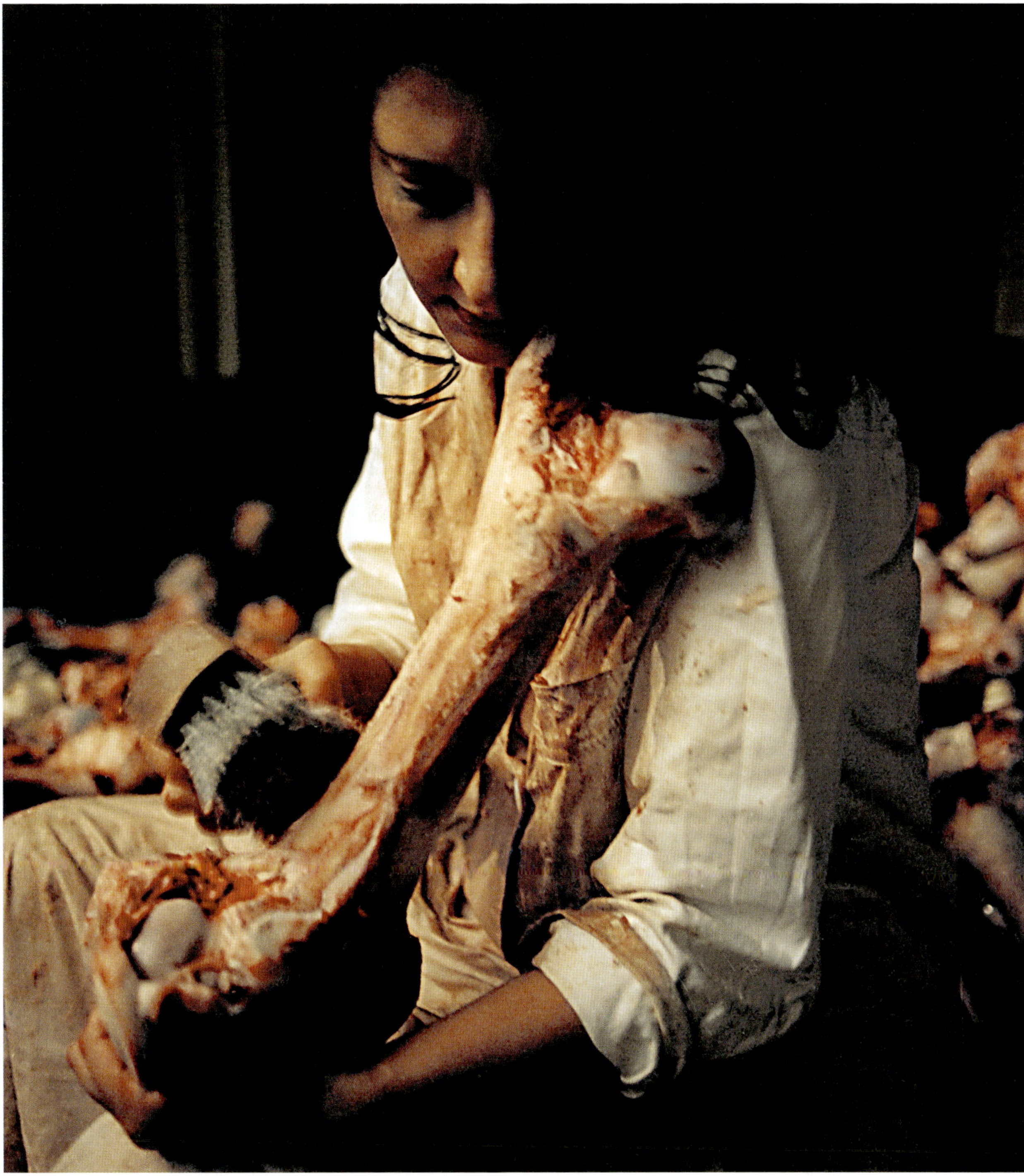

Balkan Baroque, 1997, Performance-Installation, Biennale Venedig

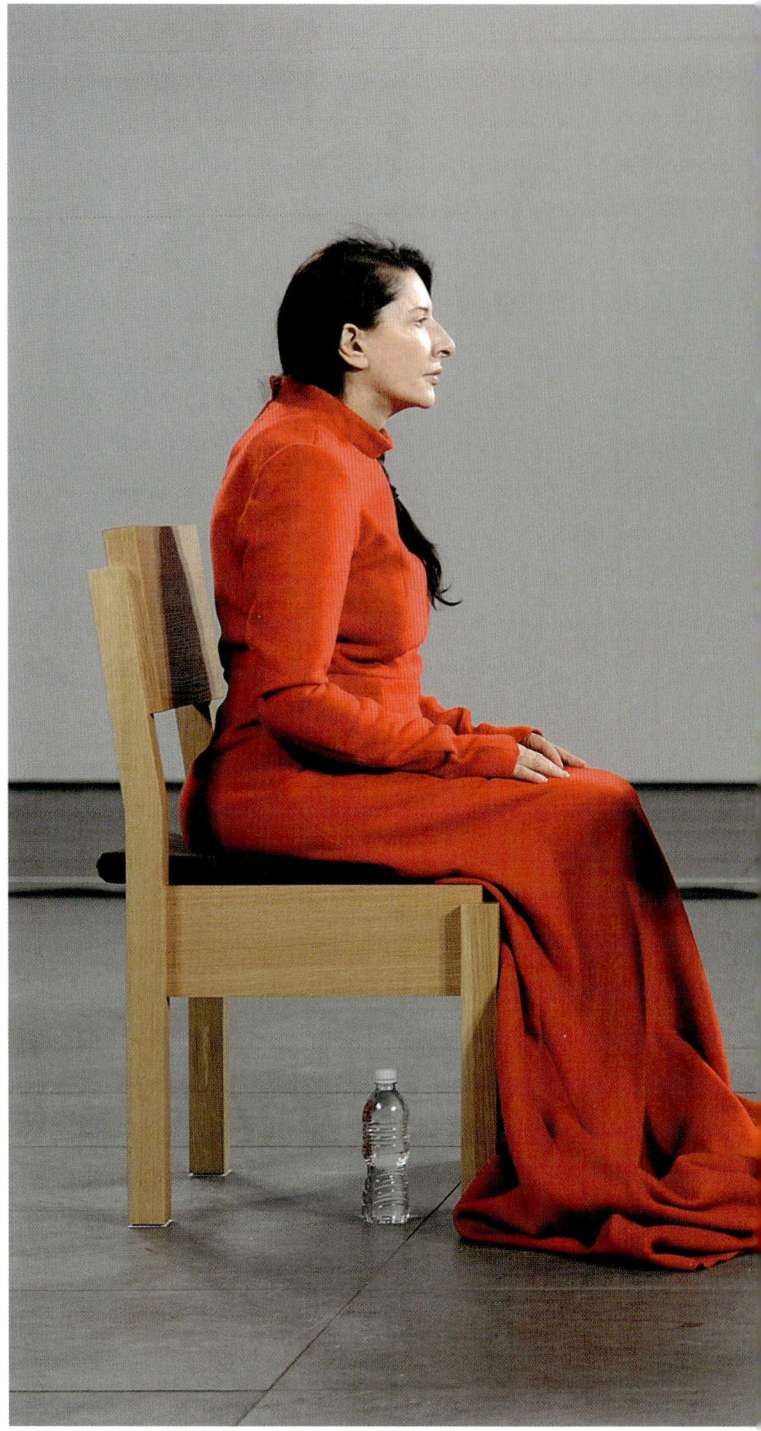

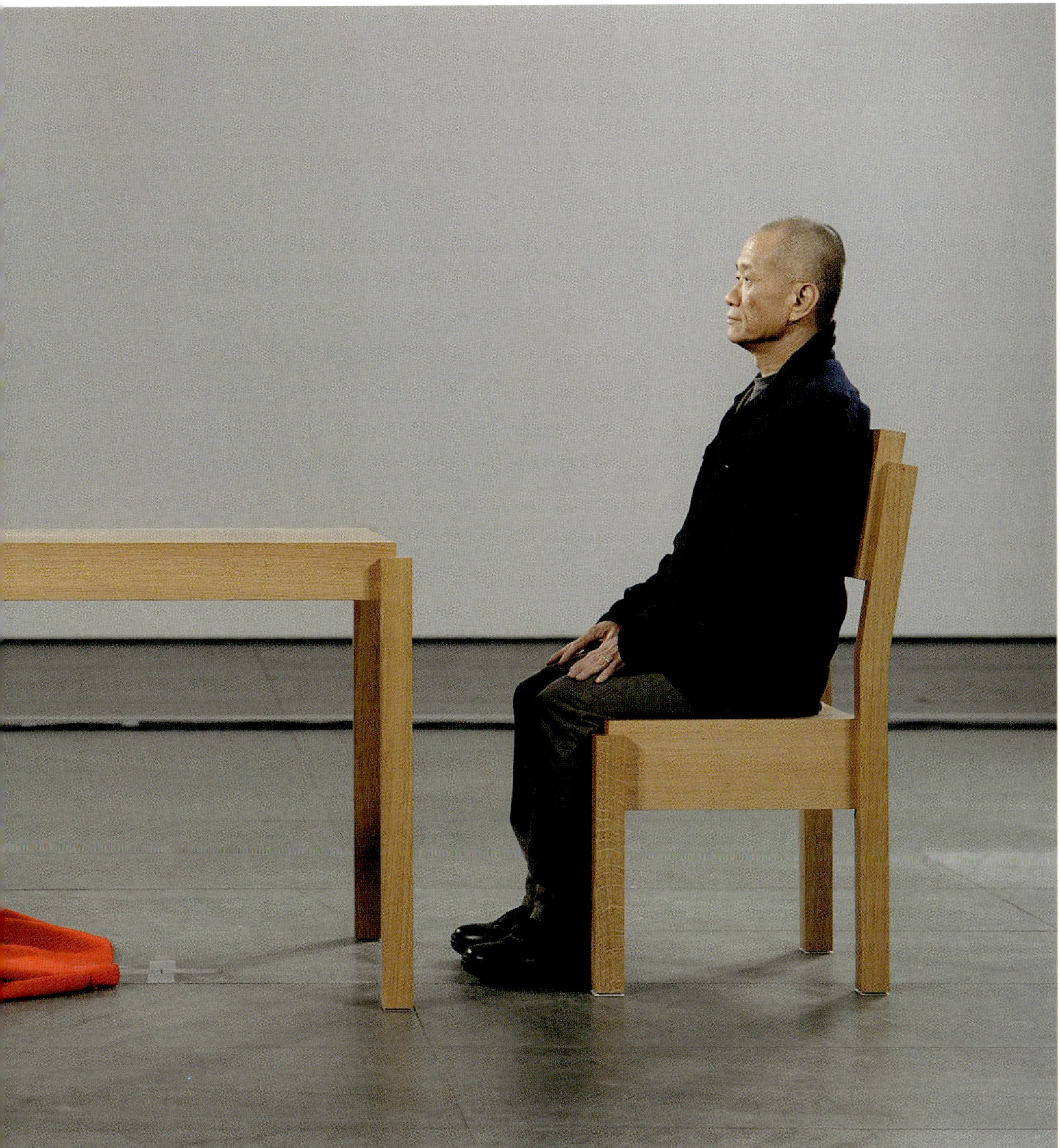

The Artist Is Present, 2010, Performance, Museum of Modern Art, New York

09

RICHARD PRINCE

Richard Prince analysiert die amerikanische Kultur, indem er in seinen Werken Werbe- und Medienbilder verarbeitet und sich mit Außenseitern der Gesellschaft auseinandersetzt. Oft beschäftigt er sich zudem mit der Komplexität menschlicher Sexualität.

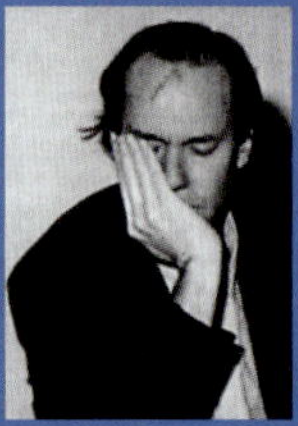

RICHARD PRINCE

1949 Wird in der Panamakanalzone geboren

1976 Erste Einzelausstellung in der Ellen Stragow Gallery in New York

1980–1987 Serie *Cowboys* aus Ausschnitten von Marlboro-Werbeanzeigen entsteht

1988 Teilnahme an der Biennale in Venedig

1992 Teilnahme an der documenta 9

2007 Große Retrospektive im Guggenheim Museum in New York

2007 Zusammenarbeit mit Marc Jacobs für die Frühjahrskollektion des Modelabels Louis Vuitton

2014 Ausstellung *Richard Prince – It's a Free Concert* im Kunsthaus Bregenz

Richard Prince ließ sich nach dem College in New York nieder. Er begeisterte sich für Fotografie, die sich mit der amerikanischen Alltagskultur befasst und wurde ein eifriger Sammler dieser Bilder, die er auch in seiner Kunst verwendete. Zuerst fertigte er Collagen an, doch ab den späten 1970er-Jahren stellte er eigene Aufnahmen her, die die Stücke aus seiner Sammlung akribisch nachahmten bzw. »refotografierten«. Indem er diese »Refotografien« als Kunst präsentierte, wollte er der jungen Generation helfen, die Kultur der jüngsten Vergangenheit neu zu interpretieren – und so die eigene Zeit in einem anderen Licht zu sehen. Er heuerte Modelle an und stellte die Szenen nach. Zu seinen bekanntesten Refotografien gehören die des Marlboro-Manns, Symbol amerikanischer Männlichkeit der 1950er-Jahre. Sie spiegeln die dramatischen Veränderungen seit den 1960er-Jahren wider: Der Marlboro-Mann ist komplexer geworden. Er symbolisiert nun die Gier der mächtigen Zigarettenindustrie, die ihn erschaffen hat – eine Industrie, die sich um die Gefahren nicht kümmert, die von ihrem Produkt ausgehen. Zudem verkörpert der Marlboro-Mann eine sexuell aufgeladene Version des Cowboys, der auf Homosexuelle anziehend wirken soll. Prince umkreiste die Themen Sex und Verlangen auch auf andere Weise. Seine *Nurse Paintings* zeigen maskierte Krankenschwestern, die an Horrorfilme der 1970er-Jahre erinnern. Er platzierte sie vor einem unheilvollen Hintergrund und baute »Titel« wie *Sonic Nurse* oder *Runaway Nurse* ein. Die Bilder machen sich über die kitschige Erotik billiger Horrorstreifen lustig, verstehen sich aber auch als Kommentar darüber, wie Frauen in den Massenmedien marginalisiert und zum Objekt gemacht werden.

Bei einer anderen Serie ließ Prince Figürliches fast gänzlich weg. Jetzt standen Witztexte zentral im Bild. Sie behandeln Themen wie Sex und Religion und sind meist nicht lustig. Sein Hauptinteresse galt der Frage, wie er die Texte in eine wirkungsvolle Komposition bringen konnte, wobei seine einfachste Lösung darin bestand, sie horizontal durch die Bildmitte laufen zu lassen. Einzelne Buchstaben verschmolzen optisch mit der Leinwandoberfläche und waren an den Rändern abgeschnitten. Die Inspiration für diese Arbeiten fand Prince in Comicstreifen vieler Zeitschriften. »Ich beschloss, die Bilder wegzulassen und mich auf die Pointe zu konzentrieren. Indem ich die Comics Witze nannte, entstellte ich sie.« Er hatte eine Möglichkeit gefunden, die Funktionen von Text, Sprache und Bild zu verwischen.

Prince interessierte sich stets für Außenseiter. In seiner *Gangs*-Serie porträtierte er Biker und andere Charaktere am Rand der Gesellschaft. Prince fasst die Aufnahmen albumartig zusammen und platziert seine »Gang-Mitglieder« oft provokant nebeneinander.

Die bekannteste plastische Darstellung des Künstlers setzte sich ebenfalls mit dem flüchtigen Wesen des Lebens auf der Straße auseinander. Prince erschuf eine Reihe von bemalten Motorhauben. In einer dieser Arbeiten – *My Way* (2004) – wurde die Haube wie eine Leinwand aufgestellt, die bemalte Staffage erinnerte an einen Highway.

Prince sorgte 2017 für Schlagzeilen: Als Protest gegen die Präsidentschaft von Donald Trump zog der Künstler die Autorschaft für ein Bild zurück, das er 2014 vom Instagram-Account Ivanka Trumps kopiert, signiert und dann an sie für 36 000 Dollarzurückverkauft hatte. *bf*

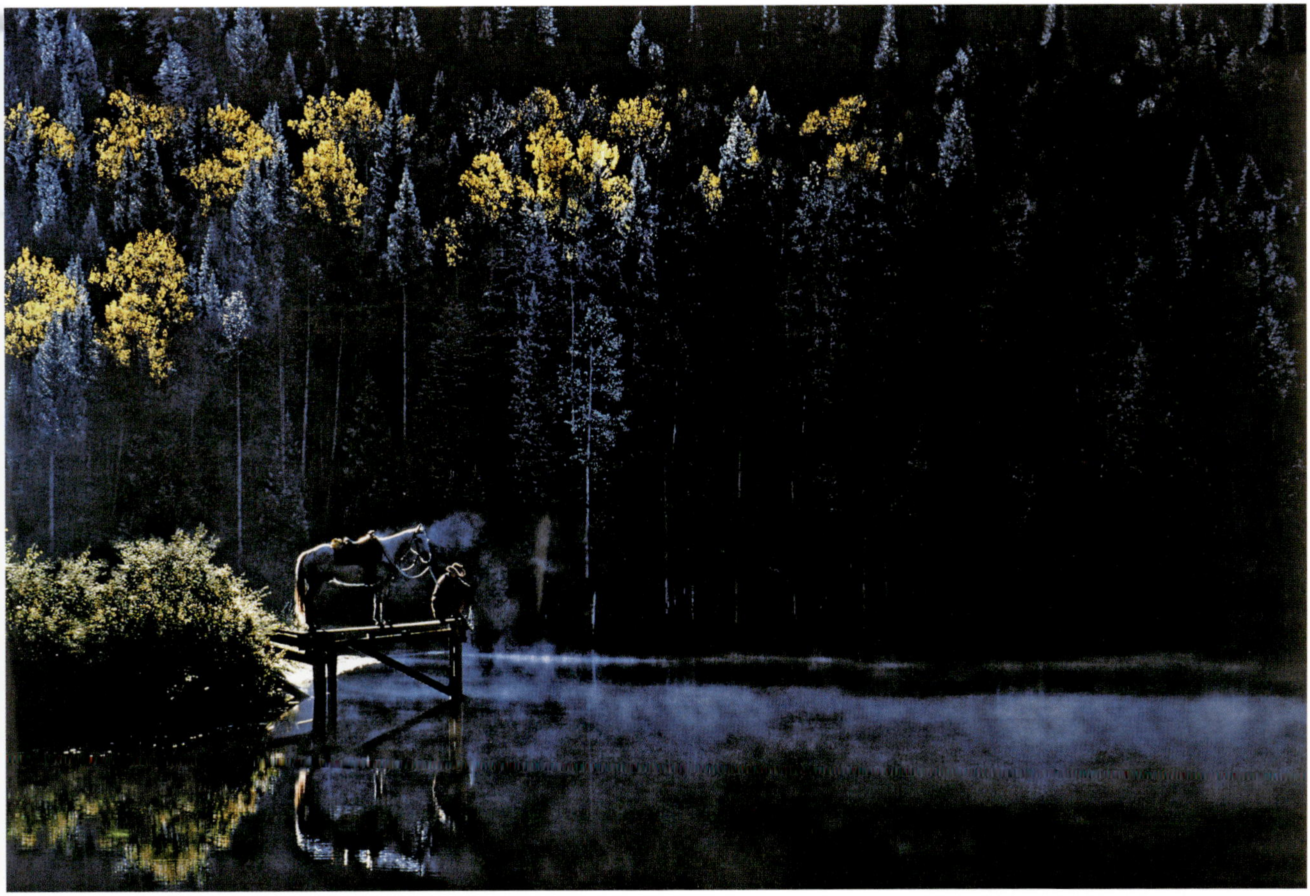

The Blue Cowboys, 1999, gerahmte Ektacolor-Fotografie,
150,5 × 211,5 × 5,1 cm. Gagosian Gallery, New York

10

JENNY HOLZER

Jenny Holzer nutzt die Sprache als künstlerisches Material, um gesellschaftliche Wirksamkeit zu erzielen. Mit eindringlichen Textbotschaften vor allem im öffentlichen Raum versucht sie, die Wahrnehmung der Passanten häufig dort produktiv zu stören, wo sie es am wenigsten erwarten. Dabei versteht sie sich als »Rednerin, die private Ängste öffentlich macht«.

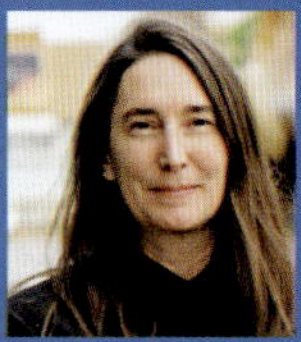

JENNY HOLZER

1950 Wird in Gallipolis, Ohio, USA, geboren
1975 Studium an der Rhode Island School of Design in Providence
1982 Präsentiert ihre Arbeit auf dem Times Square, New York
1989/90 Einzelausstellung im Guggenheim Museum, New York
1990 Auszeichnung mit dem Goldenen Löwen der Biennale in Venedig
2009 Ausstellung *Protect Protect* im Whitney Museum of American Art, New York
2010 *For Frankfurt*, Textprojektionen an sechs Orten in Frankfurt a. M.
2017 *Illumination Silo No. 5* in Montreal (Hommage an Leonard Cohen) zum 375. Jubiläum der Stadt
2018 Ausstellung *Artist Rooms: Jenny Holzer* in der Tate Modern in London

New York, Ende der 1970er-Jahre: Explosive Botschaften sind auf Plakatwänden, Eisenbahnwagen, Straßenschildern und Bauzäunen zu lesen: *Religion causes as many problems as it solves (Religion verursacht ebenso viele Probleme, wie sie löst)* oder *The family is living on borrowed time (Die Tage der Familie sind gezählt)* gehören zu den Alltagsweisheiten aus Jenny Holzers Sammlung von *Truisms*, die sie eigenhändig im Stadtgebiet verteilte. Aneinandergereiht und in ein Gesamtwerk überführt, wird die Fragwürdigkeit der hinter den simplen Grundsätzen stehenden Denksysteme besonders deutlich. Für sich genommen scheinbar »wahr«, heben sich Sätze wie *Children are the most cruel of all (Keiner ist grausamer als Kinder)* und *Children are the hope of the future (Kinder sind die Hoffnung der Zukunft)* in ihrer Aussage gegenseitig auf oder stehen zueinander im Widerspruch.

1982 realisierte Holzer ausgewählte *Truisms* auf einer elektronischen Leuchtschrifttafel am Times Square in New York, indem sie das Spektakuläre des verwendeten Mediums für ihre Zwecke einsetzte. Inmitten der Vielzahl von Nachrichtentafeln und Werbeflächen, deren Darstellungsweisen sie sich bedient, versuchte sie, die Vorbeieilenden mitten im Alltag einen Moment lang zu packen und zum Nachdenken anzuregen. Durch die Verwendung einer gängigen Schrifttype in Versalien schleuste sie ihre Textbotschaften unauffällig, doch dafür umso irritierender in den öffentlichen Raum ein.

1996 begann Holzer Schriftzüge mithilfe von Xenon-Scheinwerfern zu projizieren: auf das Jüdische Museum Berlin, die Pyramide des Louvre in Paris oder das Rockefeller Center in New York, auf öffentliche Plätze und Flussläufe. Für die Retrospektive im New Yorker Salomon R. Guggenheim Museum 1989/90 installierte sie mehr als 300 ihrer Botschaften in LED-Laufschrift in der Rotunde des berühmten »Schneckenhauses« von Frank Lloyd Wright. Die werbeästhetischen Laufbänder bildeten einen interessanten Kontrast zu den sakral anmutenden Granitbänken, in die Holzer weitere Texte eingraviert hatte.

Gewalt, Krieg, Angst, Tod – Holzers Werke konfrontieren mit existenziellen Themen und brisanten Realitäten unserer Gesellschaft. Mit der Zeit entwickelte die Künstlerin eine Sprache, die auch persönliche Zustände zum Ausdruck bringt. *Da, wo Frauen sterben, bin ich hellwach* stand in Großbuchstaben auf der Titelseite des Magazins der *Süddeutschen Zeitung* vom 19. November 1993. Mit einer Mischung aus Blut und Druckerfarbe umgesetzt, war es ein provokanter Versuch, auf die Vergewaltigungen und Sexualmorde in Bosnien aufmerksam zu machen, während der Leser tagtäglich seelenruhig seine Zeitung zur Hand nimmt und dabei zusieht. »Erst wenn wir mit dem Blut in Berührung kommen, erst wenn es regelrecht an unseren Händen klebt, sind wir schockiert«, meint Jenny Holzer. Zu dieser Arbeit mit dem Titel *Lustmord* gehört auch eine Folge von Fotografien, für die sie Wörter aus den verschiedenen Perspektiven von Tätern, Opfern und Hinterbliebenen auf menschliche Haut schrieb und abfotografierte. »Beim Schreiben krieche ich in meine Seele – oder in die Seele anderer – und untersuche: Was ist da los? Was geht da vor? Diese Neugierde treibt mich an. Und je weiter man vordringt, desto düsterer wird es.« *cw*

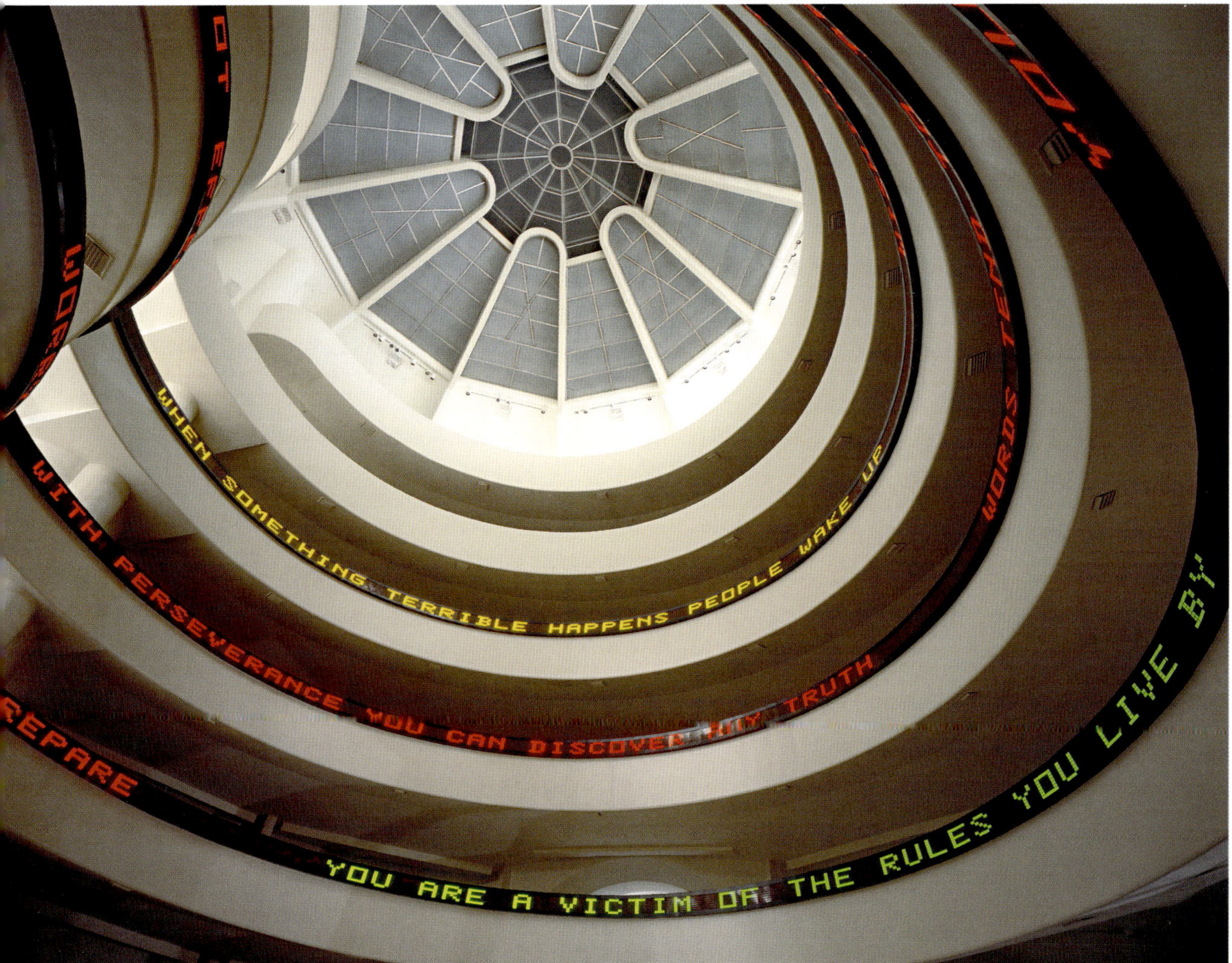

Untitled (aus: *Truisms, Inflammatory Essays, The Living Series, Under a Rock, Laments* und *Child Text*), 1989, LED,
41,9 × 4900 × 15,2 cm, Solomon R. Guggenheim Museum, New York

11

BILL VIOLA

Woher kommen wir? Was sind wir? wohin gehen wir? Das sind Fragen, mit denen sich Bill Viola in seinem Werk auseinandersetzt. Er gilt als einer der international anerkanntesten Videokünstler, der immer wieder technisches und ästhetisches Neuland betritt und wesentlich zur Etablierung des Videos als zeitgenössische Kunstpraxis beigetragen hat.

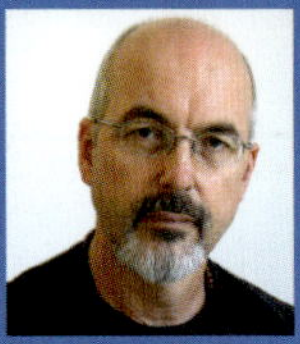

BILL VIOLA

1951 Wird in New York, USA, geboren

1973 Bachelor an der Syracuse University, New York

1980 Heirat mit der Kuratorin Kira Perov

1993 Medienkunstpreis des Zentrums für Kunst und Medientechnologie (ZKM), Karlsruhe

1995 Repräsentiert die USA auf der 46. Biennale in Venedig

2005 Premiere von Violas Inszenierung von Richard Wagners Oper *Tristan und Isolde* in Paris

2007 Vertreten auf der 52. Biennale in Venedig mit *Ocean without Shore*

2017 Ausstellung *Bill Viola – Installationen*, Deichtorhallen Hamburg

2019 Ausstellung *Bill Viola / Michelangelo. Life Death Rebirth* in der Royal Academy of Arts, London

Seit Beginn der 1970er-Jahre beschäftigt sich Bill Viola intensiv mit dem Medium Video, experimentiert mit verschiedenen technischen Mitteln wie Zeitlupe, Zeitraffer, Zooms, Mehrfachbelichtungen etc. und betreibt auf diese Weise umfassende Erforschung von Bewusstseinszuständen und Prozessen der Selbstwahrnehmung. Dabei greift er ebenso auf Einsichten des Zen-Buddhismus, des islamischen Mystizismus und der europäischen Philosophie zurück wie auf aktuelle Erkenntnisse der Neuro- und Kognitionswissenschaften. Viele neue Eindrücke für seine Arbeiten resultieren außerdem aus verschiedenen Reisen nach Bali oder Tunesien und aus längeren Aufenthalten in Italien und Japan.

Thematisch beschäftigen den amerikanischen Künstler grundlegende Erfahrungen des Daseins wie Geburt und Tod. Das sehr persönliche Video *The Passing* von 1991 geht auf eine autobiografische Begebenheit zurück – genau neun Monate nach dem Tod von Violas Mutter wurde sein zweiter Sohn Andrei geboren. Bill Viola drehte *The Passing* überwiegend mit Nachtsichtkameras und lässt eine Welt entstehen, in der Traum und Realität miteinander verschmelzen. Der Regisseur ist selbst Protagonist des Geschehens, schwebt zwischen Schlaf und Wachsein und lässt vor seinem inneren Auge Bilder vorüberziehen, nachdem er für einen kurzen Augenblick dem Tod begegnet ist.

Flüchtige Betrachtungen werden in Bill Violas Werk zu metaphorischen Bildern von universalem Gehalt. Im von ihm in erster Linie angewandten Closed-Circuit-Verfahren ist das Aufnahmemedium – die Kamera – in einem geschlossenen Kreislauf mit dem Abbildungsmedium – etwa dem Monitor – verbunden. Langsam und in gleichmäßigem Rhythmus quellen in der Video-Klang-Installation *He Weeps for You* (1976) einzelne Wassertropfen aus einer von der Decke herabhängenden Wasserleitung hervor. Eine Kamera projiziert das langsame Tröpfeln des Wassers, das bei der Landung auf einem lautverstärkenden Tamburin ein lautes Dröhnen hervorruft, visuell vergrößert auf eine Leinwand. »Kleine Wassertröpfchen – jedes beinhaltet die ganze Welt«, kommentiert Viola. Der Betrachter ist Bestandteil des Werks, wenn er vor den Projektor tritt, sein Abbild auf der Leinwand gespiegelt sieht und verfolgen kann, wie es sich innerhalb des Wassertropfens stetig vergrößert. Er ist aufgefordert, die Bedeutung des Kunstwerks aktiv zu erkunden.

Bill Viola assistierte zunächst bereits etablierten Videokünstlern wie Nam June Paik und Bruce Nauman (Seite 16). Ein wichtiger Aspekt seiner Arbeiten (seit Ende der 1970er-Jahre produziert von seiner Frau Kira Perov) besteht in der Akustik. Viele Werke entwickelt er zusammen mit dem Komponisten David Tudor, einem der Pioniere elektronischer und experimenteller Musik im 20. Jahrhundert.

Viola beteiligte sich mehrmals an der documenta und der Biennale Venedig. Er lebt und arbeitet in Long Beach im US-Bundesstaat Kalifornien. Seit mehr als drei Jahrzehnten sind Violas Werke überall auf der Welt zu sehen. *cw*

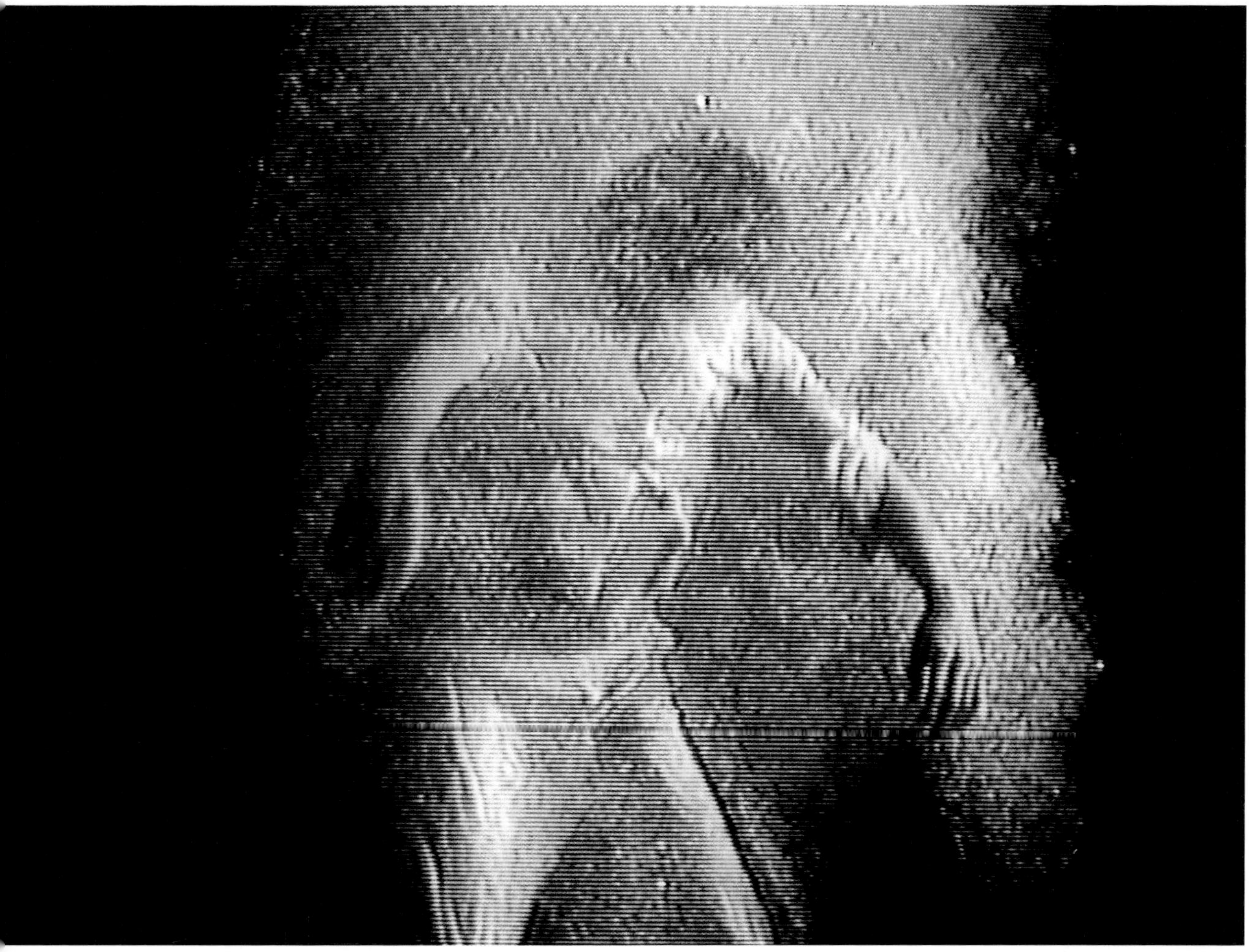

The Passing (In memory of Wynne Lee Viola), 1991, Schwarz-Weiß-Video, Mono Sound, 54 Min. Courtesy of the artist

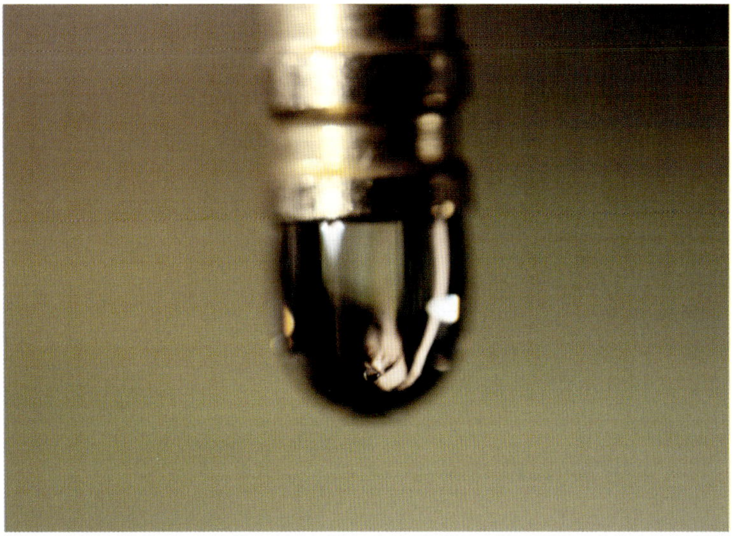

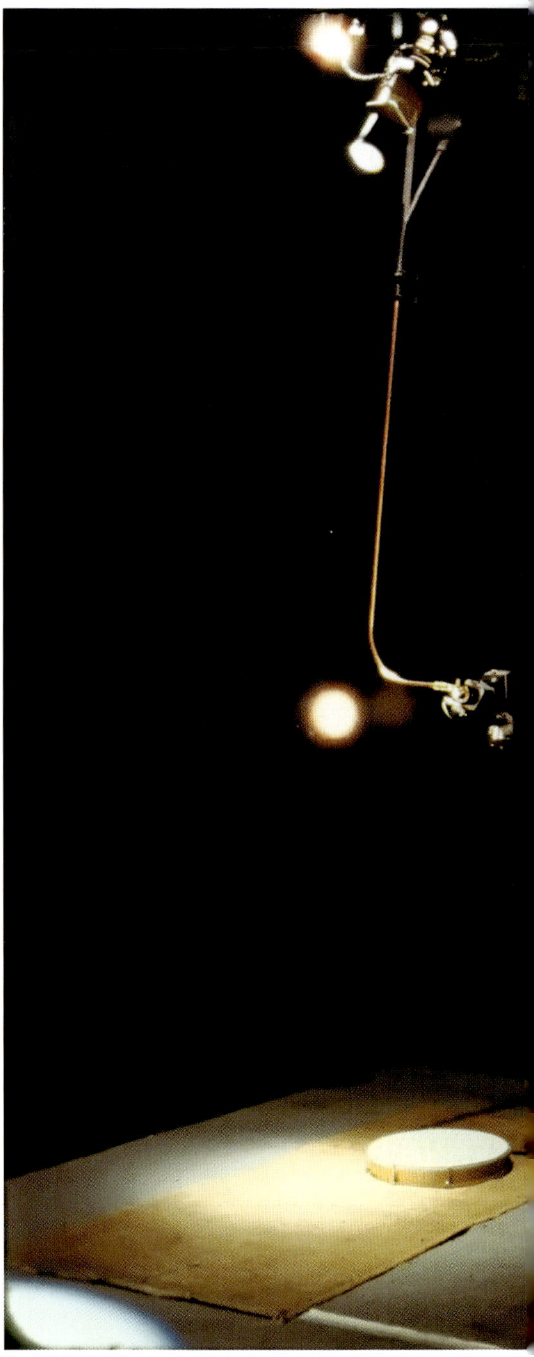

oben:
He Weeps for You (Detail), 1976

rechte Seite:
He Weeps for You, 1976, Video-Klang-Installation,
Objektgröße: 230 × 310 cm, Raummaße: 370 × 610 × 790 cm,
Wassertropfen aus Kupferrohr, Live-Farbkamera mit Makrolinse,
verstärkte Trommel, Videoprojektion in dunklem Raum. Courtesy of the artist

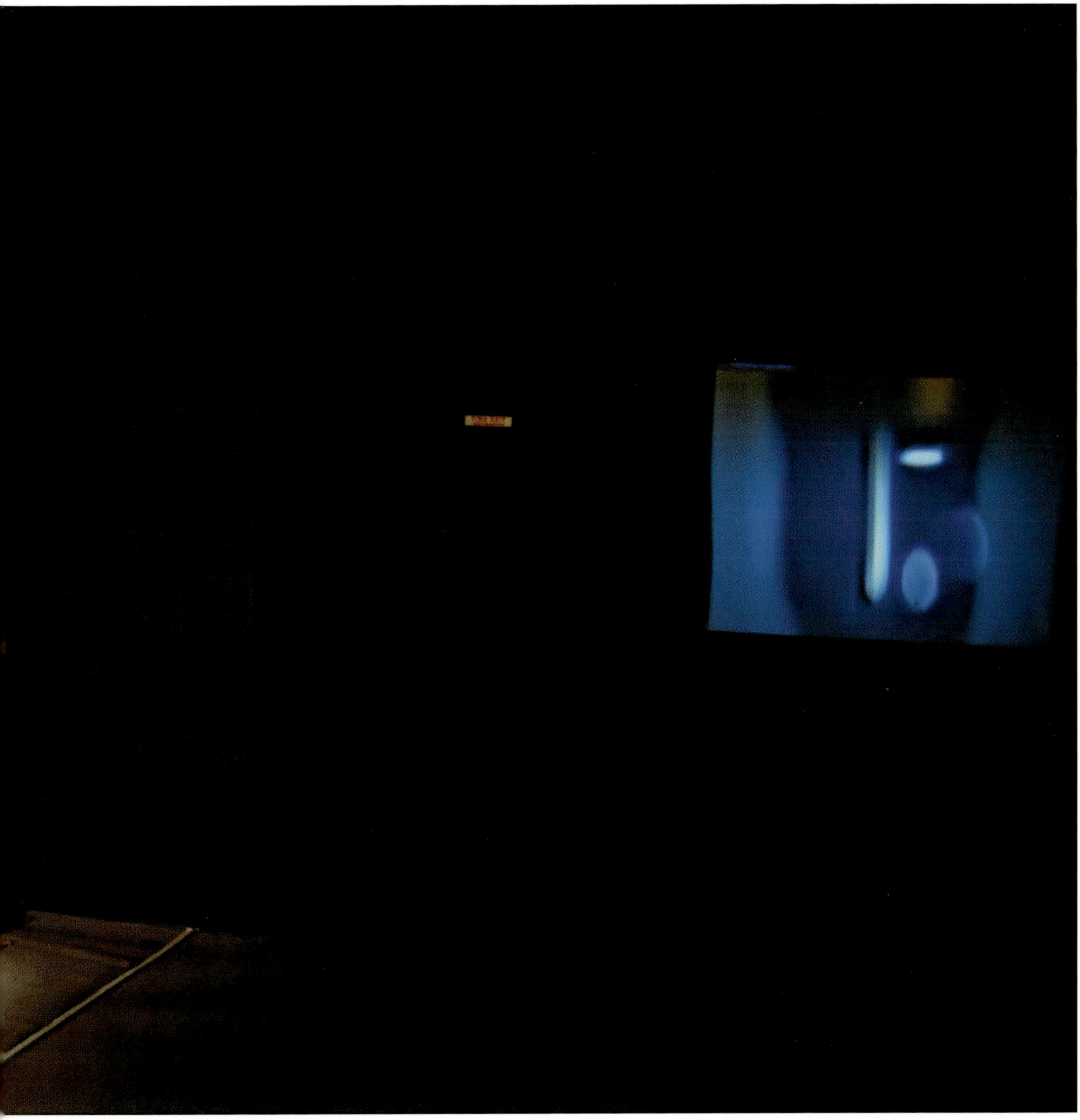

12

MONA HATOUM

Als gebürtige Palästinenserin, die im Libanon aufwuchs, reagiert Mona Hatoum mit Wachsamkeit auf politisches Unrecht. Ihr Werk entsteht in Auseinandersetzung mit institutioneller Gewalt und spricht von der Bedrohung und Verletzlichkeit des Einzelnen. Die Künstlerin spielt mit den Erwartungen des Publikums, um sie anschließend zu zerstören.

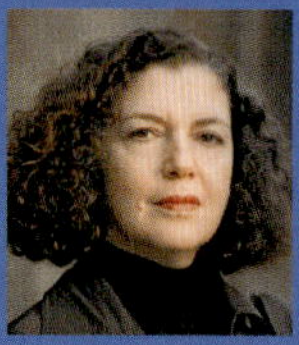

MONA HATOUM

1952 Wird in Beirut, Libanon, als Tochter palästinensischer Eltern geboren

1975 Abschluss an der Byam Shaw School of Art in London

1981 Abschluss an der Slade School of Fine Art, London

1995 Nominierung für den Turner-Preis

2002 Teilnahme an der documenta 11

2010 Erhält den Käthe-Kollwitz-Preis und wird Mitglied der Akademie der Künste in Berlin

2014 Ausstellung *Mona Hatoum: Turbulence* im Mathaf (Arabisches Museum für moderne Kunst), Katar

2016 Retrospektive *Mona Hatoum* in der Tate Modern in London, Centre Pompidou in Paris und im Kiasma-Museum in Helsinki

2017 Vertreten auf der documenta 14 mit der Installation *Fix it* von 2004

Mona Hatoum hielt sich in England auf, als im Libanon 1975 der Bürgerkrieg ausbrach und eine Rückkehr zu ihrer Familie nach Beirut verhinderte. Seitdem lebt sie in London. Hatoum, die sich selbst als »professional residency artist« bezeichnet, arbeitet immer wieder in internationalen Gastateliers.

In einer Videoarbeit von 1988 macht Mona Hatoum ihre Position als exilierte Künstlerin und die Suche nach Heimat eindringlich zum Thema: *Measures of Distance* (1988) zeigt Aufnahmen ihrer nackten Mutter im Bad, Auszüge aus ihren Briefen aus Beirut bewegen sich in arabischer Schrift über den Bildschirm. Dabei liest die Stimme der Künstlerin die Briefe in englischer Übersetzung vor.

In den frühen 1980er-Jahren konfrontierte Mona Hatoum ihr Publikum mit drastischen Performances und reagierte damit auf aktuelle politische Ereignisse. In *Under Siege* (1982), zu deutsch »militärisch belagert«, kämpfte sie nackt in einer duschkabinenartigen Zelle mit Schlamm stundenlang um Halt. Die Aktion war akustisch mit libanesischen Volksgesängen sowie Nachrichten und Diskussionen zum Palästinakonflikt untermalt. Hatoums scheiternde Versuche aufzustehen und ihr wiederholtes Abrutschen an den Wänden ihres Gefängnisses veranschaulichten vor dem Hintergrund drohender Kriege die Vergeblichkeit und Sinnlosigkeit menschlichen Handelns. Eine Woche nach der Aufführung in London begann die israelische Invasion im Libanon.

Auch Mona Hatoums Skulpturen und raumgreifenden Installationen, die eine Nähe zur minimalistischen Skulptur und Konzeptkunst aufweisen, sind angereichert mit politischen und persönlichen Inhalten. Stahl, Glas, Stacheldraht und ihr präziser Einsatz dienen ebenso wie die Veränderung von Größenverhältnissen oder Funktionen dazu, aus alltäglichen Gegenständen fremdartige Objekte zu machen. Eine latente Gewalt wird oft erst beim genaueren Hinsehen deutlich: wenn die Griffe eines Krankenstuhls auf Rädern aus messerscharfen Klingen bestehen, Gehstützen aus Weichgummi gemacht sind oder sich bunte Glaskugeln auf einem Seziertisch als Handgranaten herausstellen. *Daybed* (2008), die auf die Größe eines Bettes übertragene Struktur einer Küchenreibe, verspricht Schmerz statt Erholung und Schlaf. Die ästhetisch reizvollen Objekte rufen widersprüchliche Gefühle hervor und fassen die Instabilität der Welt durch hinzugefügte Tücken in eindringliche Bilder. »Ich mag es, wenn Werke sich sowohl auf der sinnlichen als auch auf der intellektuellen Ebene auswirken«, erklärt Hatoum. »Bedeutungen, Konnotationen und Assoziationen entstehen erst nach der ursprünglichen körperlichen Erfahrung, wenn die Fantasie, der Intellekt und die Psyche durch das, was man gesehen hat, entflammt werden.«

In der Installation *Corps étranger*, 1995 für den Turner-Preis nominiert, wird der Körper als seelenlose Materie behandelt und Opfer der auf ihn einwirkenden Gewalt: Eine endoskopische Kamera untersucht die Körperoberfläche der Künstlerin, um dann unvermittelt in ihr Leibesinnere einzudringen. Akustisch begleitet von Herzschlag und Atem, handelt die Arbeit von der Missachtung von Grenzen, die nicht nur physisch, sondern auch psychisch spürbar wird. *cw*

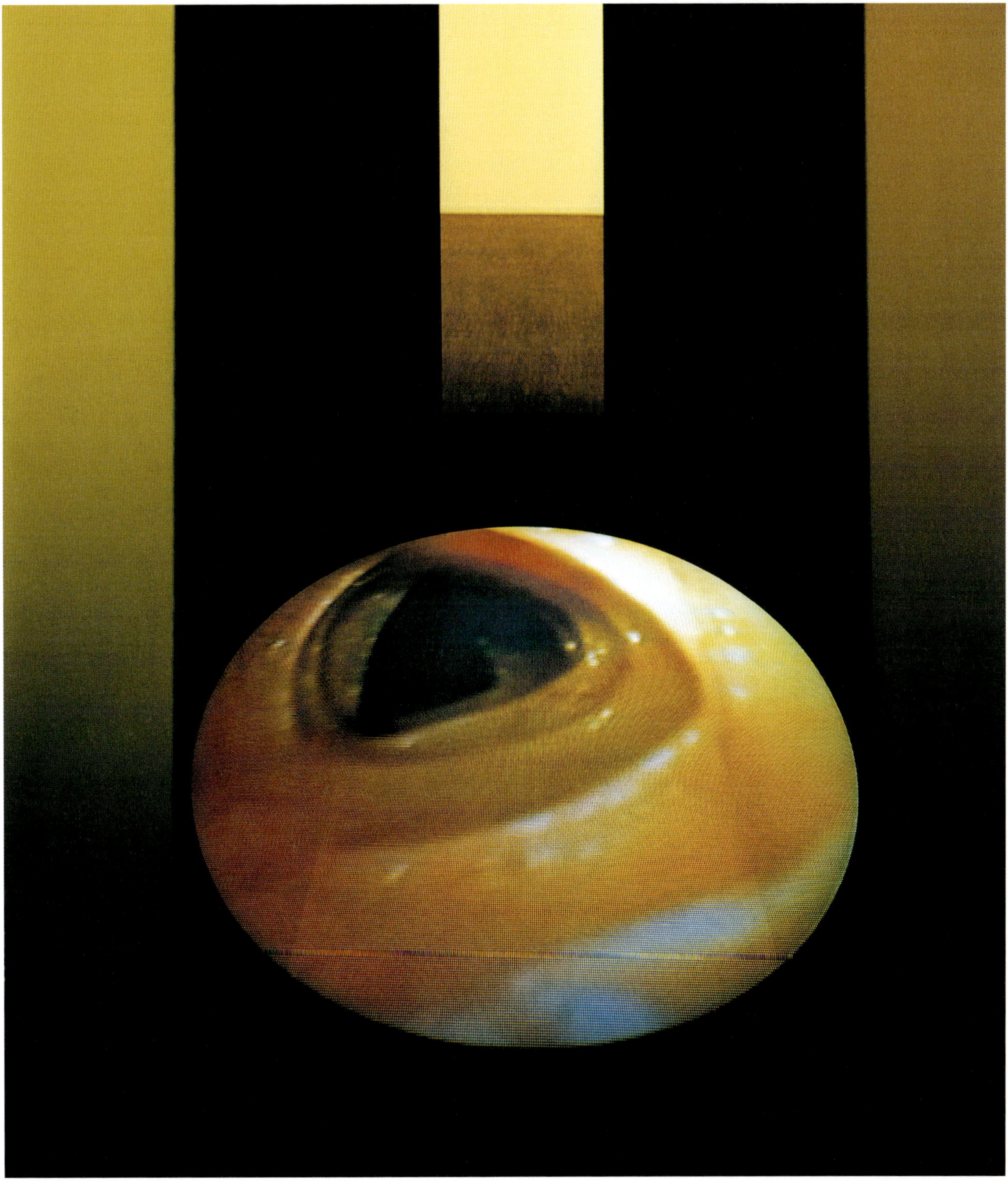

Corps étranger, 1994, Videoinstallation, 350 × 300 × 300 cm. Centre Pompidou, Paris

13

MARLENE DUMAS

Die Figuren von Marlene Dumas strahlen etwas Gespenstisches, Blasses aus, setzen sich jedoch mit zentralen diesseitigen Themen auseinander – mit Sex, Mutterschaft, dem Altern. Viele ihrer Werke beschäftigen sich mit der Frage, wie das Leben von Frauen definiert und durch ausdrucksstarke Bilder neu interpretiert werden kann.

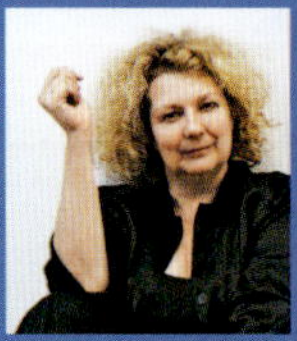

MARLENE DUMAS

1953 Wird in Kapstadt, Südafrika, geboren

1972–1975 Studium der Malerei an der Michaelis School of Fine Arts, Kapstadt

1979–1980 Psychologiestudium in Amsterdam

1995 Repräsentiert die Niederlande auf der 46. Biennale in Venedig

2008 Das Museum of Contemporary Art, Los Angeles, zeigt mit Marlene Dumas – *Measuring Your Own Grave* die erste große amerikanische Retrospektive

2010 Das Haus der Kunst München zeigt die Ausstellung *Tronies*

2015 Ausstellung *Marlene Dumas: The Image as Burden* in der Tate Modern, London

2017 *Marlene Dumas. Skulls* im Albertinum in Dresden

Marlene Dumas wurde in der Nähe von Kapstadt geboren. Sie wuchs in einer Gesellschaft auf, die von Apartheid und internationaler Isolation geprägt war. Wie viele südafrikanische Künstler zog sie nach Europa und ließ sich 1976 dauerhaft in Amsterdam nieder. Während der folgenden Jahre veränderte sich die Geschichte ihrer südafrikanischen Heimat grundlegend, und Dumas begann sich künstlerisch mit der Entwicklung menschlicher Lebensläufe auseinanderzusetzen.

Die Gemälde von Dumas basieren häufig auf Fotografien, die sie unter anderem aus Zeitungen und Magazinen ausschneidet. Sie stellen Details dar – stark hervorgehobene Gesichter und Körper –, die aus ihrem ursprünglichen Kontext gelöst wurden. Dumas benutzt eine reduzierte Farbpalette und subtile Schattierungen, um ihre Figuren auf überraschende Weise zu verwandeln. So wirken viele ihrer Kinderdarstellungen einschüchternd, ja fast beängstigend. Das Kind in *Die Baba (Das Baby)* von 1985 wirkt wütend und trotzig, wohingegen ältere Kinder oft mehr Verletzlichkeit ausstrahlen. In *Helena's Dream* (2008) zeigt sie das Gesicht ihrer Tochter als stark befangen – selbst im Schlaf. Kritikern zufolge sollen solche Werke die Ängste von Frauen während der Schwanger- und Mutterschaft widerspiegeln.

Dumas spezialisiert sich zudem auf Porträts von Verstorbenen. In ihrer Serie von gemalten Leichnamen konzentriert sie sich auf die Köpfe der Toten. Die »abgetrennten« Gesichter nehmen mit ihrer gespenstisch weißen Haut und ihrer Ausdruckslosigkeit fast den ganzen Raum ein und erinnern daran, wie unsere Gesellschaft mit Tod und Wandel umgeht.

Viele von Dumas' bekanntesten Arbeiten interpretieren die Kunst des Prominenten-Porträts um. Oftmals lehnen sie das populäre Bild des Stars ab und setzen sich stattdessen mit der kulturellen Haltung auseinander, die einem solchen Bild zugrunde liegt. Ihr Gemälde von Ingrid Bergman (2008) basiert auf einem tränenreichen Standfoto aus dem Film *Wem die Stunde schlägt*. Dumas zeigt Bergmans natürliche Schönheit verzerrt, Haut und Lippen hängen fast vom Gesicht herab. Das Bild scheint ein Kommentar über die Vergänglichkeit der Schönheit – Schönheit oftmals als Ware der Filmindustrie – und die Unabwendbarkeit von Alter und Tod zu sein. Im Gegensatz dazu stellt ihr Porträt von Osama Bin-Laden (2010) diesen als nachdenklich und beinahe schwach dar und lehnt damit eine vereinfachende Schmähung dieser höchst umstrittenen öffentlichen Figur ab.

Dumas beschäftigt sich auch mit der Frage, wie Frauen durch Bilder definiert werden. Ihre gemalten Neuschöpfungen erotischer Fotografien – zum Beispiel *Adult Entertainment* (2000), *Feather Stola* (2000) und *High-Heeled Shoes* (2000) – untersuchen Themen wie Voyeurismus und gesellschaftliche Zwänge.

Eine andere Reihe erkundet die Möglichkeiten des Selbstporträts in Malerei und Fotografie. Die Künstlerin idealisiert nichts, sondern zeigt die Spuren ihres Alters. Einige ihrer Selbstporträts weisen sogar dieselbe Blässe wie ihre gemalten Leichname auf. Solche Arbeiten lehnen den Kampf um die ewige Jugend ab, wie er von Frauen oft erwartet wird. Sie stehen zudem in einer langen Tradition niederländischer Kunst, die bis zu Rembrandt van Rijn zurückführt. *bf*

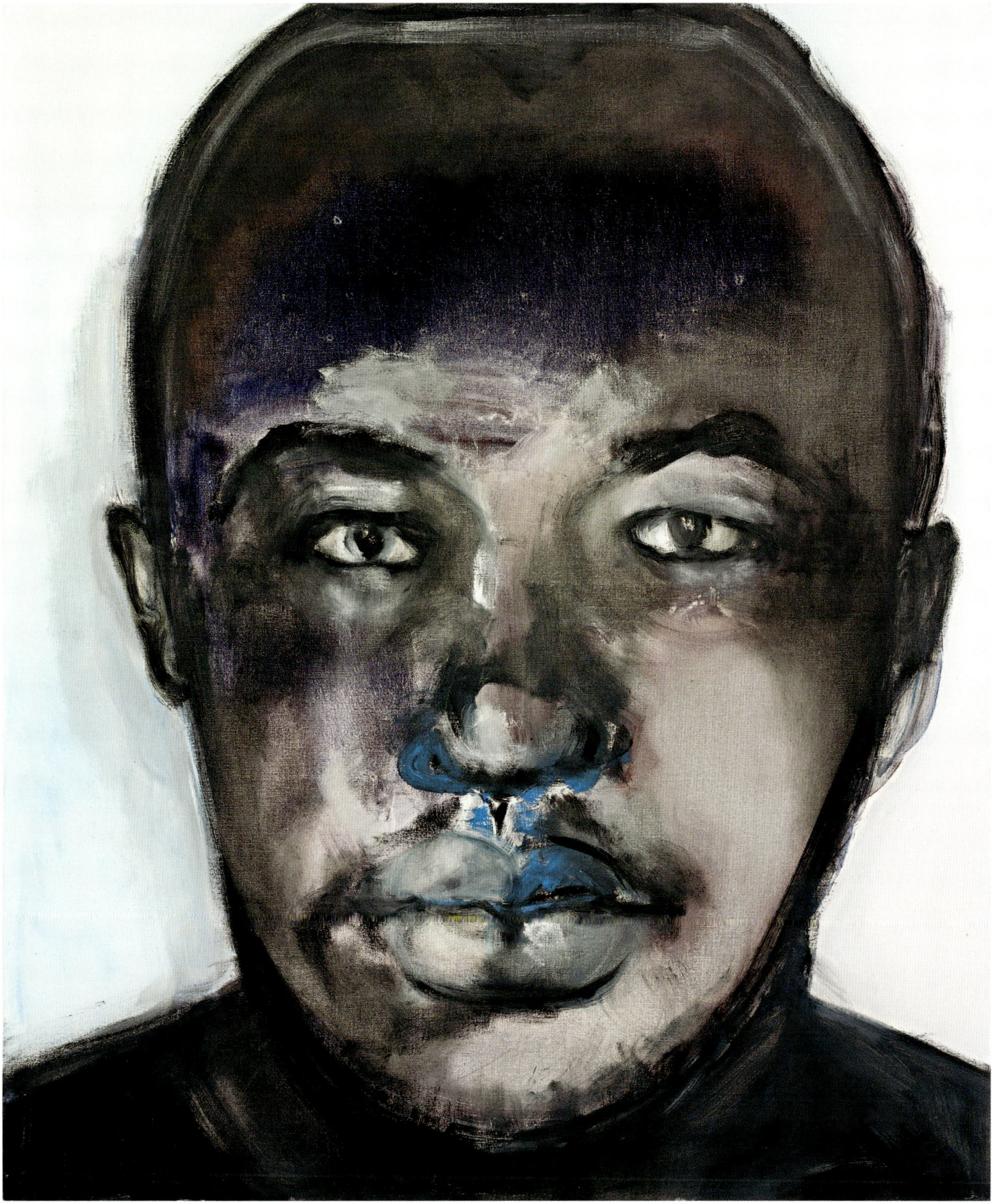

Moshekwa, 2006, Öl auf Leinwand, 130 × 110 cm, Zeno X Gallery, Antwerpen

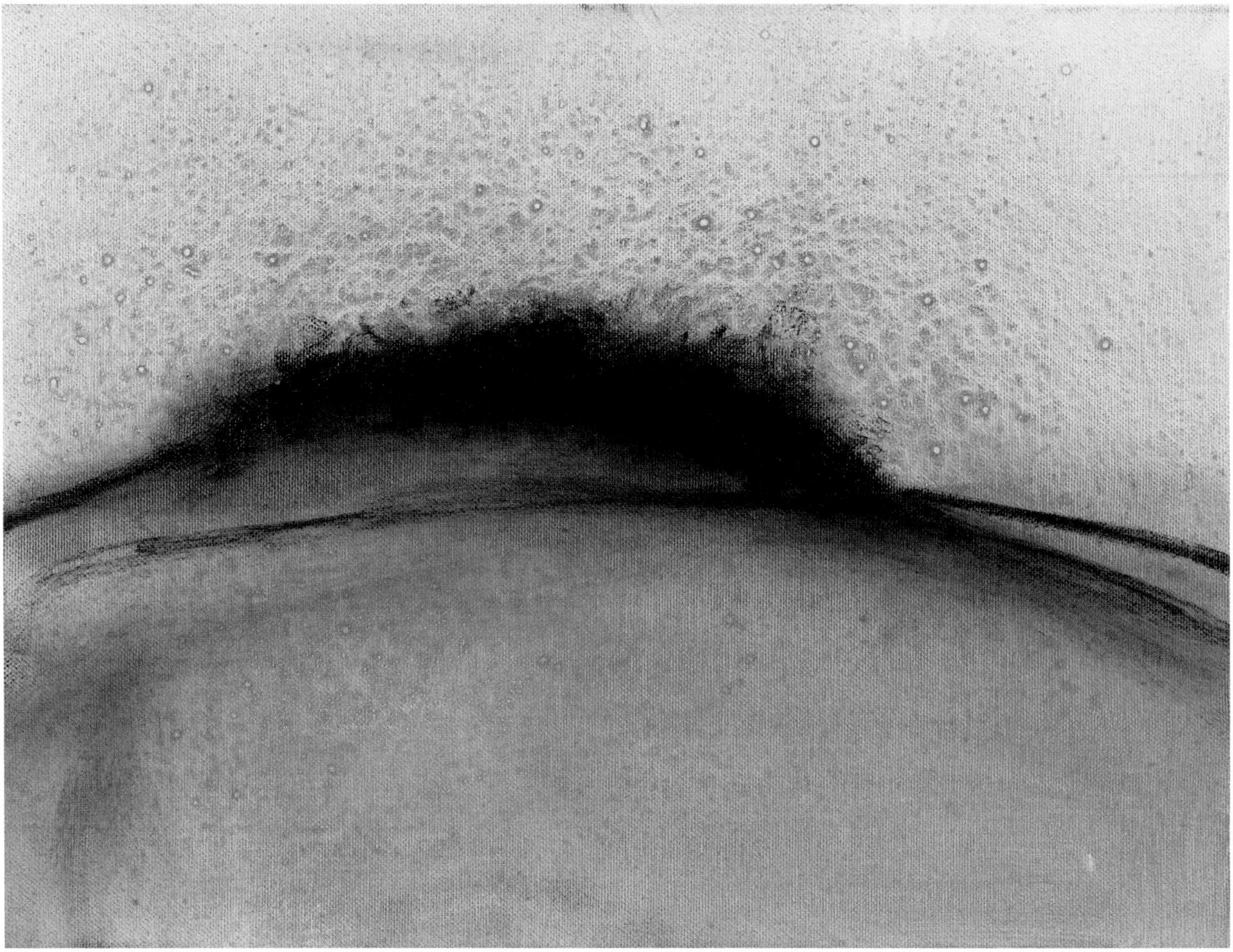

Magnetic fields (for Margaux Hemingway), 2008, Öl auf Leinwand, 30 × 40 cm, Zeno X Gallery, Antwerpen

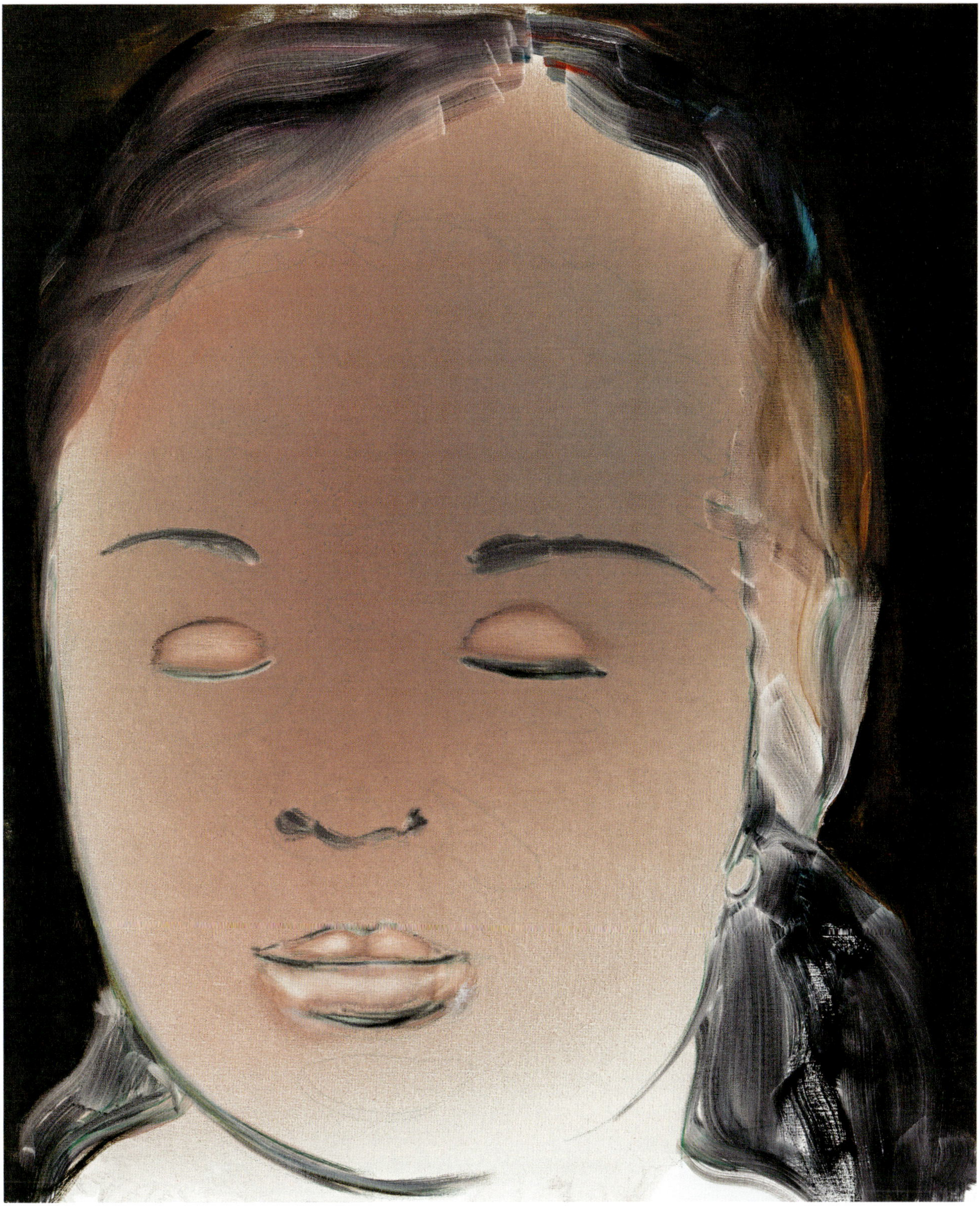

Helena's Dream, 2008, Öl auf Leinwand, 130 × 110 cm. Zeno X Gallery, Antwerpen

14

NAN GOLDIN

»Ich wähle Leute nicht aus, um sie zu fotografieren«, entgegnet Nan Goldin auf die Frage, warum sie häufig Randgruppen der Gesellschaft und Extreme zum Bildgegenstand erhebt, »die Bilder kommen aus Beziehungen, nicht aus Beobachtungen.« In der Zusammenschau ergeben ihre Fotografien ein visuelles Tagebuch ihres Lebens. Goldin gehört zu den einflussreichsten zeitgenössischen Fotografinnen.

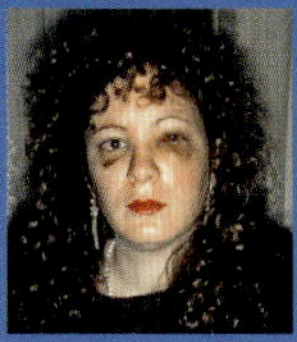

NAN GOLDIN

1953 Wird in Washington D. C., USA, geboren

1973 Erste Ausstellung mit Fotos von Drag Queens in Cambridge, Mass.

1977 Absolviert die School of the Museum of Fine Arts, Boston

1978 Diaschau *The Ballad of Sexual Dependency* (erscheint 1986 als Buch)

1993 Ihr Buch *The Other Side* erscheint

1995 Produziert den Film *I'll Be Your Mirror* für die BBC; gleichnamige Ausstellung im Whitney Museum of American Art, New York, und weiteren Orten

2004 Installation *Sisters, Saints, and Sibyls*, La Chapelle de la Salpêtrière, Paris

2017 *Nan Goldin: The Ballad of Sexual Dependency*, Ausstellung im MoMA, New York

Nan Goldin war 14 Jahre alt, als sie ihre Familie nach dem Selbstmord ihrer älteren Schwester verließ. Sie begann zu fotografieren und absolvierte ein Studium an der School of the Museum of Fine Arts und der Tufts University in Boston. Seit Ende der 1970er-Jahre findet sie ihre Bildmotive vor allem in ihrem Freundes- und Bekanntenkreis in der Subkulturszene von Transvestiten, Drag Queens und Homosexuellen in der Lower East Side von New York. Mit der Kamera versucht sie die Annäherung an das Innere der Porträtierten und fängt intime Augenblicke von Freude und Euphorie ebenso ein wie Einsamkeit, Gewalt, Krankheit und Trauer.

Goldins Selbstporträts spiegeln oftmals ihre Beziehungen zu anderen Personen, präsentieren sie in intimen sexuellen Situationen und seelisch oder körperlich versehrt. Das Selbstbildnis *Nan One Month After Being Battered* (links) zeigt Nan Goldin, nachdem sie von ihrem Freund brutal verprügelt wurde. Dieses Foto ist Teil eines ihrer bedeutendsten Werkkomplexe *The Ballad of Sexual Dependency* (1986). Aus Hunderten Diapositiven entwickelt Goldin immer wieder Serien, die sie als Diashows zusammenstellt und mit Ton und Musik unterlegt. »Viel stärker als andere Fotografen glaube ich nicht so sehr ans Einzelporträt, sondern eher an die Akkumulation von Porträts als Repräsentationen einer Person«, schreibt Goldin. »Weil ich denke, dass Menschen sehr komplex sind.«

Die Künstlerin strukturiert ihr Werk entlang einschneidender Erlebnisse in ihrem Leben. So entstanden etwa die Bilder der ersten zehn Jahre in New York fast ausschließlich in Innenräumen, nachts, in Goldins Loft, in Bars oder Clubs. Erst der Aufenthalt in einer Klinik während eines Drogenentzugs schuf ein Bewusstsein für das Tageslicht und veränderte ihr weiteres Schaffen durch Aufnahmen im Außenraum und Landschaftsbilder. Fotografien aus den 1990er-Jahren wie die Serie *Gilles & Gotscho* über ihren Pariser Galeristen und dessen Partner dokumentieren den Verlust von Freunden durch die Folgen von HIV/Aids.

Mit dem Hasselblad Foundation Award erhielt die Künstlerin 2007 den weltweit bedeutendsten Fotografie-Preis. Goldin möchte Anteilnahme, Nähe, Intimität – und verzichtet dabei oft bewusst auf technische Finesse. In ihrer Schnappschuss-Ästhetik erscheinen die Fotos manchmal farblich unausgewogen, manchmal verschwommen. »Es geht darum, die Dinge zu lassen, wie sie sind, sie nicht zu mehr zu machen oder zu verändern. Ich möchte das Leben so nah wie möglich einfangen, während es gelebt wird, seinen Geruch und Geschmack; es soll sich in meinen Bildern zeigen. Eine weitere Sache ist, dass es in meinem Werk um ein umfassendes Akzeptieren geht. Darum, die Wahrheit sehen zu wollen und sie zu akzeptieren, statt meine eigene Version von ihr zu erschaffen.« Die wohl bekannteste Arbeit der Fotografin, die Tonbildschau *The Ballad of Sexual Dependency* (2013), wird immer noch ausgestellt – zuletzt 2017 im Museum of Modern Art in New York.

Goldin machte 2017 nicht nur durch ihren Account @nanoldinstudio auf Instagram von sich reden, sondern auch durch ihren öffentlichen Kampf gegen den Hersteller des Schmerzmittels Oxycontin, von dem sie abhängig war. Brisanz besitzt die Kampagne ihrer neu gegründeten Aktivistengruppe P.A.I.N. (Prescription Addiction Intervention Now), da der Hersteller des Medikaments einer der wichtigsten Museumsmäzene der Welt ist. *cw*

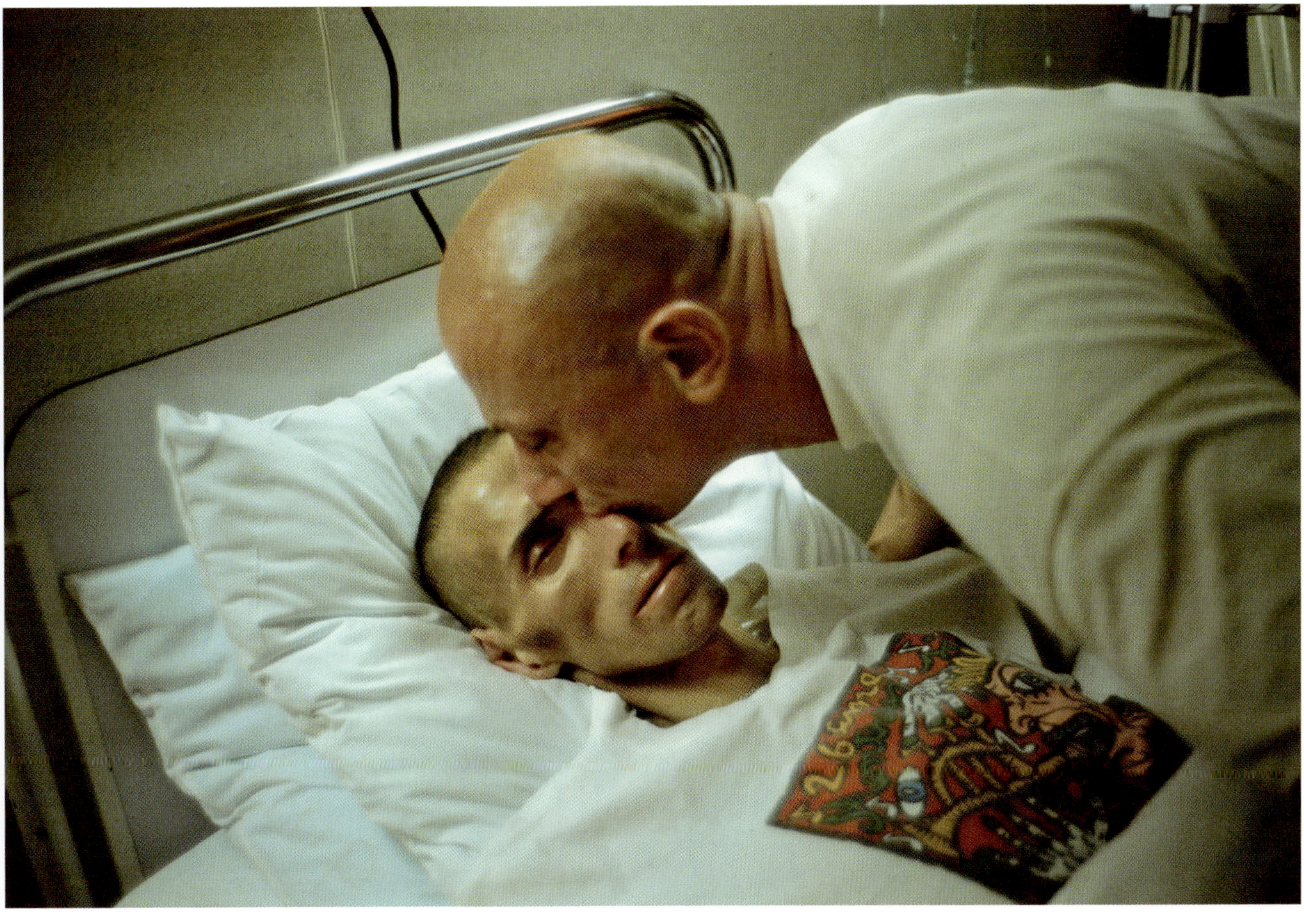

Gotscho Kissing Gilles, 1993, Fotografie, 68,6 × 101,6 cm, Privatsammlung Paris, 1993

15

SOPHIE CALLE

Calle ist keine Kunstfotografin im herkömmlichen Sinn, sondern gilt als Hauptvertreterin einer subjektiven und erzählerischen Fotografie. Ihre Arrangements aus Bild und Text handeln vom menschlichen Leben in all seinen Facetten, wobei die Grenzen von Kunst und Leben, von Realität und Fiktion, privat und öffentlich immer wieder spielerisch verschoben werden.

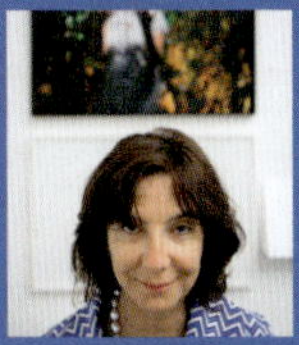

SOPHIE CALLE

1953 Wird in Paris, Frankreich, geboren

1979 Rückkehr nach Paris nach einer siebenjährigen Weltreise. Sie lädt neun Tage lang Freunde, Bekannte und Fremde ein, in ihrem Bett zu schlafen, woraus die Arbeit *The Sleepers* entsteht

1992 Paul Austers Buch *Leviathan* wird veröffentlicht, deren fiktive Romanfigur Maria Turner an Sophie Calle angelehnt ist

1998 *Sophie Calle: The Birthday Ceremony*. Tate Gallery of Modern Art, London

2007 Gestaltung des französischen Pavillons auf der Biennale in Venedig

2010 Hasselblad Foundation Award

Sophie Calles erstes künstlerisches Projekt – der Versuch, unbemerkt in das Privatleben eines Fremden einzudringen – machte sie international bekannt. Die wiederholte zufällige Begegnung mit einem Unbekannten hatte sie zu dessen Verfolgung angeregt: Ausgerüstet mit Perücke, Brille und Spezialobjektiv, folgte sie ihm 1980 bis nach Venedig. Das Ergebnis war ihr Buch *Suite Vénitienne*, in dem sie ihre detektivische »Ermittlung« schriftlich und fotografisch festhält. Ähnliches geschieht in dem *Projekt L'Hôtel* (1983): Der Job als Zimmermädchen in einem Hotel diente Calle als Vorwand, die Räume von Gästen zu durchsuchen, Schubladen und Koffer zu öffnen und das Vorgefundene zu fotografieren. Ihre Aufzeichnungen vermischen Fakten mit persönlichen Gedanken und enthüllen ein durch das unbekannte andere ausgelöstes Begehren.

Eine zugespitzte Form der Verletzung von Intimsphäre fand in einer anderen Aktion von Sophie Calle statt. 1983 fand sie ein Adressbuch und kontaktierte die darin aufgeführten Personen, um sich ein Bild von dem Buchbesitzer Pierre D. machen zu können. Nach und nach publizierte sie die Ergebnisse ihrer Interviews mit Familienangehörigen, Freunden, Arbeitskollegen und Bekannten, die bereitwillig Auskunft gaben, in der französischen Tageszeitung *Libération*. Eine heftige Diskussion über die moralischen Aspekte von Calles Arbeit wurde ausgelöst, genauso wie durch die Serie *The Blind* (1986). Statt wie bisher anonym zu observieren, nahm sie nun direkten Kontakt zu den Beteiligten auf. Das Werk entstand aus der Befragung blind geborener Menschen zu ihren Ideen von Schönheit. Den Fotografien der Interviewten stellte sie deren Antworten gegenüber, zusammen mit Bildern ihrer Vorstellungen von Schönheit – bei dem einen die Mutter, bei dem anderen das Meer oder der Nachthimmel.

Trotz der fotografischen »Beweisstücke« bleibt der Realitätsgehalt von Sophie Calles Arbeit oft fraglich. Besonders irreführend gestaltet sich die Vermischung von fiktionalen und inszenierten Begebenheiten im Zusammenhang mit Paul Austers Roman *Leviathan* (1992). Leben und Werk von Sophie Calle dienten dem Schriftsteller als Vorbild für seine Romanfigur Maria Turner. Calle entgegnete, indem sie sich die literarische Fiktion buchstäblich einverleibte, erfundene Kunstwerke in die Realität umsetzte und ihre Vita der Romanheldin annäherte, ein Pingpong-Spiel mit Paul Auster. Wenn sie sich schließlich, wie ihre Doppelgängerin Maria, von einem Detektiv beschatten lässt, um dann einen weiteren Detektiv zu engagieren, der seinerseits den ersten beschattet, ist das Verwirrspiel perfekt.

Ihr großes Talent als Geschichtenerzählerin stellte die französische Konzeptkünstlerin oft und vielerorts unter Beweis. 2017 entstand im kleinen Musée de la Chasse et de la Nature in Paris ihre Ausstellung *Beau Doublé, Monsieur le Marquis*. Das prominenteste Exponat des Jagdmuseums, einen furchterregenden, aufrecht stehenden ausgestopften Eisbären, bedeckte Calle mit einem weißen Tuch und löschte seine Existenz damit beinahe gespenstisch aus. *cw*

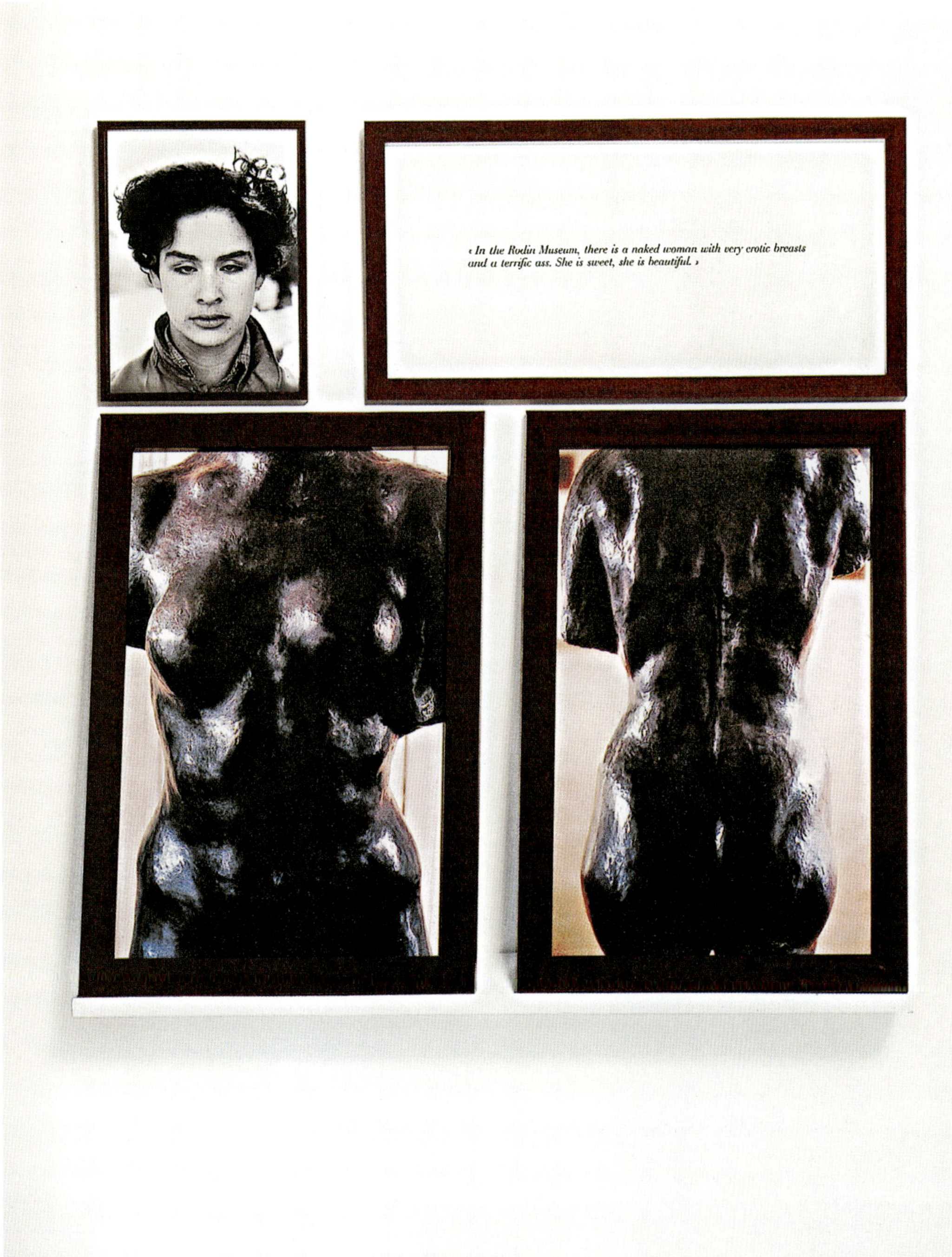

The Blind, 1986, Silbergelatineabzug, zwei Chromodrucke und Texttafeln, Einzelbilder ohne Rahmen
(a): 40,6 × 30,5 cm (b): 78,7 × 53,3 cm (c): 78,7 × 53,3 cm (d): 40,6 × 80 cm, Metropolitan Museum of Art, New York 1986

16

CINDY SHERMAN

Die amerikanische Künstlerin Cindy Sherman gehört zu den bedeutendsten Vertreterinnen einer inszenierten Fotografie. Dabei agiert sie nicht nur hinter, sondern auch vor der Kamera. Mal spielerisch, mal bissig und bisweilen brutal, enthüllt sie mit ihrem unentwegten Rollenspiel das Trügerische von Erscheinungsbildern.

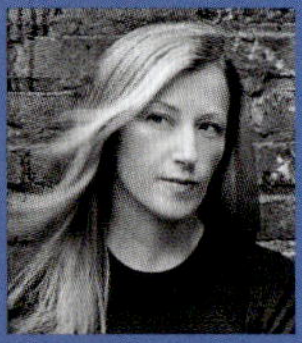

CINDY SHERMAN

1954 Wird in Glen Ridge, New Jersey, USA, geboren

1976 Abschluss eines künstlerischen Studiums an der State University of New York, Buffalo. Gründung der Kunstgalerie Hallwalls mit Robert Longo und Charles Clough

1977 Umzug nach New York, wo sie mit *Untitled Film Stills* beginnt

1997 Erhält den Wolfgang-Hahn-Preis

1999 Verleihung des Goslarer Kaiserrings; im selben Jahr wird sie in die Jury des Wettbewerbs der Internationalen Filmfestspiele von Venedig berufen

1999 Hasselblad Foundation Award

2014 *Cindy Sherman. Untitled Horrors* im Kunsthaus Zürich

2017 Schaltet ihren Instagram-Account @_cindysherman_ mit 600 Bildern frei

Cindy Sherman begann nach der High School zunächst Malerei zu studieren, bevor sie zur Fotografie wechselte. Ihr bekanntestes Frühwerk ist die in einem Zeitraum von drei Jahren entstandene Serie der *Untitled Film Stills* (1977–1980), bestehend aus 69 kleinformatigen Schwarz-Weiß-Aufnahmen. Sherman ist Fotografin, Regisseurin und Hauptdarstellerin zugleich, wenn sie Szenen aus Filmen der 1950er-Jahre nachstellt und sich in der Rolle unterschiedlicher Frauentypen inszeniert: Ob verschmähte Geliebte, Femme fatale oder brave Hausfrau – die ganze Palette der von den Medien diktierten Rollenmodelle wird von der Künstlerin parodiert. Ihre eigene Identität bleibt dabei stets hinter Kostüm und Perücke verborgen. Im Lauf der Zeit entstanden weitere Zyklen, von Sherman fortlaufend nummeriert; die inhaltliche Unterteilung in Serien und deren Betitelung geht in den meisten Fällen auf die Kunstkritik zurück.

In den 1980er-Jahren wechselte Cindy Sherman zur Farbfotografie mit deutlich größeren Formaten. In der Darstellung ihrer Themen, Idealbildern von Weiblichkeit und Schönheit sowie konventionellen Projektionen von Sexualität, Macht und Gewalt, wurde sie zunehmend aggressiver. In den *Fairy Tales* (1985) kommen erstmals Puppen und Körperteilprothesen zum Einsatz, die sie in der Serie *Disasters* (1986–1989) mit Abfallprodukten, schimmelnden Essensresten und Körperausscheidungen zu verstörenden Studien des Verfalls arrangierte.

Die *Sex Pictures* (1992) zeigen obszöne Ansichten des Körpers und vulgäre sexuelle Praktiken anhand von Schaufensterpuppen, Prothesen und anatomischen Modellen. Daneben arbeitete Sherman an einem Rollenspiel über die Zeiten hinweg und reinszenierte in *History Portraits/Old Masters* (1988–1990) bekannte Gemälde von Caravaggio oder Botticelli. Die Neufassung dieser Bildquellen mit den Mitteln der Fotografie war revolutionär. Mit Materialien aus ihrem schier unerschöpflichen Requisitenfundus schlüpfte Sherman in die Rolle von biblischen Helden oder Kurtisanen der Renaissance und betreibt eine offensichtliche Maskerade mit Glasaugen, umgeschnalltem Plastikbusen und zentimeterdicker Schminke. Auch in der Serie *Clowns* (2003/04) findet die Beunruhigung, ja das Grauen eine Fortsetzung. Wieder einmal löst sich die Künstlerin von den vertrauten Genrecodes: Der Gesichtsausdruck der Spaßmacher lässt jedes Lächeln gefrieren. *cw*

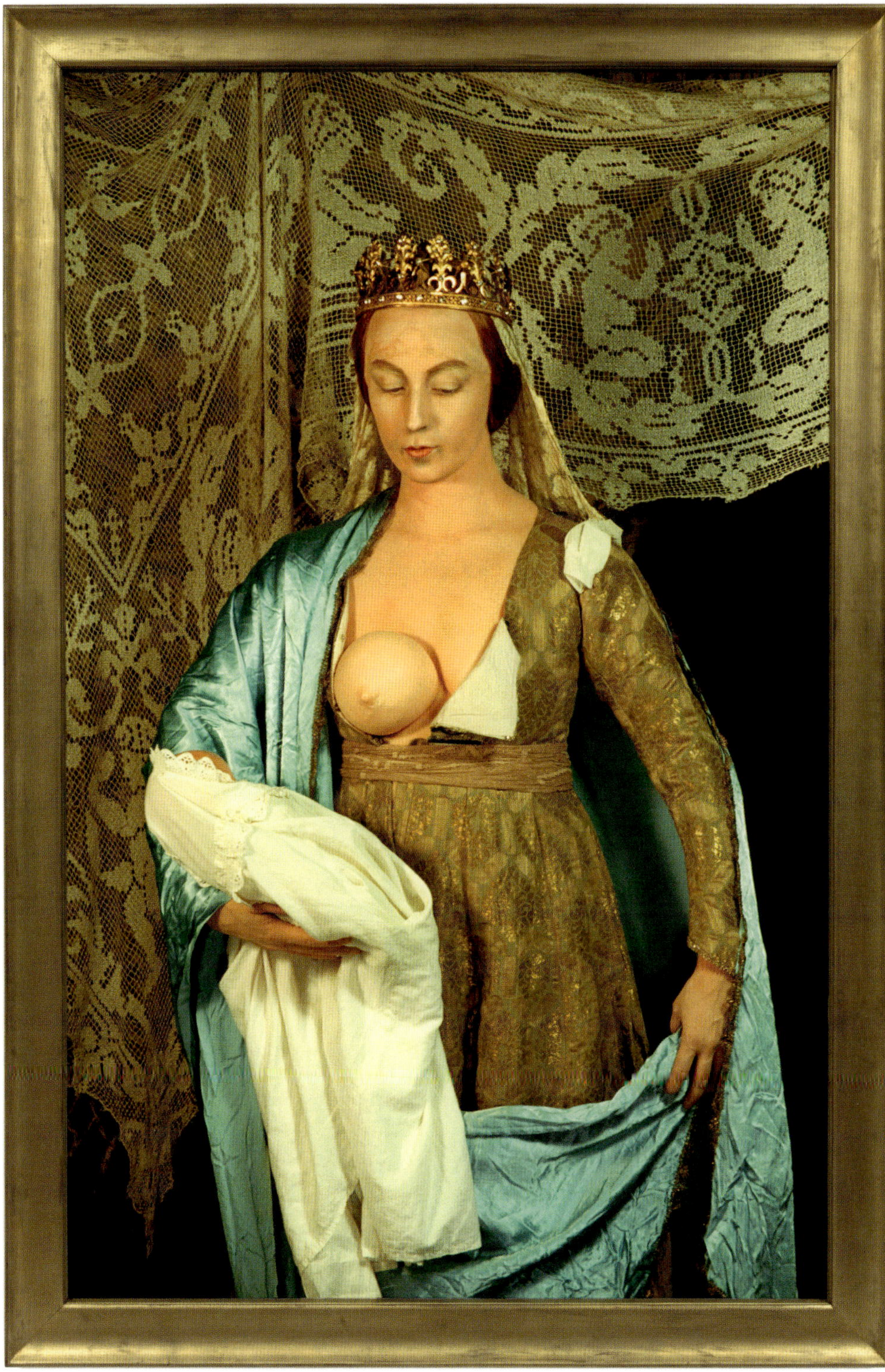

Untitled #216, 1989, C-Print, 238,76 × 160,02 cm. Courtesy of the artist and Metro Pictures

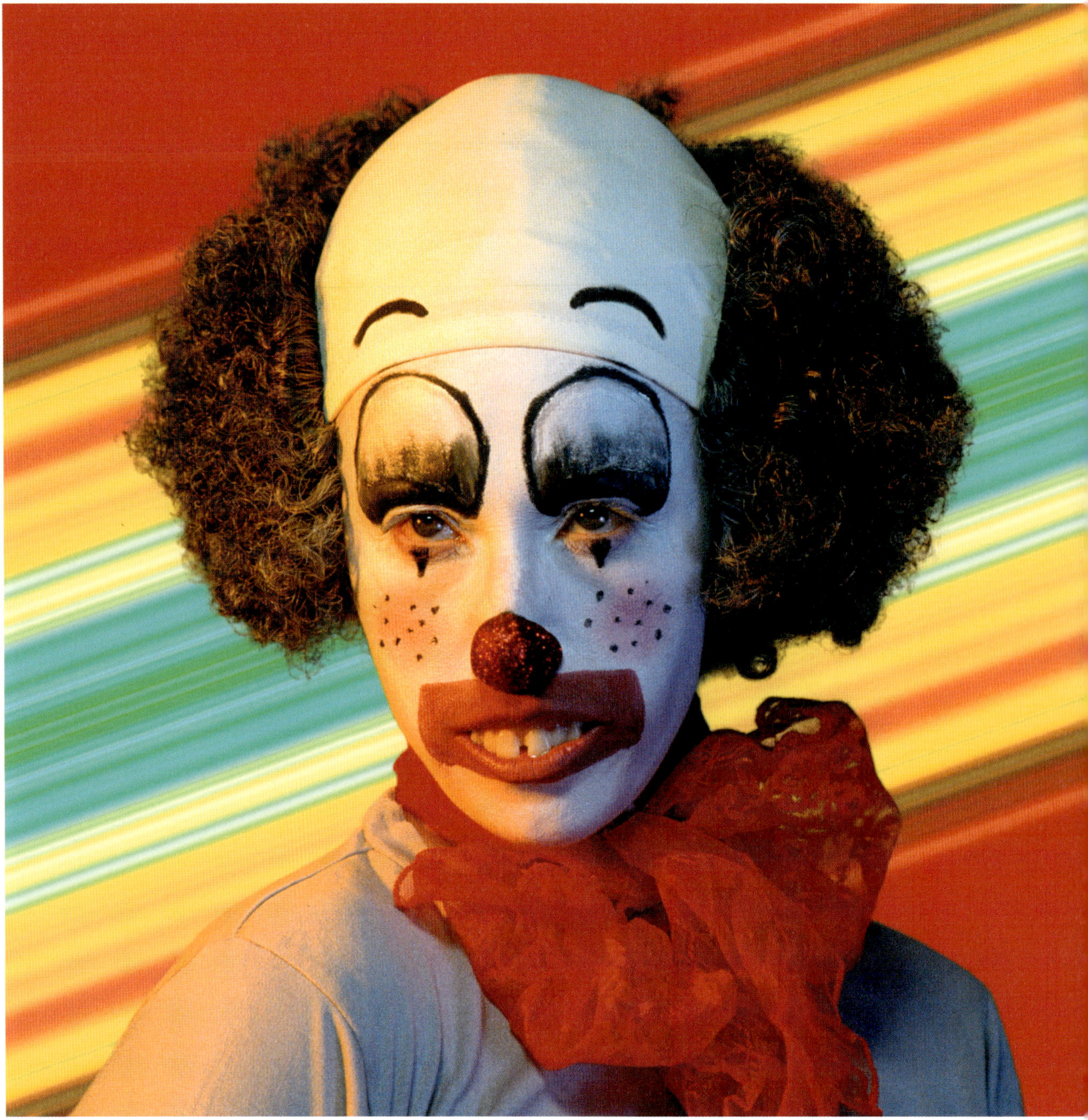

oben:

Untitled #424, 2004, C-Print, 136,5 × 139,1 cm. In Besitz der Künstlerin und Metro Pictures

rechte Seite:

Untitled #468, 2008, C-Print, 151,1 × 137,2 cm. In Besitz der Künstlerin und Metro Pictures

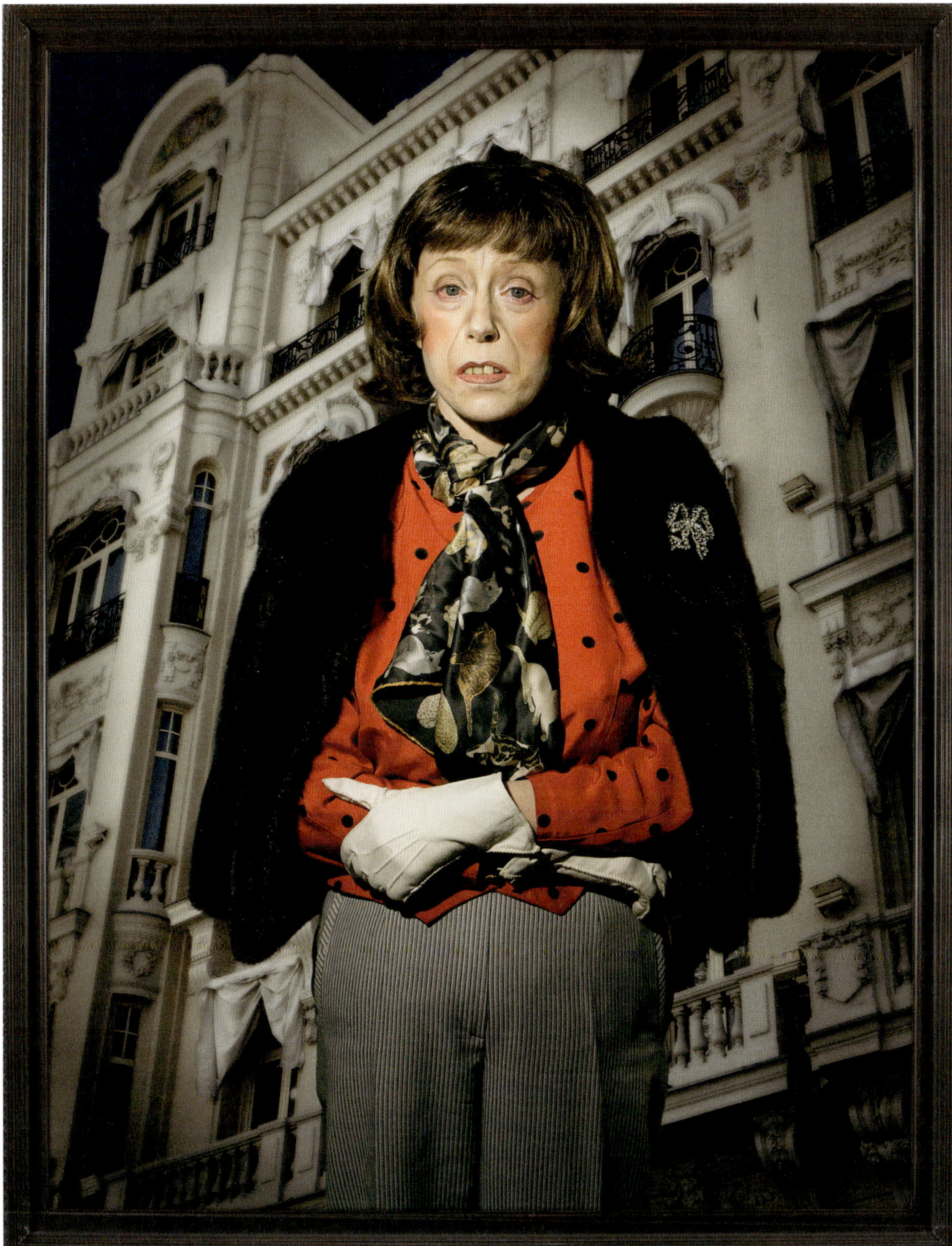

17

ANISH KAPOOR

Auf Plätzen und in Museen nehmen Anish Kapoors elegante Plastiken einen Ehrenplatz ein. Die glatten, sich häufig auch spiegelnden Formen ermöglichen es dem Betrachter, sich und seine Umgebung neu wahrzunehmen.

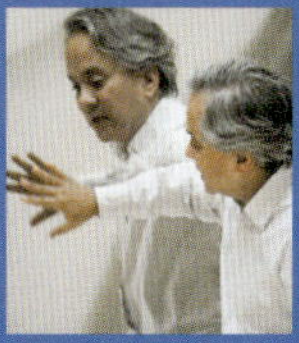

ANISH KAPOOR

1954 Wird in Mumbai, Indien, geboren

1972 Studium am Homsey College of Art und am Chelsea College of Art and Design

1990 Teilnahme an der Biennale in Venedig

1991 Erhält den Turner-Preis

2002 Installation von *Marsyas* in der Turbinenhalle der Tate Modern in London

2004 *Cloud Gate* wird im Millennium-Park in Chicago aufgestellt

2007 Ausstellung *Anish Kapoor* im Haus der Kunst München

2008 Erstellt die 24 Tonnen schwere Stahlskulptur *Memory* für das Deutsche Guggenheim Museum in Berlin

2015 Sein Werk *Dirty Corner* im Park von Versailles wird mehrfach Opfer von Vandalismus

2017 Gründung der Anish Kapoor Foundation

Anish Kapoors Plastiken besitzen eine solide und dennoch elegante Qualität, die an die geschwungenen Tempel und Moscheen seiner indischen Heimat erinnert. Besucher können seine Werke von vielen Blickwinkeln aus betrachten, sie umrunden, unter ihnen hindurchgehen oder durch ihre raffinierten Vertiefungen ins »Innere« blicken. In seinen frühen Skulpturen begann Kapoor die Möglichkeiten von Form und Leerstelle auszuloten. Die Installation *Turning the World Inside Out II* (1995) zeigt ein Loch im Boden, das mit einem metallischen Trichter versehen ist. Dieser verleiht dem Loch eine fast sinnliche Beschaffenheit und enthüllt die dreidimensionale Schönheit, die ein Raum annehmen kann.

In *Resin, Air, Space* (1995) umschließt Kapoor eine schüsselförmige Blase mit einem durchsichtigen rechteckigen Block. »Ich habe nach einer Möglichkeit gesucht, die Blase in der Mitte des Blocks zu platzieren«, erklärte er. »Eine Blase ist der Moment, in dem der Raum zum Objekt wird, sie ist eine Art Uruniversum.«

Kapoor fing an, mit Raum und Form in immer größeren Installationen zu experimentieren. Einige seiner Werke füllten ganze Zimmer oder verbanden einen Raum mit dem nächsten. *Svayambh* (2007) wurde zum Beispiel in mehreren europäischen Museen wie dem Münchner Haus der Kunst ausgestellt und zeigte eine eckige blutrote Plastik, die an einen abstrahierten Waggon erinnerte. Dieser »Zug« aus wachsartigem Material stand auf einem erhöhten Gleis, das vom selben Material wie der Waggon bedeckt war. Einige Kritiker, die diese Installation im Haus der Kunst sahen – einem Museum, das von den Nazis erbaut wurde – fühlten sich an die Todeszüge erinnert, mit denen Unzählige während des Holocaust in die Vernichtungslager deportiert worden waren.

Viele von Kapoors bekannten Werken entstanden, um sie unter freiem Himmel aufzustellen. Ein Beispiel ist *Cloud Gate* (2006), das in Chicagos Millennium Park steht. Arbeiter waren mehr als zwei Jahre damit beschäftigt, die Plastik aus Edelstahl zu bauen, die von Hunderten einzelner Stahlplatten bedeckt ist. Diese wurden minutiös geglättet, sodass die Säume verschwanden und eine ungebrochene Spiegeloberfläche entstehen konnte. *Cloud Gate* lädt den Betrachter dazu ein, sich in ihr zu spiegeln. Doch die Oberfläche verzerrt, wodurch man immer wieder andere Eindrücke von sich und der Umgebung erhält, wenn man das Stück umrundet. Es befindet sich in der Nähe der ältesten und berühmtesten Gebäude Chicagos, sodass die Bürger an ihren Platz innerhalb der Geschichte der Stadt erinnert werden. Die ungewöhnliche Form inspirierte die Bewohner zu einem lustigen Spitznamen: die Bohne.

Cloud Gate und andere Plastiken machten Kapoor zum internationalen Star. Für die Olympischen Sommerspiele 2012 in London entwarf er den 115 Meter hohen *ArcelorMittal Orbit*. Der in sich spiralförmige rote Turm aus Stahl ähnelt einem (verdrehten) Eiffelturm. 2015 wurde *Dirty Corner*, eines von sechs monumentalen Werken, die Kapoor im Park von Versailles installierte, mehrfach mit Farbe begossen und beschmiert. Kapoor ließ die rassistischen Hassparolen mit Blattgold überdecken. 2017 wandelte der Künstler auf Instagram das Poster der Beuys-Aktion *I like America and America likes me* zum Protest gegen die US-Einwanderungspolitik um. *bf*

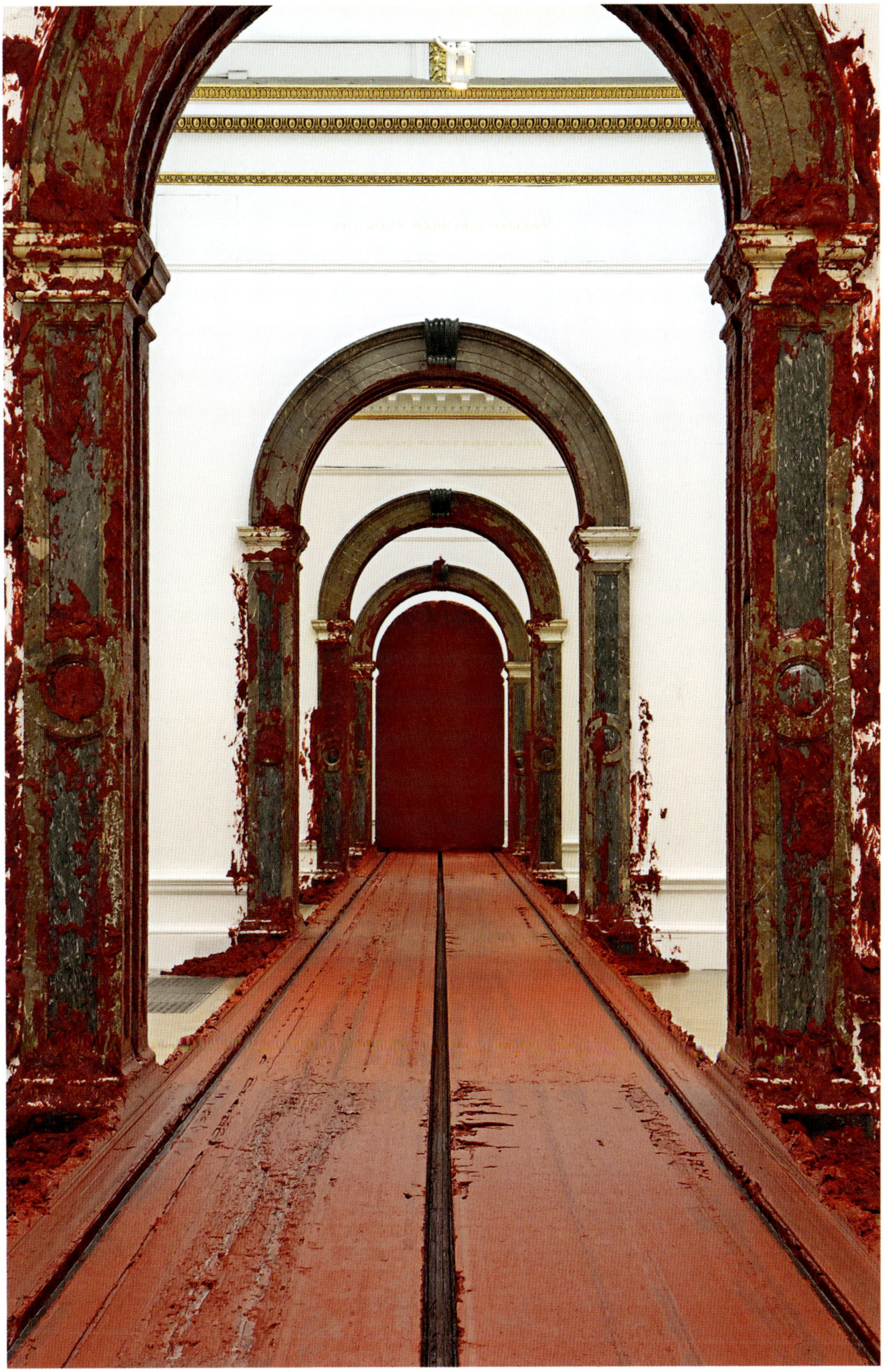

Svayambh, 2007, Wachs und Ölfarbe, variable Größe, Installationsansicht von 2009, Royal Academy of Arts, London

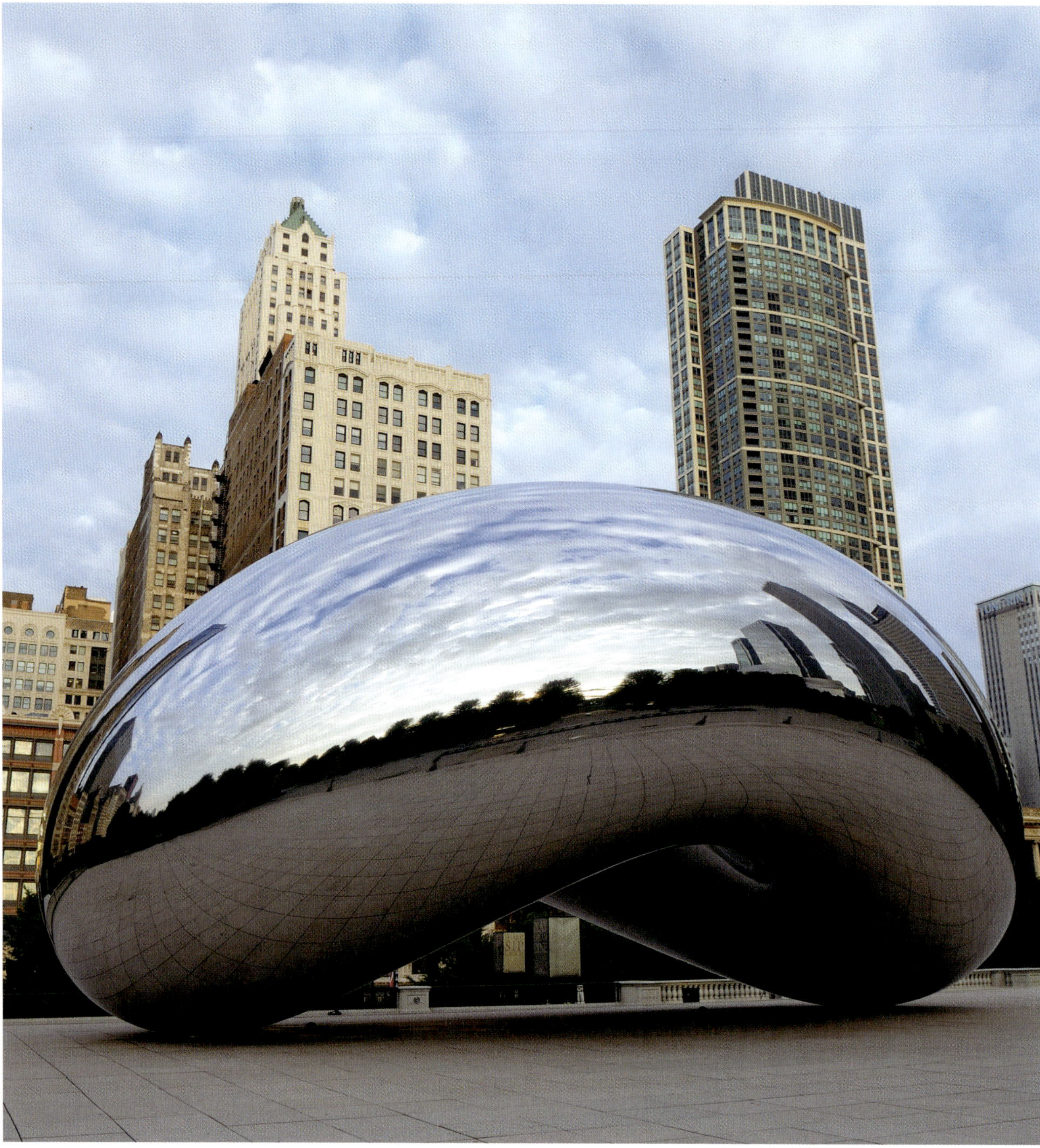

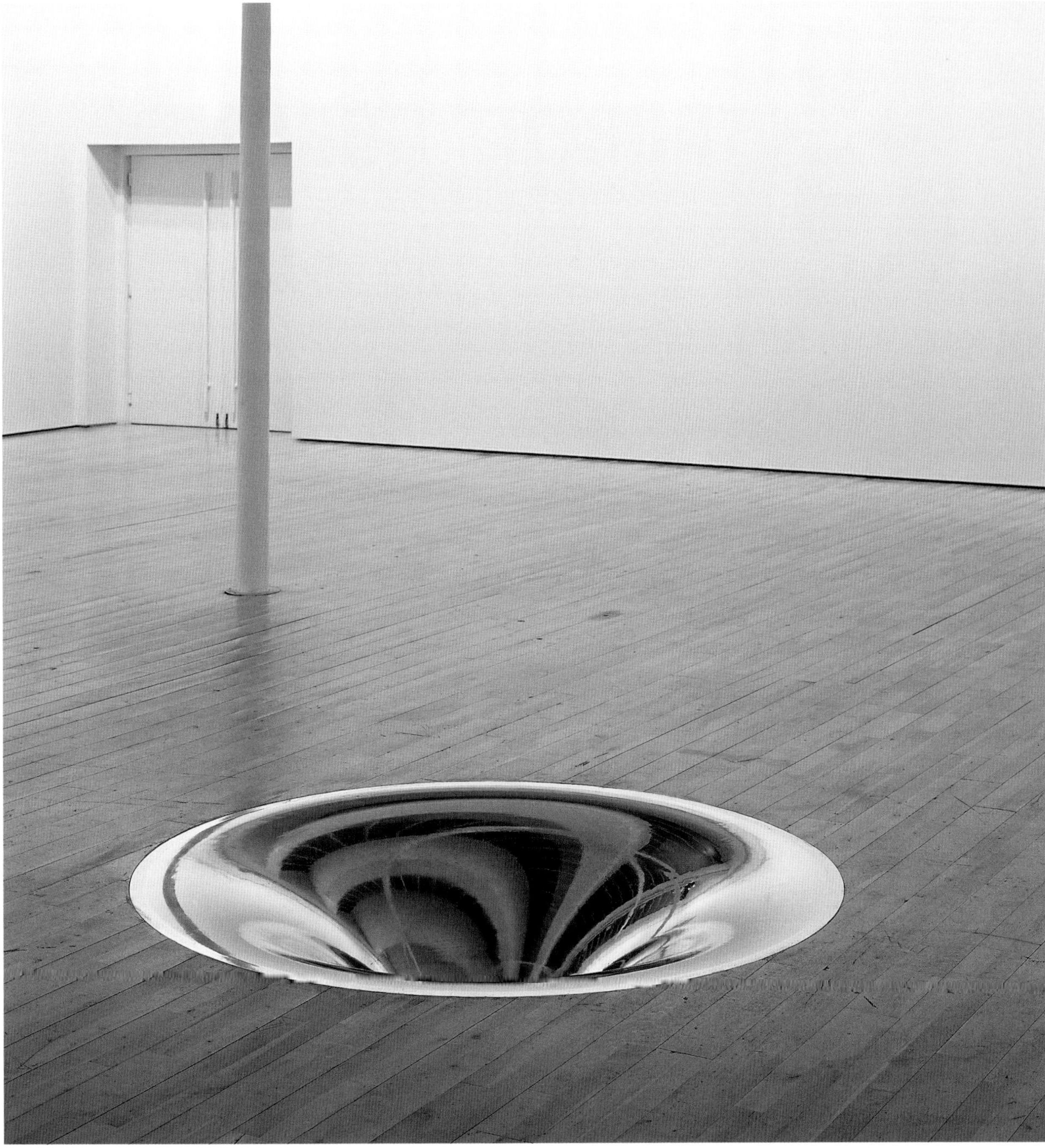

oben:
Turning the World Inside Out II, 1995, Bronze, verchromt, 180 × 180 × 130 cm, Sammlung Fondazione Prada, Mailand

linke Seite:
Cloud Gate, 2004, Edelstahl, Millennium Park, Chicago

18

ROBERT GOBER

Robert Gobers Plastiken wirken wie Erinnerungsstücke. Seine Möbel, Koffer, abgetrennten Beine und anderes weisen oft auf Vergangenes hin. Gober nutzt diese Fragmente jedoch, um höchst aktuelle Themen zu behandeln.

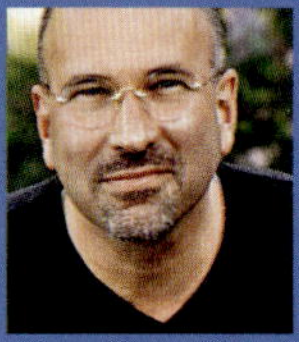

ROBERT GOBER

1954 Wird in Wallingford, Connecticut, USA, geboren

1972–1976 Studium der Kunst und Literatur am Middlebury College in Vermont

1974/75 Auslandsjahr an der Tyler School of Art in Rom

1984 Erste Einzelausstellung in New York

1992 Teilnahme an der documenta 9

2001 Beitrag für die Biennale in Venedig

2007 Retrospektive *Robert Gober: Work 1976–2006* im Schaulager, Basel

2010 Gober kuratiert *Diane Arbus: Christ in a lobby and Other Unknown or Almost Known Works* in der Fraenkel Gallery, San Francisco

2015 Retrospektive *Robert Gober: The Heart Is Not a Metaphor* im MoMA in New York

Robert Gober hält alte Traditionen am Leben. Er erschafft seine Plastiken mit der Präzision eines Kunsthandwerkers und verwendet Holz, Wachs und eine Vielzahl anderer Materialien. Selbst kleine Objekte – wie seine offene Butter von 2003 oder seine Wachskerze von 1991 – wurden mit größter Genauigkeit hergestellt. Sie beeindrucken nicht nur als Gegenstände, sondern gewinnen eine neue Dimension, indem sie Gober provokant arrangiert, oft wie große Collagen.

Zu den bekanntesten Werken gehören seine körperlosen Männerbeine, denen er meist altmodische Schuhe, Socken und Hosen anzieht. Sein Sinn für Details reicht bis zur Haut, die er realistisch mit Haaren versieht. Gober präsentiert seine Gliedmaßen, indem er sie von einer Wand abstehen lässt oder sie in eine dunkle Ecke stellt. Solche Platzierungen verleihen den Beinen etwas Surreales und erinnern an die zerbrochenen bürgerlichen Körper, wie sie der Belgier René Magritte malte. Zudem rufen sie Gefühle von Verlust und Trennung von der Gemeinschaft hervor.

Andere Installationen zeigen Möbelstücke, die den Betrachter zur Mitwirkung einladen. Dazu gehören offene Laufställe, die geschlossen werden müssten, unbenutzte Betten, in die man sich legen sollte, sowie aus den Angeln gehobene Türen, die man reparieren müsste. Dazu Gober: »Die meisten Dinge, die ich auswähle, sind Sinnbilder des Wandels; es sind Objekte, die man mit seinem Körper vervollständigt und […] die einen auf die eine oder andere Weise verändern. Wie Betten […] vom Bewussten zum Unbewussten, vom Rationalen zum Traum. Die Türen verändern einen […] weil man von einem Raum in einen anderen tritt.« Seine Suche nach Sinnbildern des Wandels erhielt bei seiner Installation *Cat Litter*, bei der eine Tüte Katzenstreu bis ins kleinste Detail nachempfunden wurde, einen humoristischen Touch. Nicht einmal das Markenlogo oder die Benutzerhinweise fehlen. Gober verstand diese Arbeit als ein Symbol der Bindungsbereitschaft, eine Bindung, »zu der auch gehört, dass man sich um den Körper des anderen kümmert, in guten wie in schweren Tagen«. Für Gober stand sein Katzenstreu für ein Hochzeitskleid oder eine Packung Windeln.

Es gibt Objekte Gobers, die sich mit psychologischen Themen direkter und energischer auseinandersetzen. Dazu gehören einerseits emotional aufgeladene Details, andererseits aber auch die natürliche Zurückhaltung des Künstlers, wodurch mehrere Interpretationsmöglichkeiten entstehen. Eine Arbeit ohne Titel von 1997 zeigt eine schimmernde weiße Statue der Jungfrau Maria im Renaissancestil. Gober stellt sie in einen kirchenartigen Raum, begrenzt rechts und links durch zwei offene Koffer und mit einem kleinen Durchgang im Hintergrund. Das Friedliche der Szene wird durch ein großes Metallrohr durchbrochen, das sich in den Körper der Jungfrau bohrt. Diese Gegensätze weisen auf die komplexe, immer widersprüchlicher werdende Rolle der Religion im modernen Leben hin. Ein anderes Werk ohne Titel von 1990 zeigt ein Objekt, das sowohl einen menschlichen Torso als auch einen gewöhnlichen Sack darstellt. Zur einen Hälfte ist der Torso weiblich, zur anderen männlich, was auf die Komplexität sexueller Identität verweist. Eine weitere Arbeit der 1990er-Jahre besteht aus zwei Kinderbeinen, die aus einem Spülbecken ragen – Symbol für eine dysfunktionale Familie. *bf*

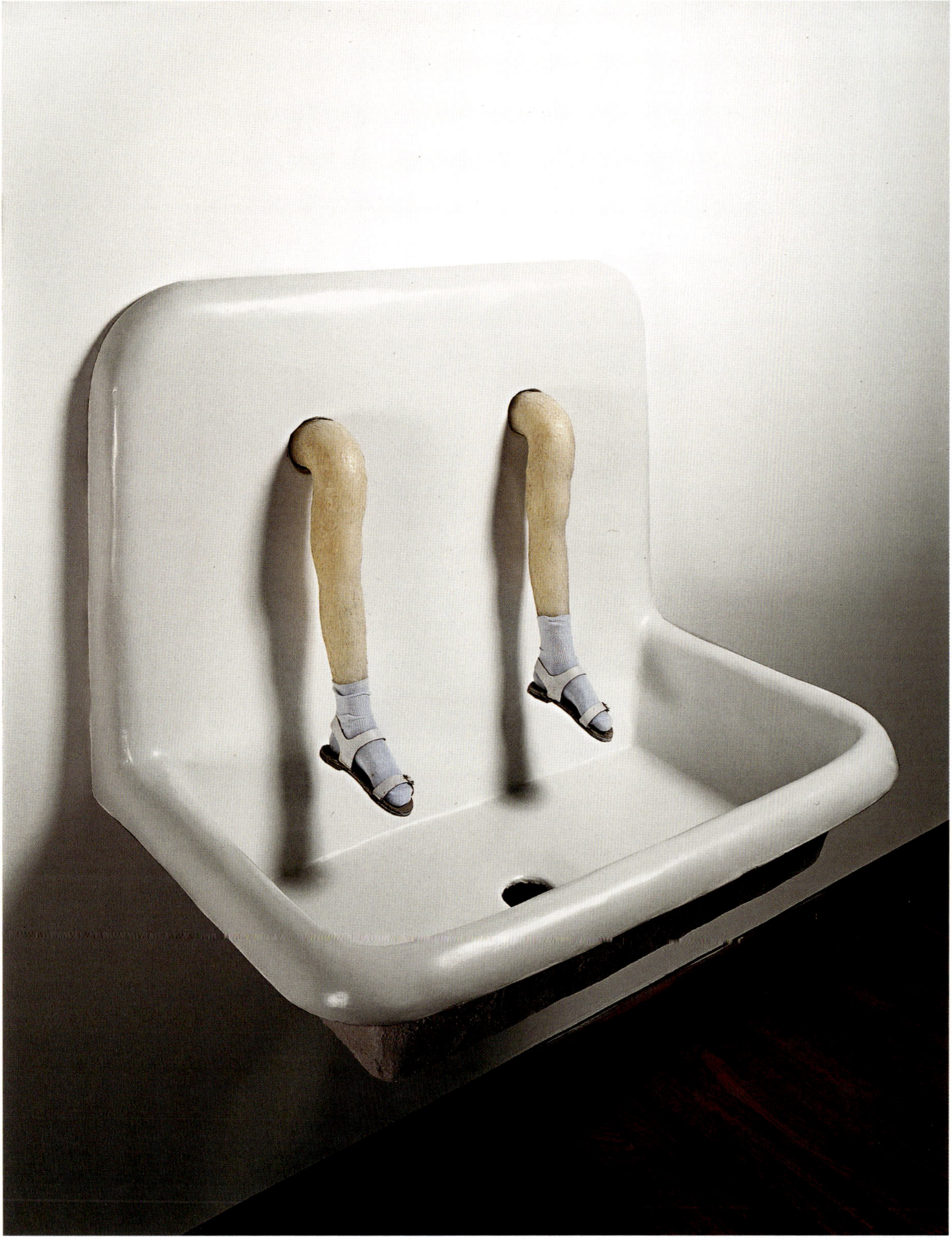

Untitled, 1999, Gips, Bienenwachs, menschliche Haare, Baumwolle, Leder, Aluminium, Emaillack, 85,1 × 101,6 × 62,9 cm, Philadelphia Museum of Art

19

MIKE KELLEY

Mike Kelleys Kunst zeichnet ein kühner Eklektizismus aus. Sie verbindet Bilder von Schulveranstaltungen, Superheldencomics und Provinzzeitungen. Einige seiner bekanntesten Arbeiten bestehen aus bunten Stoffpuppen, Plüschtieren und Ähnlichem. Diese Werke spielen auf Vertreibung und Kindheitstraumata an.

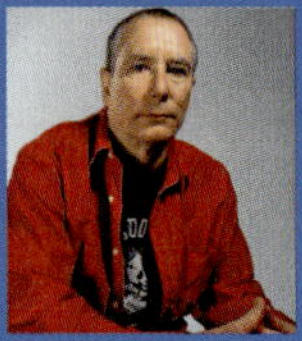

MIKE KELLEY

1954 Wird in Detroit, Michigan, USA, geboren

1976 Bachelor an der University of Michigan, Ann Arbor

1977 Gründet mit Tony Oursler die Punkband Poetic, die bis 1983 existiert

1978 Master am California Institute of the Arts, Valencia, Kalifornien

2003 Stipendium des John Simon Guggenheim Memorial Foundation Fellowship

2009 Kuratiert das Musikfestival *A Fantastic World Superimposed on Reality: A Select* History of Experimental Music in New York

2012 Stirbt in Los Angeles, Kalifornien

Als Erwachsener fiel Kelley plötzlich die Monstrosität vieler Spielzeuge auf. »Ich hatte Puppen oder Plüschtiere zuvor nie richtig angesehen«, erklärt er. »Mich begannen ihr Stil, die Proportionen und Charakteristika zu interessieren. Da bemerkte ich ihre Monstrosität [...] Als ich sie in meinen Bildern zu menschlicher Größe aufblies, waren sie gar nicht mehr so niedlich. Wenn einem so etwas auf der Straße entgegenkäme, würde man die Seite wechseln.« Kelley begann solche Spielsachen zu sammeln und das »Unniedliche« in seinen Arbeiten zu verstärken. So nähte er sie für *More Love Hours than Can Ever be Repaid* und *The Wages of Sin* (1987) zu großen Decken zusammen. Andere verwandelte er in seltsame, monsterartige Gebilde, von denen er eines *Frankenstein* nannte (1989). Viele sehen in diesen Arbeiten einen Hinweis auf die Schrecken der Kindheit und auf Missbrauch, wobei Kelley mit solchen Interpretationen nicht immer übereinstimmt.

Die Kunst von Mike Kelley lässt sich nicht auf ein bestimmtes Thema oder Medium reduzieren. Kelley experimentierte mit Film, Performances und Multimedia-Licht-Installationen. In der Performance *Test Room Containing Multiple Stimuli to Elicit Curiosity and Manipulatory Responses* (1999/2010) lud er das Publikum ein, Teil der Arbeit zu werden. Sein Testraum war ein Zimmer, in dem sich verschiedene Dinge befanden, die an einen abstrakten Spielplatz erinnerten. Die Betrachter sollten mit den Dingen interagieren, wodurch man sowohl an einen Schulhof als auch an ein Labor erinnert wurde. 1999 ins Leben gerufen, wurde die Installation 2010 wiederbelebt, als eine Tanztruppe eine Choreografie für den Testraum aufführte.

Eines von Kelleys kleineren Werken mit dem Titel *Repressed Spatial Relationships Rendered as Fluid, No. 4: Stevenson Junior High and Satellites* (2002) stellt eine Miniaturschule in Form eines Mobile dar. Schubladen, Tische und andere Schulgegenstände hängen an dünnen Drähten. Das strenge, eckige Aussehen des Mobiles knüpft Parallelen zu den Schulgebäuden der 1950er-Jahre, das Bewegliche des Mobiles verweist auf das sich wandelnde, fragmentarische Wesen der Erinnerung. Seine Installation *Day is Done* (2005) setzt dieses Thema fort, indem sie mithilfe von Videos, Plastiken, gefundenen Objekten und anderen Medien Erinnerungen an Highschool-Jahrbücher evoziert. Die fast übervollen Räume scheinen das Bewusstsein eines Erwachsenen widerzuspiegeln, voll mit Überresten des vergangenen Lebens.

Kelley verwendet auch immer wieder Ungewöhnliches aus der amerikanischen Kultur, um sich mit dem kollektiven Gedächtnis auseinanderzusetzen. Seine Serie *Kandors* (2007) zeigt witzige Nachstellungen der Stadt Kandor, einem fiktiven Ort aus den *Superman*-Comics. Kandor ist der letzte intakte Ort auf Supermans Heimatplanet Krypton – eine Stadt, die so klein wurde, dass sie in eine Flasche passt. Kelleys Versionen von Kandor basieren auf den Comicbildern. In einer Installation ist die Stadt in der Flasche an bunte Beatmungsgeräte angeschlossen, als ob sie sonst nicht überleben würde. Solche Bilder zeigen die verspielte Seite von Kelleys komplexer Kunst. *bf*

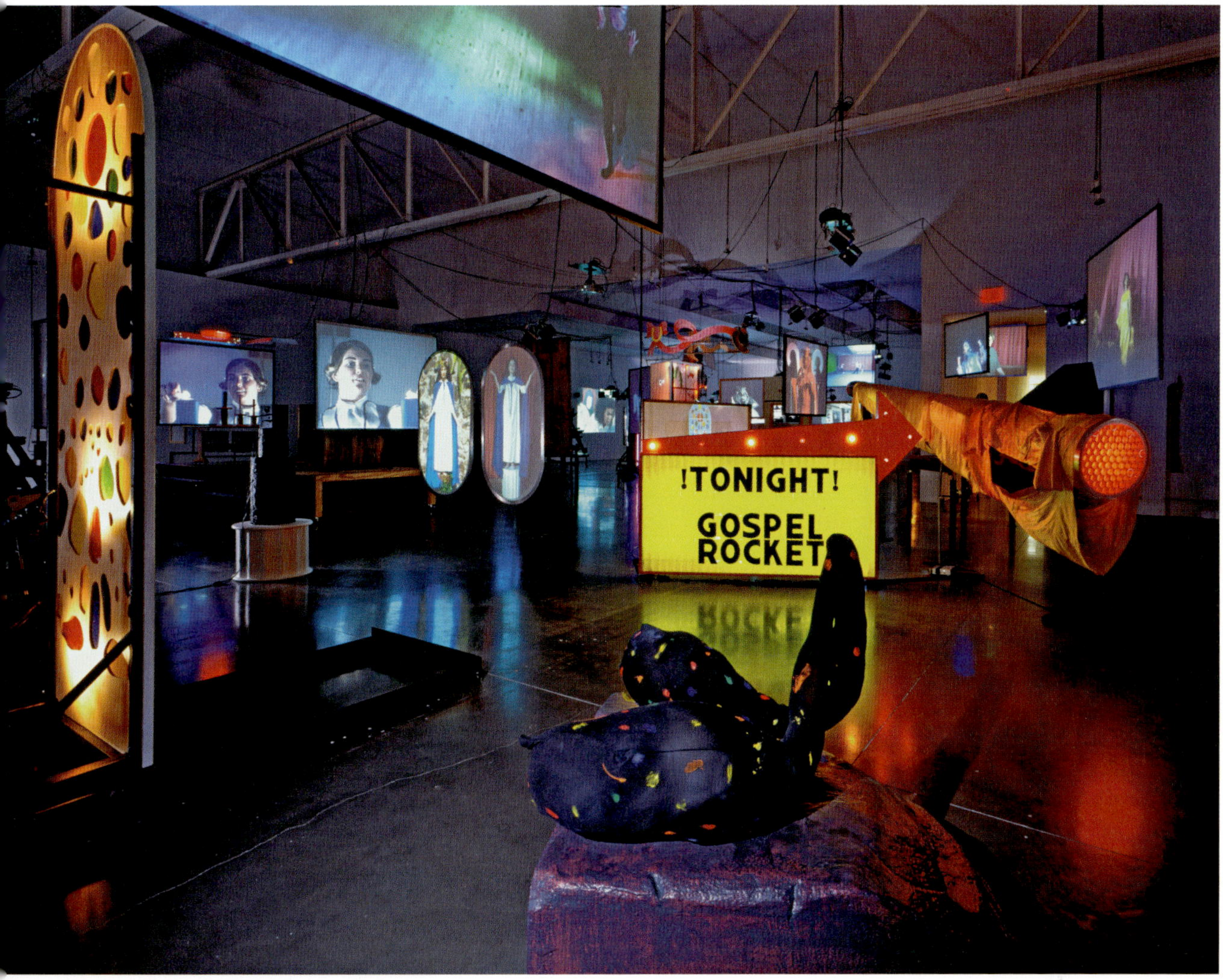

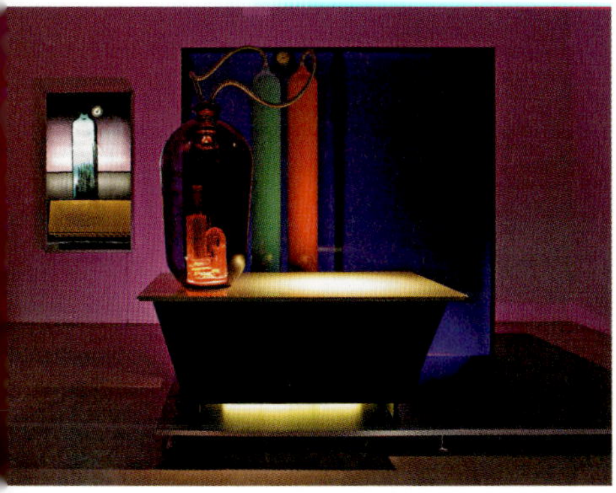

oben:

Day is Done, 2005, Installationsansicht Gagosian Gallery, New York

links:

Kandors, 2007, Installationsansicht Jablonka Galerie, Berlin

20

ANDREAS GURSKY

Das Thema Globalisierung ist in Gurskys Fotografien stets präsent. Seine Bilder gehen häufig der Frage nach, auf welche Weise die weltweite Ausbreitung urbaner Technologien – Wolkenkratzer, riesige Straßenanlagen und Megastädte – den zwischenmenschlichen Umgang und auch den Umgang mit fremden Kulturen verändert.

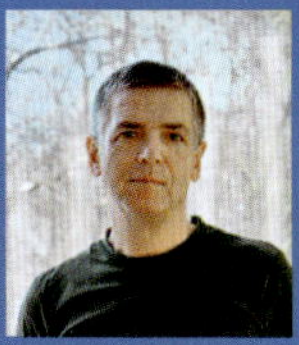

ANDREAS GURSKY

1955 Wird in Leipzig, Deutschland, geboren

1978–1987 Studium an der Folkwang-Schule Essen und an der Kunstakademie Düsseldorf; seit 1985 Meisterschüler von Bernd Becher

1987 Einzelausstellung im Flughafen Düsseldorf

1997 *Andreas Gursky: Fotografien 1984 bis heute*, Kunsthalle Düsseldorf

2001 Ausstellung MoMA, New York

2007 Einzelausstellung im Haus der Kunst München

2008–2017 zahlreiche Ausstellungen, u. a. in Istanbul (Istanbul Museum of Modern Art), Sharjah (Sharjah Contemporary Arab Art Museum), Moskau (Ekaterina Foundation), Tokio (National Art Center Tokyo), New York (Gagosian Gallery)

2018 Große Retrospektive in der Hayward Gallery, London

Gursky macht aus globalem Tourismus Kunst. Seine Fotografien fangen die Welt aus einer fernen Vogelperspektive ein – dem Blickwinkel eines Touristen. Zugleich unterstreichen sie das stärker werdende kollektive Wesen der menschlichen Gesellschaft. »Raum ist sehr wichtig für mich«, erklärt Gursky, »aber auf eine abstrakte Weise – vielleicht um zu verstehen, dass wir nicht nur in einem Haus oder an einem Ort leben, sondern auch [...] dass wir auf einem Planeten leben, der mit großer Geschwindigkeit durchs All rast [...] Ich sehe auf einem Bild nicht das, was tatsächlich gezeigt wird, sondern eher das, was allgemein in unserer Welt passiert.«

Gursky wurde 1955 in Leipzig geboren und begann seine Laufbahn, indem er die Techniken der Industrie- und Architekturfotografen studierte. In den 1980er-Jahren entwickelte er seine eigene Bildsprache. Er fotografierte riesige Räume, wobei er vor Ort zahlreiche Aufnahmen machte, die er bearbeitete und zu einem einzigen nahtlosen Bild komponierte. In den letzten Jahren greift er verstärkt auf digitale Techniken zurück, die seinem Werk manchmal eine gewisse Künstlichkeit verleihen. Digitale »Steigerungen« sind inzwischen jedoch ebenso Teil des modernen Lebens geworden wie die urbanen Dschungel auf Gurkys Bildern.

Den Künstler beschäftigt die Frage, wie die Technologie Menschen miteinander verbindet, aber auch entfremdet. So geht es unter anderem um Massenkultur und die damit verbundene Homogenität auf dem ganzen Globus. In *Monaco* (2007) verwandelt ein Formel-1-Rennen die monegassische Küste in eine generische urbane Landschaft. Ein ähnliches Thema behandelt *Salerno* (1995), wo lange Reihen von Autos den sizilianischen Hafen bedecken und an Computerchips zwischen den alten Hügeln denken lassen. Gursky zeigt auch, wie der Kommerz menschliche Aktivitäten bestimmt. In *Chicago Board of Trade II* (1999) sind Börsenhändler zu sehen, die wie Ameisen auf dem Börsenparkett drängeln, während *99 Cent II Diptychon* (2001) scheinbar endlose Supermarktregale voller nichts sagender Warenpackungen festhält.

Andere Bilder von Gursky weisen darauf hin, dass menschliche Erzeugnisse manchmal unwissentlich die natürliche Welt imitieren. In *Copan* (2002) scheinen sich Wohnblöcke in einem wogenden Rhythmus zu bewegen, während sich in *Bahrain I* (2005) eine riesige Rennpiste wie eine gewundene Schlange in der Wüste ausbreitet. In *San Francisco* (1998) erinnert eine Hotellobby an sich bewegende tektonische Platten – und gleichzeitig an die Erdbeben, die diese Stadt immer wieder heimsuchen.

Stets auf der Suche nach neuen Themen und Arbeitsmethoden, begann sich Gursky auch Satellitenaufnahmen zuzuwenden. Seine Serie *Ocean* (2010) zeigt die Weltmeere als unermessliche amorphe Formen. Die Bilder erinnern an den abstrakten Expressionismus, wobei der tiefblaue Ozean den meisten Raum einnimmt. Nur in den Ecken und seitlich kann man die Ränder der Kontinente erkennen. Obwohl diese Arbeiten gewaltige Räume zeigen, besitzen sie doch eine Zartheit, welche die Fragilität der Ozeane widerspiegelt und in Gurskys Kunst die Frage der Umweltzerstörung einführt. Gursky streift immer wieder die subtile Grenze zwischen der Wahrnehmung von Abstraktem und der konkreten Wiedergabe unserer Umwelt. So zeigt *Untitled XIX* (2015) ein riesiges Tulpenfeld, das von oben betrachtet wie eine abstrakte Komposition aus flirrenden bunten Bändern erscheint. *bf*

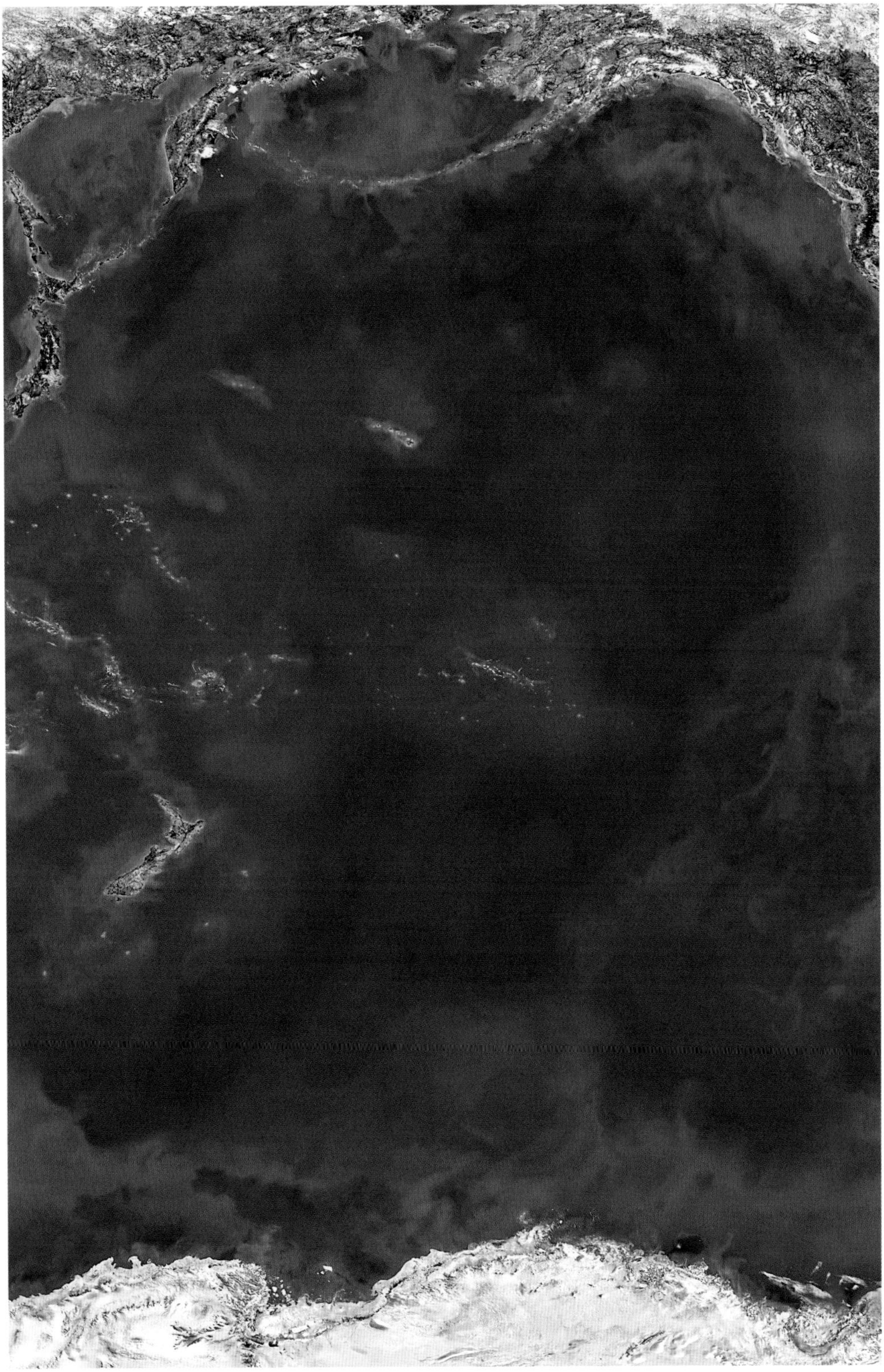

Ocean V, 2010, C-Print, 365,4 × 249,4 × 6,4 cm. Sprüth Magers, Berlin/London

21

JEFF KOONS

Eine Plastik von Jeff Koons wirkt wie eine riesige Werbung. Seine glänzenden, ballonartigen Tiere und bunten Formschnitte erinnern an Vergnügungsparks – aber ebenso an die Probleme und Widersprüchlichkeiten der modernen Konsumwelt.

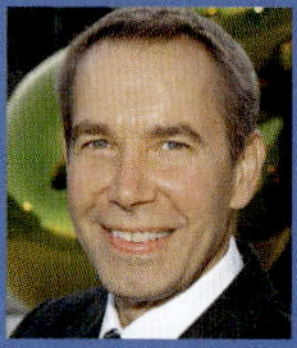

JEFF KOONS

1955 Wird in York, Pennsylvania, USA, geboren

1972–1975 Studium am Maryland Institute, College of Art, Baltimore

1975–1976 Besuch der School of the Art Institute of Chicago

1976 Arbeitet an der Wall Street

1980 Erste Einzelausstellung im New Museum of Contemporary Art, New York

1985 Ausstellung in der International Monument Gallery in New York

1986 *Bunny* und die Werkfolge *Luxury and Degradation* entstehen

1990 Teilnahme an der Biennale in Venedig

2000 Zieht sich vom Kunstbetrieb und aus der Öffentlichkeit zurück

2010 Design für das BMW-ArtCar beim 24-Stunden-Rennen in LeMans

2013 Gestaltet das Cover für das Album *Artpop* von Lady Gaga

2015 *Jeff Koons. A Retrospective* im Guggenheim Museum Bilbao

Wie sein Vorgänger Andy Warhol befriedigt auch Koons' Kunst den populären Kunstgeschmack, macht sich aber zugleich darüber lustig. Koons wurde in den 1980er-Jahren in den USA bekannt, einer Zeit, die von dem Wunsch geprägt war, schnell reich zu werden und sich mit Statussymbolen zu schmücken. Seine glänzenden Skulpturen wurden zu einem Bestandteil dieser Ära. Die riesigen aufgeblasenen Hasen und Blumen wirkten wie Jahrmarktsspielzeug, während ihre glatten Oberflächen den Betrachter spiegeln und auf den Narzissmus dieser Kultur des Exzesses hinweisen.

Koons verwandelte auch Bilder aus der europäischen Tradition in seine Form des Kitsches. Seine Statue *Kiepenkerl* (1987) vor dem Hirshhorn Museum in Washington zeigt einen fahrenden Händler aus vorindustrieller Zeit – samt einem Sack mit Waren auf dem Rücken. Der Körper und die Kleidung des 18. Jahrhunderts sind genau nachempfunden und lassen an die Standbilder auf europäischen Plätzen denken. Die glänzende Stahloberfläche erinnert hingegen an jetzige Vorstellungen von Werbung und Verkaufsstrategien.

Als Koons' Karriere steil bergauf ging, wurden seine Werke immer größer. Die Topiari-Skulptur *Puppy* (1992) aus Blumen ragt zwölf Meter in die Höhe. Der ausdruckslose Körper lässt an die aufwendigen Tierfiguren aus der Walt Disney World und anderen riesigen Themenparks denken. Inzwischen steht das »Hündchen« vor dem Guggenheim Museum in Bilbao – einem Ort, der ebenfalls zahlreiche Touristen anlockt, sodass die Positionierung der Skulptur an dieser Stelle die Unterscheidung zwischen Themenpark und Kunstmuseum zu verwischen scheint.

Auch 2010 thematisierte Koons die Verbindung zwischen Kunst und Kommerz bei seiner Bemalung eines BMW M3 GTS. Das Rennauto, das beim Rennen von Le Mans startete, weist grellbunte Streifen auf. Hinten ist eine abstrahierte Explosion im Stil der 1960er-Jahre zu sehen, die an die Fake-Superhelden von Roy Liechtenstein erinnert. Die dicht platzierte Dekoration verdeutlicht nicht nur Kraft und Geschwindigkeit des Autos, sondern weist auch darauf hin, wie die Werbung bei Autorennen und anderen Sportevents überhandnimmt.

Jeff Koons ahmt die Popkünstler der 1960er-Jahre ebenfalls nach, wenn er sich auf den Starkult als Thema konzentriert. Seine Porzellanskulptur *Michael Jackson and Bubbles* (1988) porträtiert den Sänger und seinen Schimpansen. Die verstörende Arbeit ähnelt den zarten frühen Meissener Porzellanfiguren, wie sie im 18. Jahrhundert vom Adel gesammelt wurden. Doch Koons' Werk ist klar im 20. Jahrhundert verankert. Es scheint auf Jacksons Kampf um Anerkennung als Afroamerikaner anzuspielen und seine Versuche, mithilfe von Operationen in einer von weißen Schönheitsvorstellungen dominierten Gesellschaft mehr akzeptiert zu werden.

Jeff Koons trieb auch sein eigenes Starimage stark voran. Präzise inszenierte Fotos mit dem Künstler wurden eine Weile verstärkt in Kunstzeitschriften veröffentlicht. Wie Warhol vor ihm genoss auch Koons bereits deutlich mehr als nur die berühmten »fifteen minutes of fame«.

Die Skulptur *Rabbit* wurde im Mai 2019 für 91,1 Millionen Dollar auf einer Auktion versteigert und damit zum teuersten Werk eines noch lebenden Künstlers. 2013 erzielte Koons' Kunstwerk *Balloon Dog (Orange)* bereits 58,4 Millionen Dollar bei einer Auktion bei Sotheby's in New York. *bf*

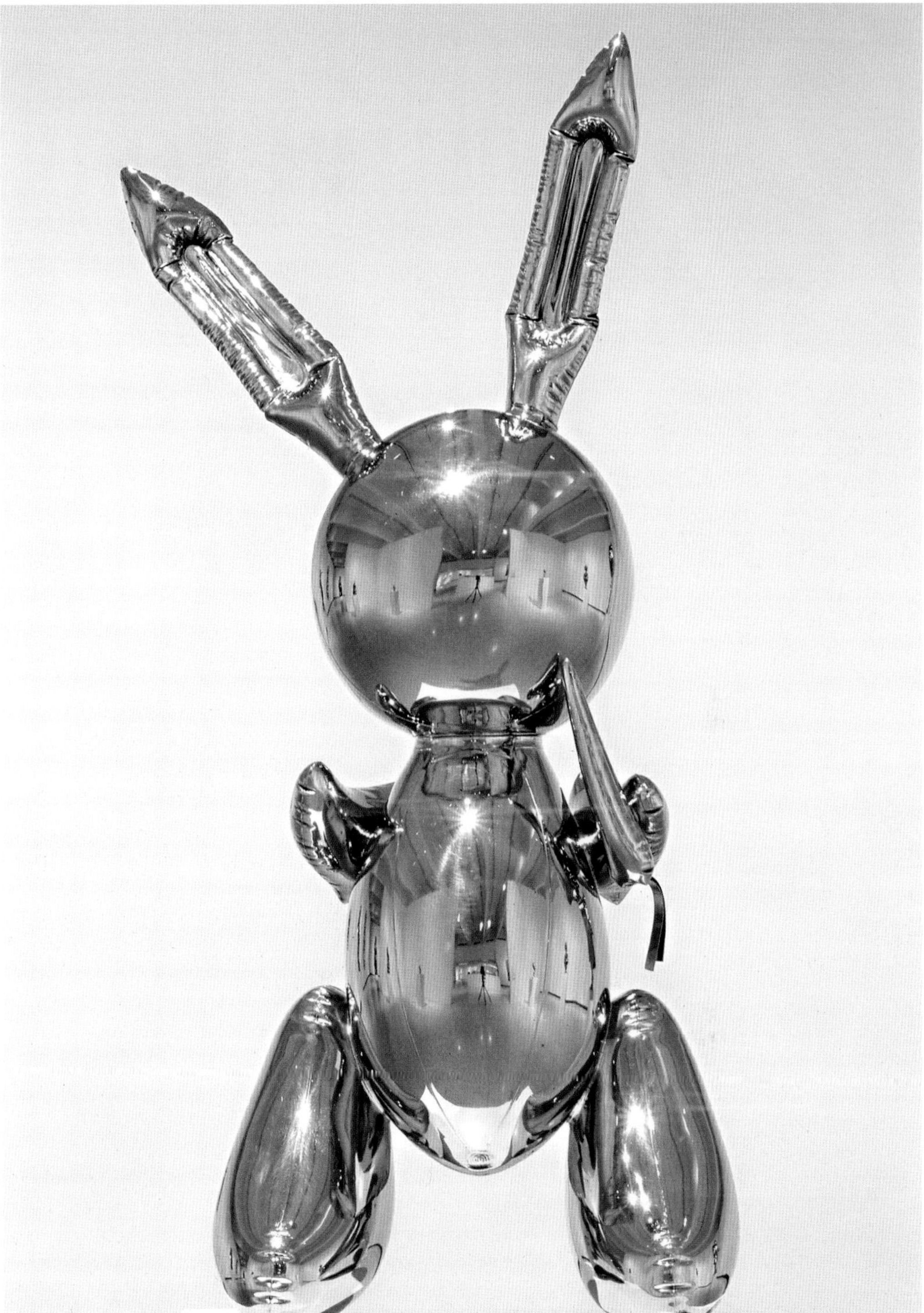

Rabbit, 1986, Edelstahl, 104,14 × 48,26 × 30,48 cm, The Broad Foundation, Downtown Los Angeles, Kalifornien

22

WILLIAM KENTRIDGE

Kentridges eindrucksvolle Bilder beschäftigen sich mit seiner Heimat Südafrika, der Geschichte der Diskriminierung und dem hart erkämpften Wandel. Meist entfalten die Bilder ihre stärkste Wirkung, wenn sie in die Trickfilme des Künstlers integriert werden.

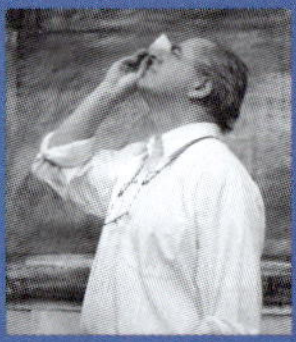

WILLIAM KENTRIDGE

1955 Wird in Johannesburg, Südafrika, geboren

1973–1978 Studium der Politik und Afrikanistik an der University Witwatersrand; Kunststudium an der Johannesburg Art Foundation

1981–1982 Studium an der École Jacques LeCoq, Paris

2004 Verleihung der Carnegie Medal

2005–2007 Kentridge übernimmt die erste Max-Beckmann-Stiftungsprofessur in Frankfurt a. M.

2010 Das Museum of Modern Art in New York zeigt die Retrospektive *William Kentridge: Five Themes*

2013: Ausstellung *William Kentridge: The Refusal of Time. A five-channel video installation*, MoMA, New York

2018 Ausstellung *William Kentridge. O Sentimental Machine* in der Liebighaus Skulpturensammlung, Frankfurt a. M.

Kentridge porträtiert eine Welt im Wandel. Gebäude und Menschen zerfallen und tauchen wieder auf, Tiere werden zu Telefonen, rote und blaue Farbflecken fallen in eine schwarz-weiße Landschaft ein. Kentridge benutzt Kohlezeichnungen und andere Materialien für seine Trickfilme. Die Illusion der Bewegung entsteht, indem er winzige Veränderungen an den Zeichnungen vornimmt und dann jede Änderung mit der Kamera festhält. Die so entstandenen Filme zeichnet eine expressive und doch manchmal emotional distanzierte Qualität aus. Diese Widersprüchlichkeit reflektiert das Wesen von Kentridges Südafrika, ein Land, das sich noch mitten im Umbruch befindet. Der Künstler begann in den späten 1980er-Jahren mit seinen Trickfilmen, kurz vor dem Sturz der Apartheidsregierung, und er setzte seine Arbeit während des Kampfes seines Landes um Demokratie fort. Zu seinen bekanntesten Filmen gehören *Johannesburg, 2nd Greatest City after Paris* (1990) und *Mine* (1991), in denen die Charaktere Soho Eckstein und Felix Teitelbaum auftauchen. Eckstein steht für die weiße Elite der Apartheidsära, ein Unternehmer, der sich nicht im Geringsten um den Kampf der Leute kümmert, die in seinen Fabriken und Minen arbeiten. Teitelbaum ist Ecksteins Alter Ego und taucht oft als Liebhaber von dessen Frau auf. Kentridge stellt mit diesen beiden Figuren den inneren Konflikt dar, der noch immer viele weiße Südafrikaner quält.

Kentridge konzentriert sich allerdings nicht nur auf Filme, sondern fertigt oft auch eigenständige Kohlezeichnungen an. In *Pond at Deer Acres* (2002) strahlt die Marschlandschaft dieselbe Unbeständigkeit aus, wie sie seine Filme haben. Der Teich scheint sich beinahe in die Bildoberfläche aufzulösen. Kentridge experimentierte auch mit Wandteppichen, wie zum Beispiel bei *Office Love* (2001). Die menschliche Figur in diesem Werk hat als Kopf eine Schreibmaschine und steht vor Teilen einer alten Landkarte – eine Erinnerung an Südafrikas koloniale Vergangenheit. Wieder zeigt Kentridge den Kampf eines Volkes, das durch seine Geschichte schwer belastet ist.

In jüngerer Zeit entdeckte er andere Möglichkeiten, seine Ideen in ein visuelles Drama zu verwandeln. In seiner Inszenierung von Schostakowitschs Oper *Die Nase* von 1930 drückte sich seine lange Bewunderung für die russische Avantgarde aus. Das Libretto von *Die Nase* basiert auf einer Kurzgeschichte von Gogol aus dem 19. Jahrhundert, die parodistisch die zaristische Regierung und ihre repressive Bürokratie behandelt. Die Unterdrückung durch die Oberen prägt auch die Aufführungsgeschichte der Oper, denn das Sowjetregime verbot das Werk jahrzehntelang. Kentridge setzte sich in seiner Inszenierung mit der schmerzvollen russischen Geschichte auseinander, indem er Zeichentrickfilme als Teil des Bühnenbilds einbaut. In den Filmen tauchen menschliche Charaktere in Gestalt von abstrakten Formen auf, die an die russischen Konstruktivisten der 1920er-Jahre erinnern, sowie alte Zeitungen und Wochenschauen in Schwarz-Weiß. Die komplexen Elemente verleihen der Inszenierung etwas Klaustrophobisches, was genau zu Schostakowitschs dissonanter Musik und dem Thema Unterdrückung passt. 2014 inszenierte Kentridge Franz Schuberts *Winterreise* im Rahmen der Wiener Festwochen. *bf*

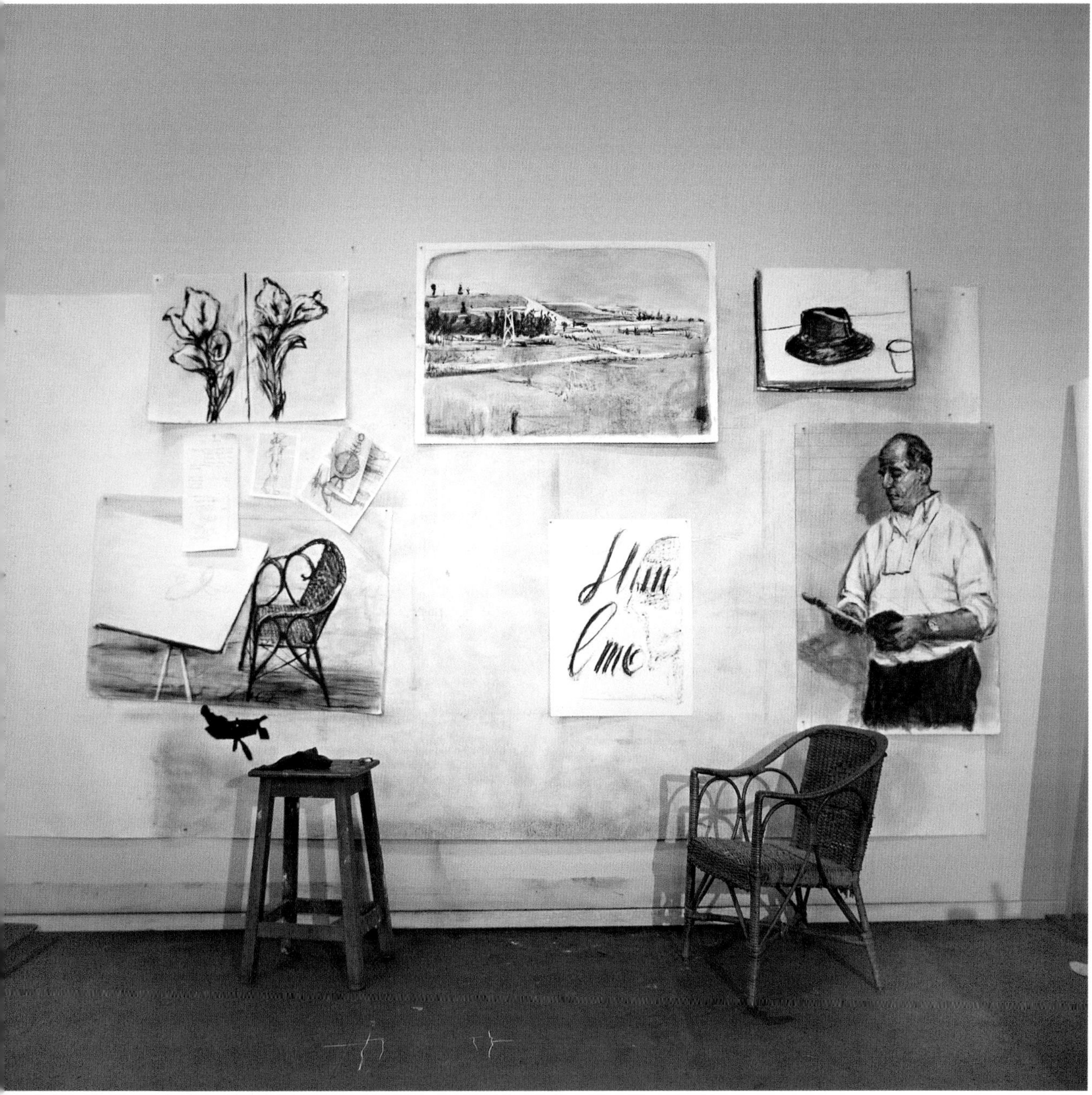

Filmstill aus *Journey to the Moon*, 2003. 35 mm- und 16 mm-Film (schwarz-weiß, mit Sound unterlegt), 7.10 Min., Museum of Modern Art, New York

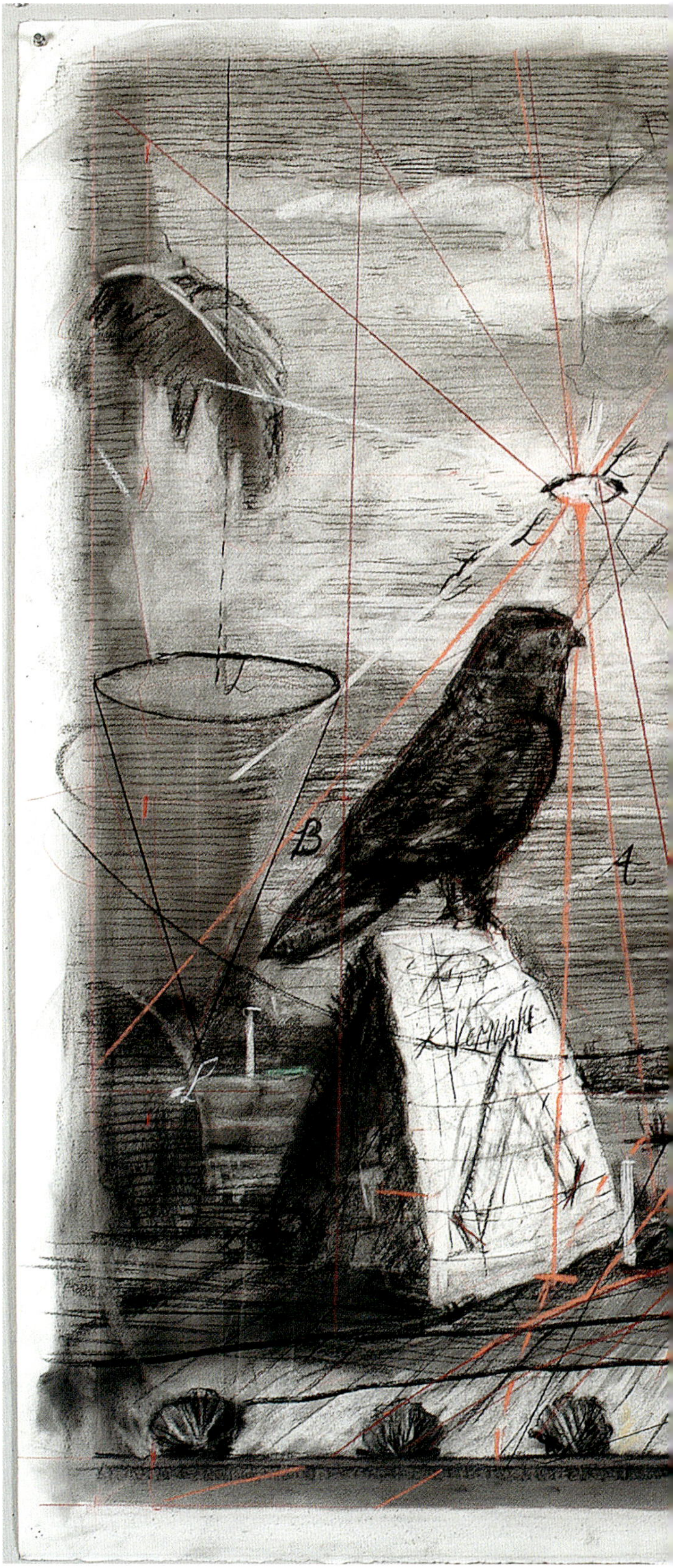

Zeichnung aus *Preparing the Flute*, 2004/05, Kohle und Pastell auf Papier, 120 × 160 cm, William Kentridge and Goodman Gallery

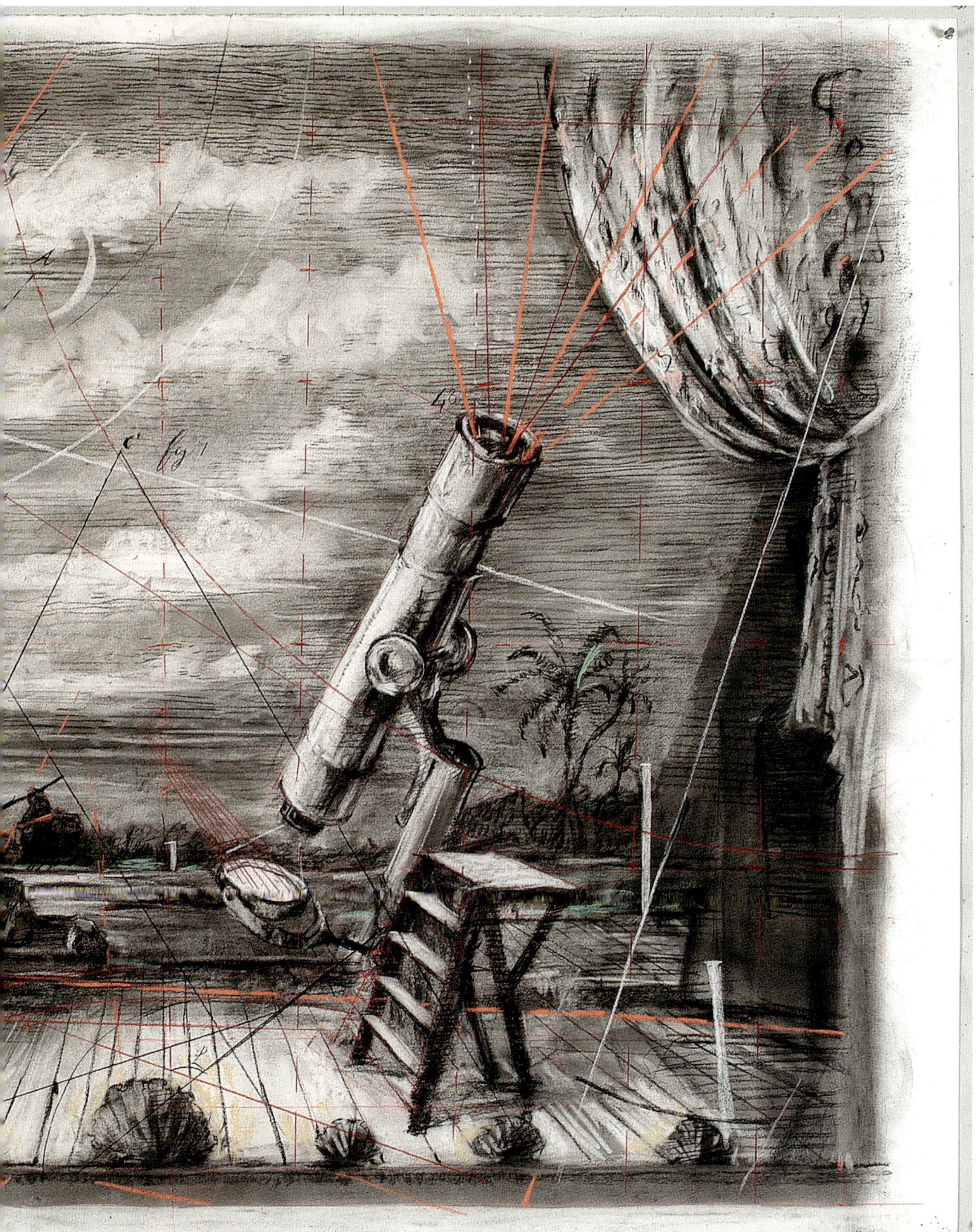

23

SHIRIN NESHAT

»Ich verstehe meine Arbeit als bildlichen Diskurs zum Thema Feminismus und zeitgenössischer Islam – als Diskurs, der bestimmte Mythen der Wirklichkeit einer Prüfung unterzieht und zum Schluss kommt, dass diese viel komplexer sind, als viele von uns gedacht hätten.« ***Shirin Neshat***

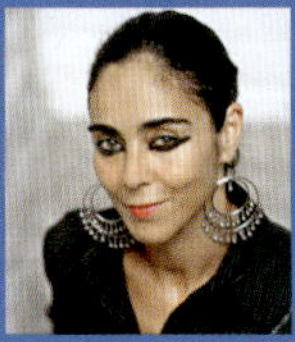

SHIRIN NESHAT

1957 Wird in Qazvin, Iran, geboren

1974 Beginn eines Kunststudiums in Kalifornien, später Umzug nach New York

1990 Erster Besuch des Iran seit 1974, Auseinandersetzung mit der Rolle der Frau im Islam

1999 Erster Internationaler Preis der Biennale Venedig

2009 Erhält den Silbernen Löwen bei den Filmfestspielen in Venedig für *Women Without Men*

2017 Ihr Spielfilm *Looking for Oum Kulthum* wird auf den Filmfestspielen in Venedig gezeigt; die Kunsthalle Tübingen präsentiert die Ausstellung *Shirin Neshat: Frauen in Gesellschaft;* Neshat inszeniert Verdis Oper *Aida* bei den Salzburger Festspielen

2019 Retroskeptive *Shirin: Neshat: I Will Greet the Sun Again* im Broad Museum, Los Angeles

Die Iranerin Shirin Neshat verließ ihr Heimatland nach ihrem Schulabschluss 1974, um an der University of California in Berkeley Kunst zu studieren. Die Rückkehr in den Iran 1990 beschreibt Shirin als Schock: Im Zuge der islamischen Revolution war es zur Absetzung von Schah Mohammad Reza Pahlavi, zur Beendigung der Monarchie und zur Ausrufung der Islamischen Republik gekommen. Unter den tief greifenden Veränderungen begann Neshat künstlerisch zu arbeiten – die in der westlichen Welt gemachten, extrem gegensätzlichen Erfahrungen im Hinterkopf. Seit 1996 lebt sie wieder in New York und thematisiert mit einem kritischen Blick auf ihre traditionellen Wurzeln die gesellschaftlichen Entwicklungen im zeitgenössischen Islam, mit einem besonderen Augenmerk auf die streng reglementierte Stellung der Frau.

1993 begann Neshat mit der Arbeit an Schwarz-Weiß-Fotografien von bewaffneten islamischen Frauen im bodenlangen Tschador. Die unverhüllten Hautpartien wie Gesicht, Hände oder Füße sind mit Texten iranischer Lyrikerinnen in der Landessprache Farsi überschrieben. Während die Serie *Women of Allah* (1993–1997) die Fotografin in der westlichen Kunstszene weithin bekannt machte, wurde sie im Iran nie öffentlich ausgestellt – dort, wo die höchst unterschiedlichen Texte über das Gefangensein in der iranischen Kultur oder die Leidenschaft für die islamische Revolution in persischer Sprache gelesen werden können. Für die meisten westlichen Betrachter wirken die Schriftzeichen wie kalligrafisches Ornament.

Neshats Porträts militanter Frauen veranschaulichen ein Nebeneinander von Weiblichkeit und Gewalt, von Erotik, Unschuld und Aggressivität. Auch Neshats Videoarbeiten zeichnen sich durch Gegensätzlichkeit aus: zwischen westlicher und islamischer Kultur oder allgemein zwischen Männern und Frauen, Individualität und Gesellschaft, Reglementierung und Begehren. Es sind eindringliche und ohne Worte realisierte Werke in einer reduzierten und kraftvollen Schwarz-Weiß-Ästhetik.

Women Without Men ist Neshats erster Spielfilm, den sie als natürliche Weiterentwicklung und Steigerung ihres bisherigen Werks begreift. 2003 begonnen, beschäftigte sie sich sechs Jahre damit, Kunst und Unterhaltung zu verbinden, eine eigene filmische Sprache zu kreieren und statt einer exklusiven Kunstweltelite ein größeres Publikum zu erreichen als bisher. Parallel und im Zusammenhang mit dem Filmprojekt entstand eine Serie von Videoinstallationen wie *From Mahdokht* (2004) und *Zarin* (2005). Der auf der Biennale in Venedig 2009 mit dem Silbernen Löwen für die beste Regie ausgezeichnete Film basiert auf dem gleichnamigen Roman von Shahrnush Parsipur, der nach dem Erscheinen 1989 von der iranischen Regierung verboten wurde. Neshat spürt in *Women Without Men* dem Leben von vier Frauen in Teheran nach, die auf unterschiedliche Weise Opfer männlicher Gewalt sind. Ihre Schicksale verbinden sich im Sommer 1953, nach dem Sturz des demokratisch gewählten iranischen Premierministers Mossadegh durch die CIA in Zusammenarbeit mit den Truppen des Schahs. In einem verwunschenen Garten außerhalb Teherans finden sie vorübergehend Schutz und erleben, dass auch ein freieres, selbstbestimmtes Leben möglich ist. Wie Parsipurs Roman steht auch Shirin Neshats Film im Iran auf der schwarzen Liste. *cw*

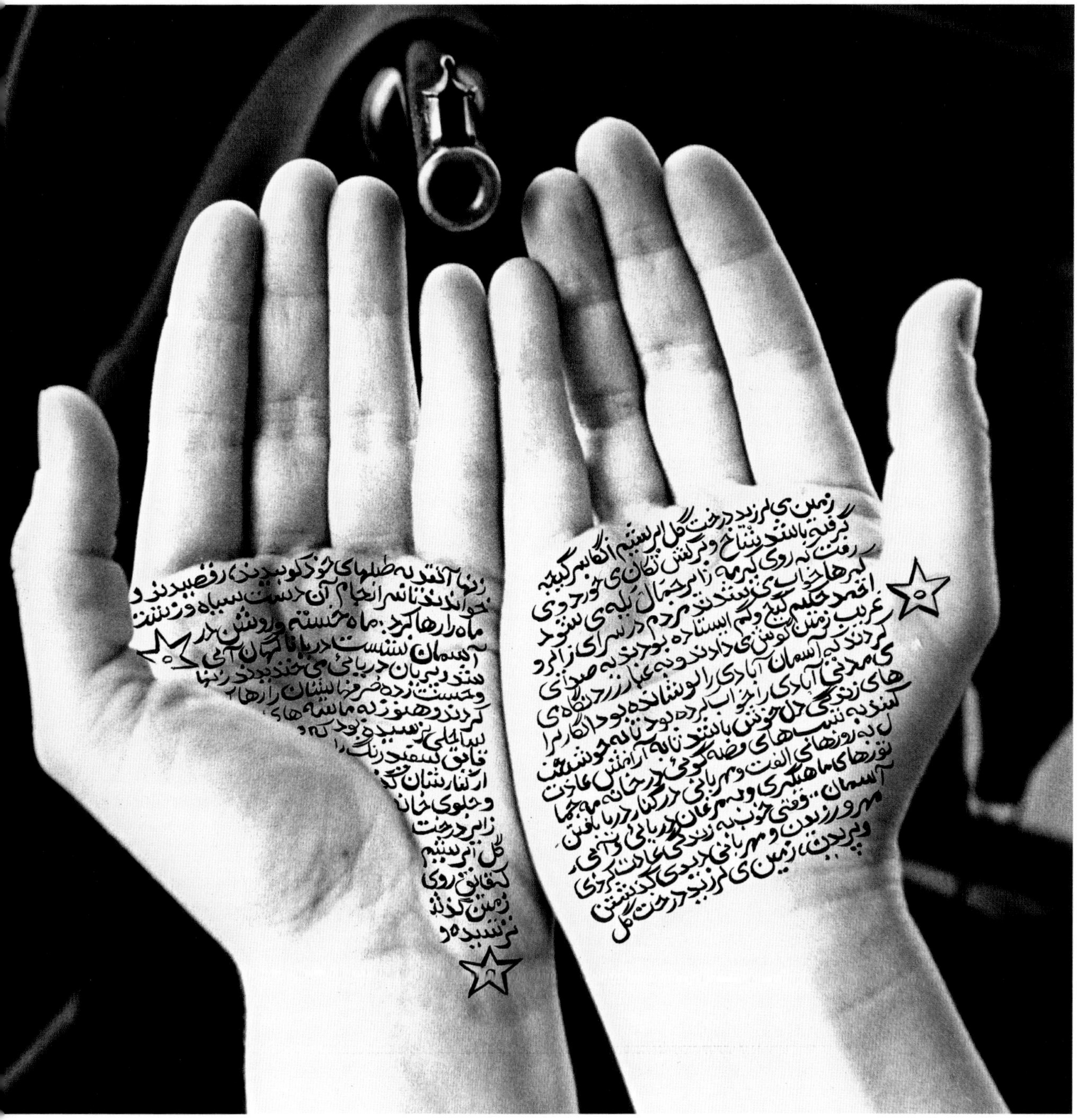

Guardians of Revolution (Serie Women of Allah), 1994, RC-Print und Tinte, 102,2 × 94 cm. Gladstone Gallery, New York

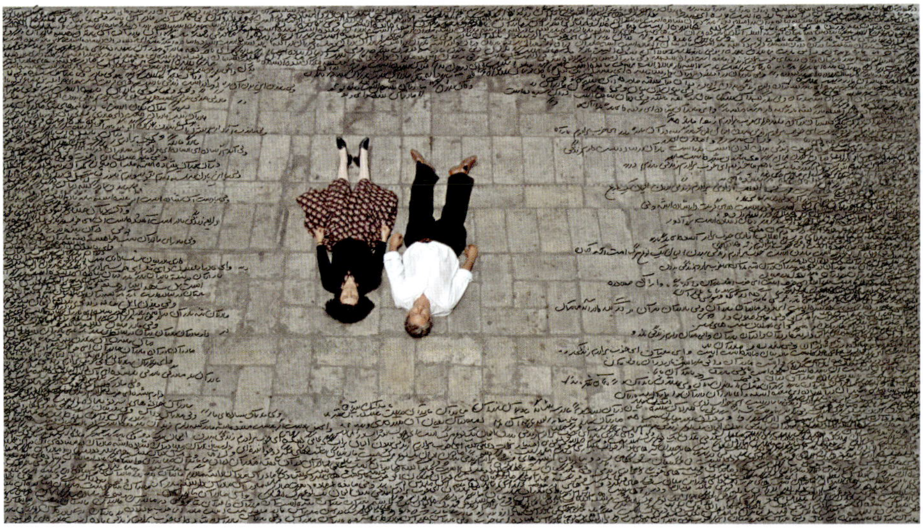

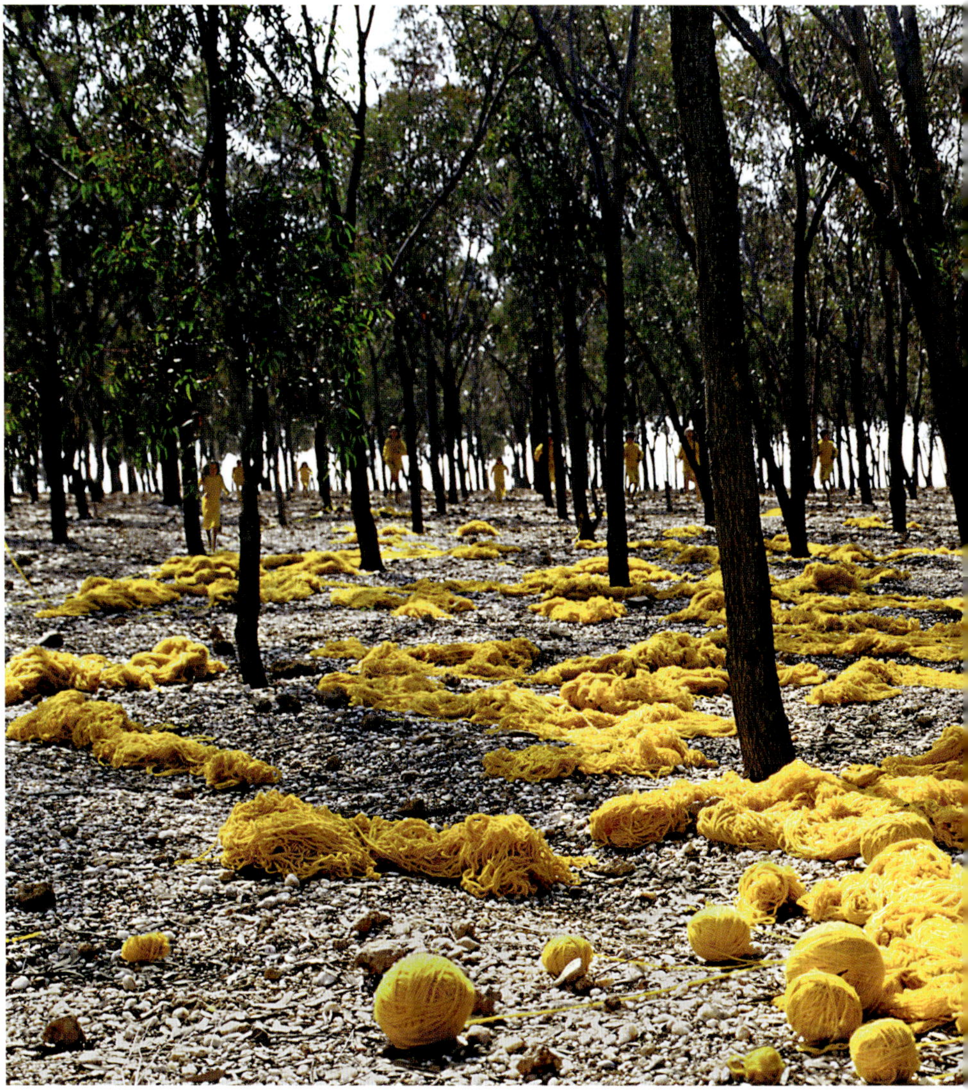

oben:
Filmstill aus *Munis & Revolutionary Man*, 2008, Video- und Soundinstallation, 35 mm-Film, 12.45 Min., Courtesy Glastone Gallery, New York

linke Seite:
Filmstill aus *From Mahdokht* aus der Serie *Women Without Men*, 2004, Video- und Soundinstallation, 35 mm-Film, 13.35 Min., Courtesy Glastone Gallery, New York

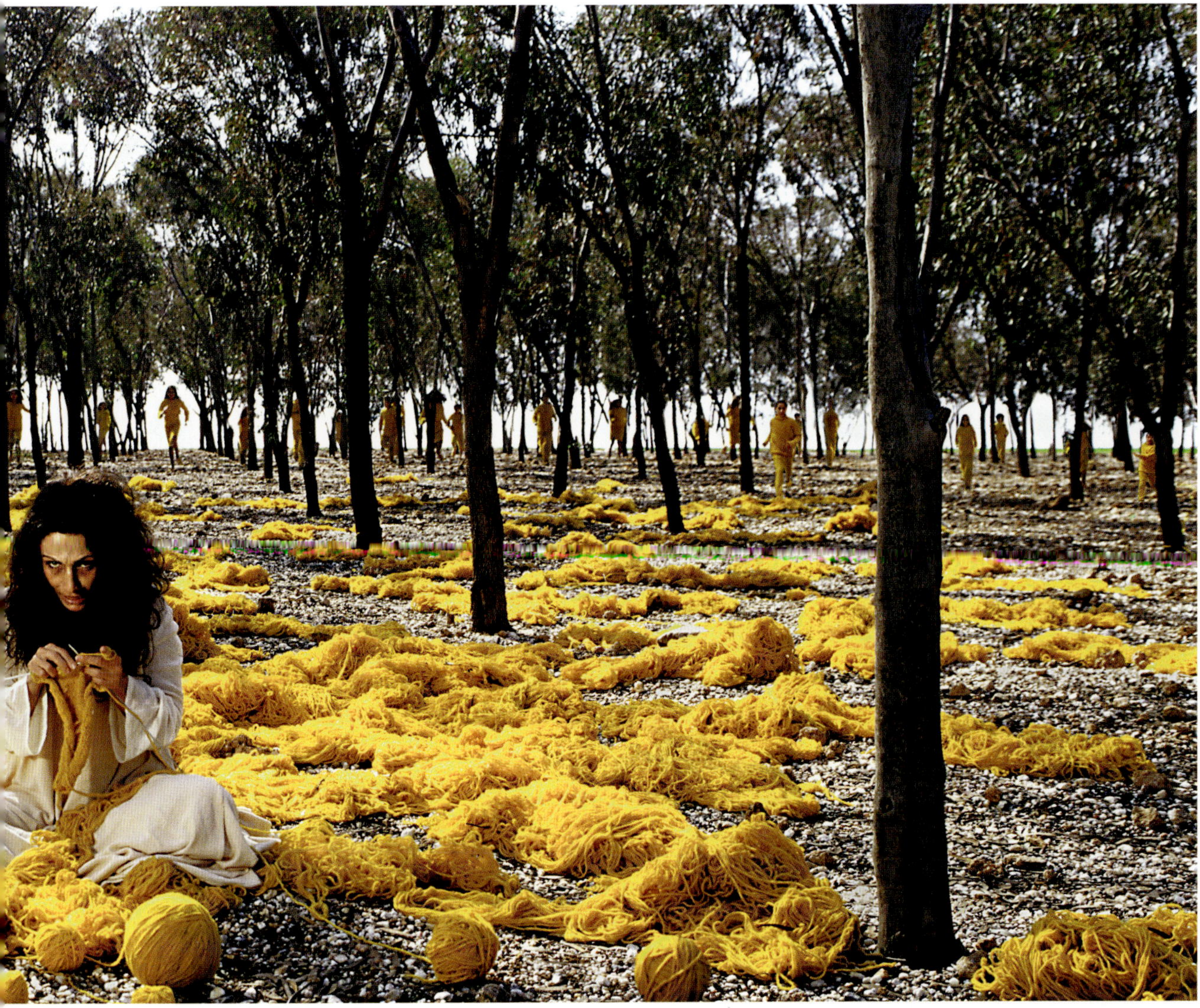

24

RAYMOND PETTIBON

In seinen Zeichnungen vermischen sich der Witz von Comicstrips mit dem Unangepassten des Punk. Pettibons subversive Bilder kommentieren die Hauptthemen der amerikanischen Popkultur: Sex, Gewalt, Celebrity sowie Probleme mit Autoritäten.

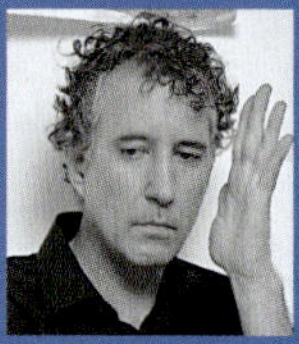

RAYMOND PETTIBON

1957 Wird in Tucson, Arizona, USA, als Raymond Ginn geboren

1977 Abschluss an der University of California, Los Angeles

1977 Entwirft Plattencover für die Punkband seines Bruders Black Flag; zu dieser Zeit ändert er seinen Namen in Pettibon

1990 Gestaltet Cover und Booklet des Albums *Goo* der Band Sonic Youth

2001 Erhält den Wolfgang-Hahn-Preis des Museum Ludwig in Köln

2002 Teilnahme an der documenta 11

2004 Erhält den Bucksbaum Award des Whitney Museum of American Art in New York

2010 Verleihung des Oskar-Kokoschka-Preises der österreichischen Bundesregierung

2016 Das Museum der Moderne in Salzburg zeigt die Werkschau *Homo Americanus*

Raymond Ginn kam nicht auf traditionelle Weise zur Kunst. Er absolvierte bereits im Alter von 19 Jahren seinen Abschluss in Wirtschaftswissenschaften. Seine Begabung für Zahlen ließ er jedoch rasch links liegen und widmete sich ganz seinem anderen Talent: dem Zeichnen. Ginn wurde der Hauptkünstler für die Band seines Bruders, *Black Flag*, eine der wegweisenden Gruppen des Punk. Er entwarf das Logo der Band – eine Komposition aus vier schwarzen Balken – sowie Bilder für die Albumcover und Konzertreklame. Bald wandelte er seinen Nachnamen in Pettibon um, eine Variation des Spitznamens »Petit bon«, wie er von seinem Vater als Kind gerufen wurde. In Interviews erklärte er, dass er auch nicht »Ray Ginn« genannt werden wolle, da dies wie »Reagan« klinge und an den konservativen US-Präsidenten erinnere.

Pettibon war nie ein Konservativer. Seine düster humoristischen Illustrationen für *Black Flag* halfen, die Band berühmt zu machen. Er stellte aber auch seine eigene, persönlichere Kunst her – Stapel von Zeichnungen, die er sammelte und in Büchern zusammenfasste. Die meisten seiner frühen Kollektionen wurden von dem Plattenlabel seines Bruders, SST Records, veröffentlicht. Pettibon verlieh seiner Schwarz-Weiß-Kunst durch seine fließende Linienführung etwas höchst Lebendiges, wobei er immer wieder geschickt Texte in seine Kompositionen einbaute. Eine Zeichnung aus dem Buch *Tripping Corpse #3* (1983) porträtiert den berüchtigten Hippie-Verbrecher Charles Manson. Manson wird von einem seiner Mordopfer weggeführt. Darüber steht: »Das LSD hat endlich die Spinnweben der verklemmten, spießigen Realität aus meinem Bewusstsein weggefegt. Zum ersten Mal in meinem Leben fühle ich mich frei.« Arbeiten wie diese offenbaren Pettibons Interesse an den Schwächen der Hippies – einer Generation, die seiner Ansicht nach von ihrem falschen Idealismus zerstört worden war.

Pettibons Kunst wandte sich auch immer wieder etablierten Ikonen der amerikanischen Popkultur zu. Baseballspieler, Superhelden, Waffen und sogar biblische Gestalten tauchen in seinem Werk auf. Wie bei manchen seiner Hippie-Darstellungen umkreisen auch hier seine Zeichnungen die Themen Gewalt und Sex. Eine Arbeit aus dem Jahr 1990 zeigt Batman, der von einer geheimnisvollen Frau mit einer Pistole bedroht wird. Batmans verschwommen erotische Gedanken stehen in dem Text, der fast das halbe Bild einnimmt. Dennoch ist dieser Batman eine impotente Figur und steht für eine Gesellschaft, die sich mehr für Selbstreflexion als für tatkräftiges Handeln interessiert. Pettibon sympathisiert häufig stärker mit Amerikas kleinen Helden. Einer seiner Lieblingscharaktere ist Gumby, die surreale Knetfigur aus einem Kinderprogramm der 1950er-Jahre.

Seit den 1990er-Jahren experimentiert Pettibon mit verschiedenen Materialien und setzt verstärkt Aquarell- und andere Farben ein. Seine Serie blauer Wellenbilder von 2004 stellt die Beach-Kultur seiner Heimat Kalifornien dar. Der Künstler schuf zudem Wandbilder und Trickfilme, in denen er neue Medien dazu verwendete, seine unverwechselbar amerikanische Bildsprache weiterzuführen. 2016 präsentierte das Museum der Moderne in Salzburg in der Ausstellung *Homo Americanus* mehr als 600 Werke des Künstlers aus allen Bereichen seines vielfältigen künstlerischen Schaffens, von denen die meisten noch nie zuvor gezeigt wurden. *bf*

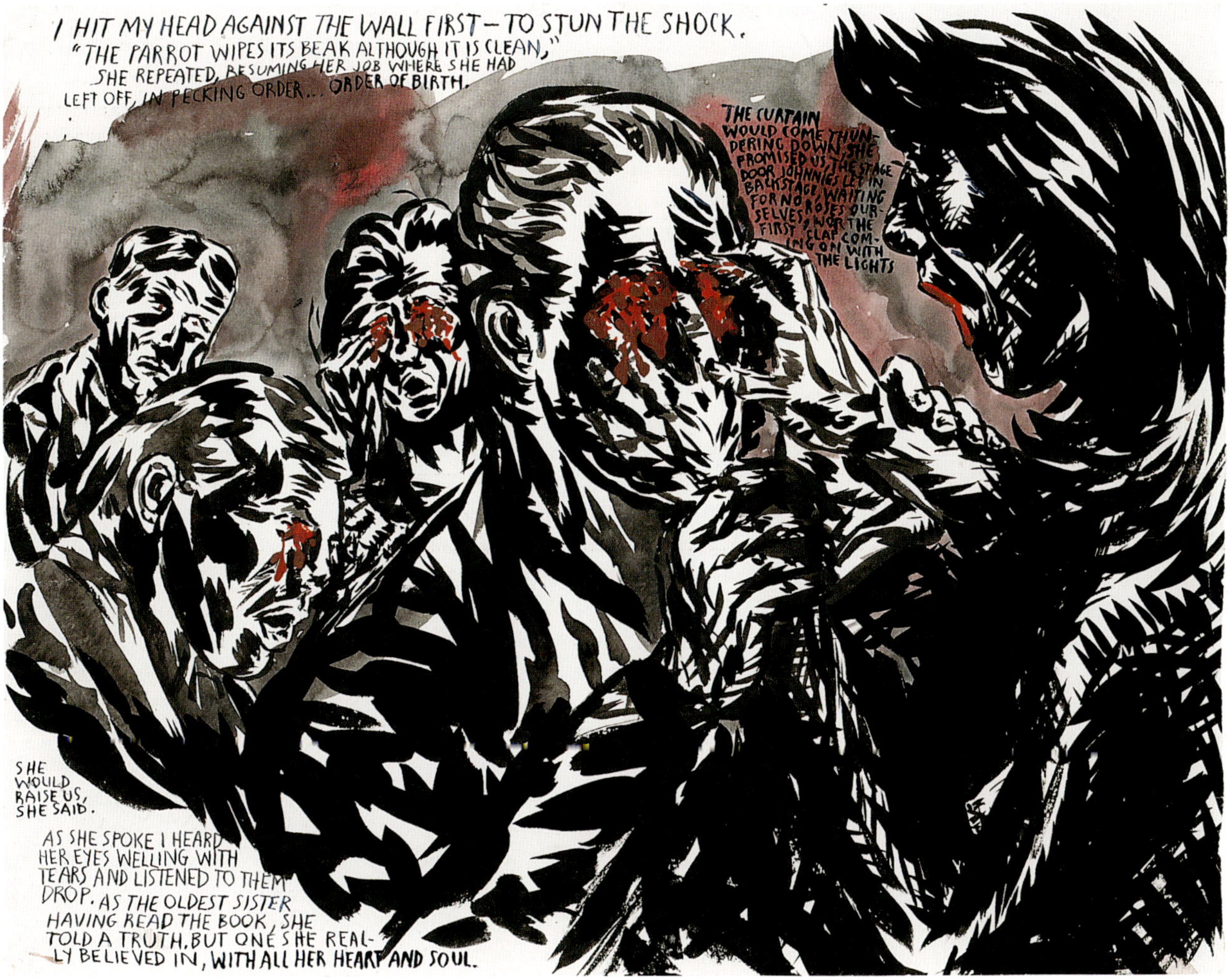

No Title (I hit my), 2003, Tusche auf Papier, 38 × 48 cm. David Zwirner, New York/London

25

AI WEIWEI

Der Chinese Ai Weiwei erlebte, wie sich sein Land durch die wirtschaftliche Revolution veränderte. Er versucht, diese Revolution auf Kultur und Politik auszuweiten. Seine Arbeiten nehmen zudem Chinas Traditionen auf und interpretieren sie neu.

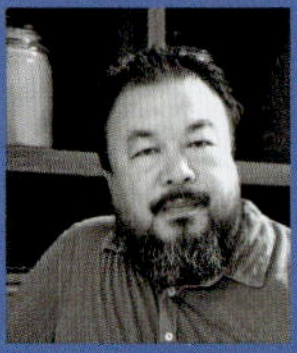

AI WEIWEI

1957 Wird in Peking, China, geboren

1978 Beginnt sein Studium an der Pekinger Filmakademie

1981–1993 Lebt in den USA, wo er sein Studium an der Parsons School of Design in New York abschließt

1993 Rückkehr nach Peking; gründet dort die Galerie *China Art Archives and Warehouse* für experimentelle Kunst

2007 Teilnahme an der documenta 12, zu der er für sein Projekt *Fairytale* 1001 Chinesen nach Kassel einlädt

2010 Für *The Unilever Series* der Tate Modern in London verteilt er ca. 100 Millionen aus Porzellan handgefertigte »Sonnenblumenkerne« in der Turbinenhalle

2017 Sein Dokumentarfilm *Human Flow* zum Thema Migration wird auf den Filmfestspielen von Venedig gezeigt

Ai Weiwei ist stets ein politischer Künstler gewesen. Sein politisches Engagement hat seine Wurzeln in einer bewegten Kindheit. In Peking geboren, wuchs Ai in einer Künstlerfamilie auf. Sein Vater Ai Qing galt als einer der wichtigsten Dichter Chinas. Kurz nach Ais Geburt bezichtigte ihn die Regierung unter Mao Zedong, den Kapitalismus zu unterstützen, woraufhin die Familie in ein Arbeitslager in die Mandschurei verbannt wurde. Während seiner Studienzeit begann die chinesische Wirtschaft kapitalistische Prinzipien einzuführen, für die sein Vater noch verurteilt worden war. China lockerte zudem die kulturellen Restriktionen, wie sie unter Mao geherrscht hatten. Ai gehörte zur ersten Generation von Künstlern, die von dieser Offenheit profitierten. Während seines Studiums an der Pekinger Filmhochschule in den späten 1970er-Jahren war er Mitglied einer Gruppe, die sich »Stars« nannte und die typische zeitgenössische Kunst mit ihrem nichts sagenden Realismus ablehnte. Die »Stars« schufen Kunst, in die kubistische, surrealistische und andere westliche Stilrichtungen einflossen. Zum ersten Mal zeigten sie ihre Arbeiten 1979, indem sie in Peking eine Ausstellung im Freien organisierten und sich offen für mehr kulturelle Freiheit einsetzten. Eines von Ais Werken aus diesem Jahr ist eine Schwarzweißzeichnung namens *Wald*, die eine expressionistisch anmutende Waldszene zeigt.

Als China in den frühen 1980er-Jahren die Reisebeschränkungen lockerte, zog Ai nach New York, wo er bis 1993 blieb. Dort begann er mit Konzeptkunst zu experimentieren, die sich direkter mit sozialen und politischen Themen befasste. Immer wieder untersuchte er die seltsame Mischung aus Kapitalismus, Kommunismus und Tradition in China. Sein *Neolithic Culture Pot with Coca-Cola Logo* (1997) war ein Kommentar über die Wahllosigkeit, mit der China westliche Werte übernimmt, und die Gefahr, die daraus für die alte Kultur erwächst. Diese Themen wurden auch in *Forever Bicycles* (2003) behandelt. Hier baute Ai aus 42 Fahrrädern der Marke »Forever« – Symbol des kommunistischen Lebens – eine surrealistisch anmutende Collage.

Ai Weiwei ist zum Star geworden. Sein Ruhm brachte aufsehenerregendere Auftragsarbeiten mit sich. Eine davon war das Nationalstadion Pekings – Prunkstück der Olympischen Spiele 2008. Das gewagte Design, auch Vogelnest genannt, besteht aus einer freiliegenden Stahlkonstruktion. Ai arbeitete hier mit den Schweizer Architekten Herzog & de Meuron zusammen. Das Stadion wurde zu einem Symbol für Chinas neue Rolle in der Welt – ein Symbol, das Ai Weiwei inzwischen als zu künstlich und »corporate« ablehnt.

2010 enthüllte Ai Weiwei *Sunflower Seeds* in der Londoner Tate Modern. Millionen von Sonnenblumenkernen aus Porzellan waren auf dem Boden des Museums ausgebreitet. Jeder Kern war in einer anderen Stadt Chinas handbemalt worden – eine Hommage an das traditionelle Kunsthandwerk. Auf der Berlinale 2016 wickelte der in seiner Heimat verfolgte Künstler und Aktivist 14 000 Rettungswesten um die Säulen des Konzerthauses am Gendarmenmarkt und schuf so ein Mahnmal für ertrunkene Flüchtlinge. Die Installation *Law of the Journey* (2017) erinnert ebenfalls an das Schicksal Tausender Schutzsuchender. Es zeigt ein schwarzes Flüchtlingsboot, auf dem 258 überlebensgroße Figuren sitzen. 2020 stellte der Künstler *Coronation* vor, einen Film über die Corona-Situation in Wuhan, China. *bf*

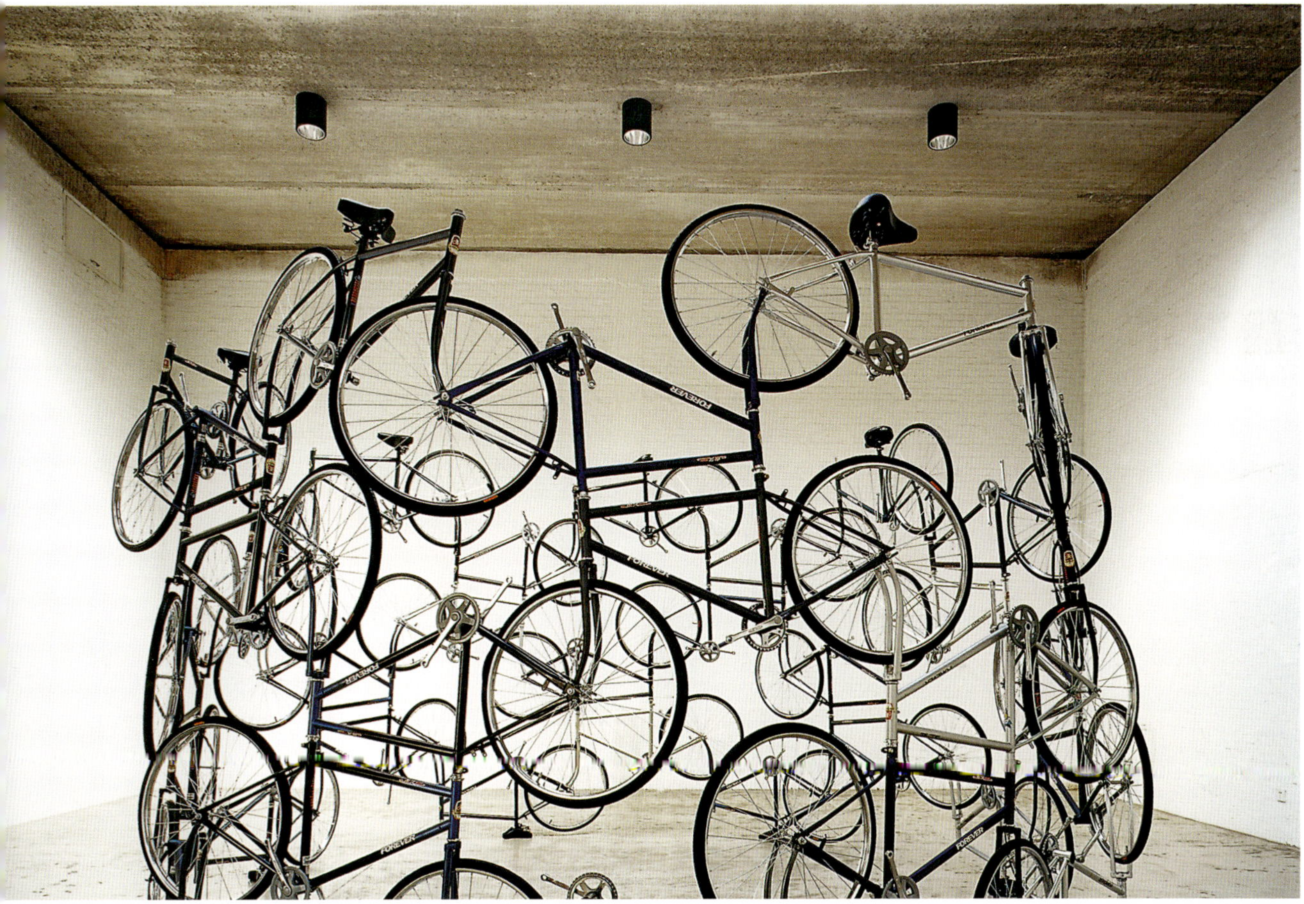

Forever Bicycles, 2003, 42 Fahrräder, 275 × 450 × 450 cm. Art Gallery of New South Wales, Sydney

26

PETER DOIG

Doigs gemalte Landschaften sind oft geheimnisvoll und komplex. Die Bilder mit ihren dichten Wäldern, einsamen Seen und verschneiten Hügeln stammen aus der Wildnis Kanadas. Doigs expressive Farben und Kompositionen greifen auf frühere amerikanische Landschaften von Malern wie Winslow Homer und Tom Thomson zurück.

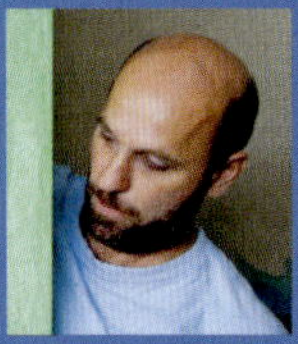

PETER DOIG

1959 Wird in Edinburgh, Großbritannien, geboren

1960–1979 Lebt in Trinidad und Kanada

1979–1990 Studium an der Wimbledon School of Art, der St Martin's School of Art und am Chelsea College of Art and Design, London

1994 Nominierung für den Turner-Preis

1995–2000 Kurator der Tate Gallery, London

2002 Übersiedlung nach Port of Spain, Trinidad

2003 Gründung des STUDIOFILMCLUB mit Che Lovelace

Seit 2005 Professor für Malerei an der Kunstakademie Düsseldorf

2009 Ausstellung *Peter Doig* in der Tate Britain, London

2017 Ausstellung *Peter Doig* in der Fondation Beyeler in Riehen/Basel, Schweiz

Die Erinnerungen an die kanadische Kindheit sind bei Peter Doig stets präsent. Obwohl er in London studiert und dort einen Großteil seines Arbeitslebens verbracht hatte, hat seine Landschaftsmalerei vor allem Kanada im Blick. Selten basieren seine Werke jedoch auf direkten Beobachtungen. Stattdessen benutzte er lange Postkarten, Fotografien und andere gesammelte Bilder, um sie als Vorlagen zu verwenden. Doigs Stil brauchte einige Jahre, um zu reifen. In seinen frühen Arbeiten aus den späten 1980er-Jahren experimentierte er mit verschiedenen Herangehensweisen. *Milky Way* (1989–1990) erinnert mit seinen fröhlich bunten, abstrakten Bäumen, die sich wie Tänzer auf der Leinwand zu wiegen scheinen, fast an die Fauves.

Während der folgenden Jahre entwickelte Doig eine weichere, impressionistischere Farbpalette. Er strukturierte seine Kompositionen zudem so, dass die Einsamkeit und Abgeschiedenheit seiner bildhaften Szenen hervorgehoben wird. Die Arbeiten ließen an die Landschaften des kanadischen Malers Tom Thomson (1877–1917) denken, wenn auch mit einer stärkeren Betonung darauf, wie die Wildnis menschliche Empfindungen widerzuspiegeln vermag. Gemälde wie *Blotter* (1993), *Coburg 3 + 1 more* (1994) und *Orange Sunshine* (1994) zeigen einsame Gestalten in einer riesigen, oft einschüchternden Natur. Bäume, Nebel und Schnee scheinen die Figuren einzuhüllen und auf das verschwommene, geheimnisvolle Wesen von Erinnerung und Traum hinzuweisen.

Solche Charakteristika tauchen auch in Doigs nichtkanadischen Landschaften auf. Als Doig im französischen Briey-en-Forêt arbeitete, malte er Bilder von Unité-d'Habitation, einem von mehreren Wohnkomplexen des Schweizer Architekten Le Corbusier. Doig schilderte, wie er dazu inspiriert wurde: »Das Gebäude überraschte mich architektonisch, doch erst nachdem ich die Fotos sah, die ich durch die Bäume hindurch davon gemacht hatte, wurde es interessant. Das ließ mich zurückkehren und es noch mal ansehen. Ich war überrascht, wie es sich von einem Stück Architektur in ein Gefühl verwandelte. Plötzlich war es ganz Emotion.« Doig benutzte die Fotografien, um das Bauwerk durch die Bäume hindurch zu malen. Seine Bilder zeigen diese Ikone der Moderne als eine Art Fata Morgana, die im diesigen Licht aus einem Labyrinth von Baumstämmen und Ästen auftaucht.

Peter Doig zog 2002 von London nach Trinidad, wo er als Kind kurze Zeit lebte, bevor sich seine Familie in Kanada niederließ. Schon bald begann Doig die Landschaften seiner neuen Heimat festzuhalten und die leuchtenden Farben der Karibik zu verwenden. Er fing zudem an, mehr aus dem Gedächtnis und weniger mithilfe fotografischer Vorlagen zu malen. Seine Trinidad-Bilder erinnern an die späten Werke des amerikanischen Zeichners und Malers Winslow Homer (1836–1910), der im 19. Jahrhundert berühmte Ansichten von Kuba und den Bahamas einfing. Aber Doigs Karibik stellt ebenso wie sein Kanada eine Welt dar, die von menschlichen Gefühlen, Sehnsüchten und Ängsten durchtränkt ist. In *Black Curtain (Towards Monkey Island* (2004) sieht man eine Wasserlandschaft hinter einem vorhangartigen Schleier. Der Betrachter ist physisch und emotional von dieser seltsamen Welt getrennt – einer Welt, die Doig selbst noch erkundet. *bf*

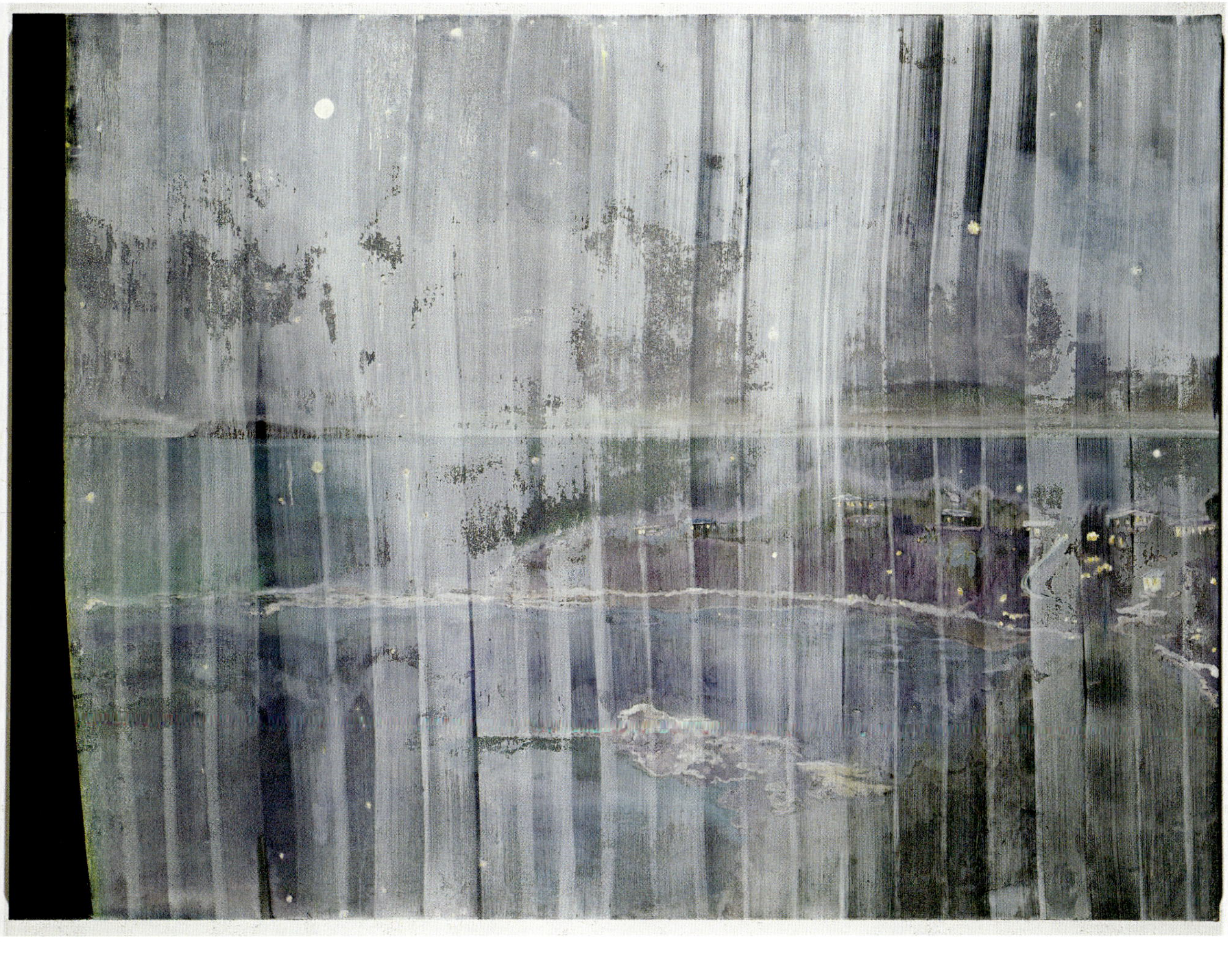

Black Curtain (Towards Monkey Island), 2004, Öl auf Leinwand, 200 × 275 cm. Sammlung Mima and César Reyes, Puerto Rico

27

MAURIZIO CATTELAN

Cattelans Skulpturen machen sich über die Ikonen seiner italienischen Heimat lustig. Hengste und glatzköpfige Päpste werden mit Witz und Ironie präsentiert, um große Themen der Gesellschaft zu untersuchen.

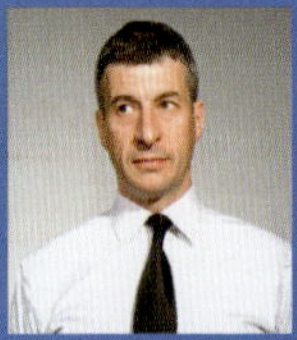

MAURIZIO CATTELAN

1960 Wird in Padua, Italien, geboren

1993 Erste Teilnahme an der Biennale in Venedig

1999 Erschafft mit *La Nona Ora* eine Plastik von Papst Paul II., der von einem Meteoriten getroffen wird

2000 Nominierung für den Hugo Boss Prize

2004 Verleihung des Arnold-Bode-Preises der documenta-Stadt Kassel

2006 Zusammen mit Massimiliano Gioni und Ali Subotnick kuratiert er die vierte Berlin Biennale für zeitgenössische Kunst mit dem Titel *Von Mäusen und Menschen*

2011 Retrospektive *Maurizio Cattelan* im Guggenheim Museum, New York

Maurizio Cattelan platziert seine Werke bewusst im Raum. »Jedes Mal, wenn ich etwas Neues beginne, überlege ich mir, wo es ausgestellt werden soll«, erklärt er. »Es fasziniert mich, dass es stets für jeden Raum nur eine Lösung gibt, eine einzige Antwort, die funktioniert.« Diese Lösungen entheben seine Installationen auf oft humoristische Weise ihrer normalen Bedeutung. Cattelan wandte sich der Kunst relativ spät zu. Mit Mitte zwanzig wechselt er vom Möbeldesign zur plastischen Gestaltung. Schon bald fesselten seine Arbeiten das Publikum mit ihrer ironisch witzigen Seite, ließen aber auch komplexere Interpretationen zu. Seine Plastik *La Ballata di Trotzky (Ballade auf Trotzky)* von 1996 zeigt ein ausgestopftes Pferd, das an seinem Sattel von der Decke hängt; die Funktion des Sattels wandelt sich von einer Vorrichtung, die einen Reiter hält, zu einer, die das Pferd hält. Das Werk hinterfragt die Tradition von Pferdedarstellungen, um menschliche Macht und Dominanz zu demonstrieren, während der Titel auf das Scheitern des Kommunismus und anderer Versuche hinweist, eine neue Gesellschaft zu errichten.

Auch an seine Darstellungen von Menschen geht Maurizio Cattelan ähnlich ironisch und vielschichtig heran. Eine seiner berühmtesten Arbeiten ist wohl *La Nona Ora (Die neunte Stunde)* aus dem Jahr 1999. Sie zeigt Papst Johannes Paul II., wie er von einem Meteoriten getroffen wird. Oberflächlich betrachtet scheint sich die Plastik über die katholische Kirche und ihren Kampf mit der säkularen Kultur lustig zu machen. Doch Cattelan verleiht ihr noch eine weitere Dimension. »Ich denke nicht, dass das eine Provokation ist«, erklärte er, »und bestimmt nicht antikatholisch […]. Der Papst soll uns vielmehr daran erinnern, dass Macht, welche Macht auch immer, ein Verfallsdatum hat – wie Milch.«

Die Macht von ikonischen Gestalten lotete er auch in seinem »Porträt« von Hitler aus, das Teil einer Serie namens *HIM* (2001) ist. Hitler kniet wie ein Messdiener auf dem Boden. Sein Körper ist auf die Größe eines Jungen zusammengeschrumpft, während sein Kopf der eines Erwachsenen ist. Die Plastik wurde so aufgestellt, dass man zuerst den Rücken sieht, sodass sich ihre Bedeutung erst ganz erschließt, wenn man sie von vorn erblickt. Cattelan verstand dieses Werk als den Versuch, »Masken und Rollen zu entlarven«. Immer wieder ruft sein Werk Debatten hervor. In *L.O.V.E.* (2010) stellte er eine Weile eine riesige Hand im Stil der Renaissance vor der Mailänder Börse auf. Der Mittelfinger war in die Luft gestreckt. War diese Arbeit ein »billiger Publicity-Stunt«, eine kindische Beleidigung der krisengeschüttelten Finanzwelt? Oder sollte man sie als Hinweis verstehen, dass fragwürdige Autoritäten stets abzulehnen sind, gerade in einem Land mit faschistischer Vergangenheit? Cattelan zufolge »kann jeder das zwischen den Zeilen lesen und die Botschaft herausfiltern, die er oder sie darin sieht«.

2016 installierte Cattelan als weiteren provokanten Akt im Museum Guggenheim in Manhattan eine funktionstüchtige Toilette aus 18-karätigem Gold. Das goldene Klosett trägt den Titel *America*. Es kann und soll benutzt werden, ist aber ein Kunstwerk, das ungerechte Einkommensverteilung und die expandierende Kunstblase kritisieren soll. Im Jahr 2019 erregte der Künstler Aufmerksamkeit mit dem Kunstwerk *Comedian*, bestehend aus einer an eine Wand geklebten Banane. *bf*

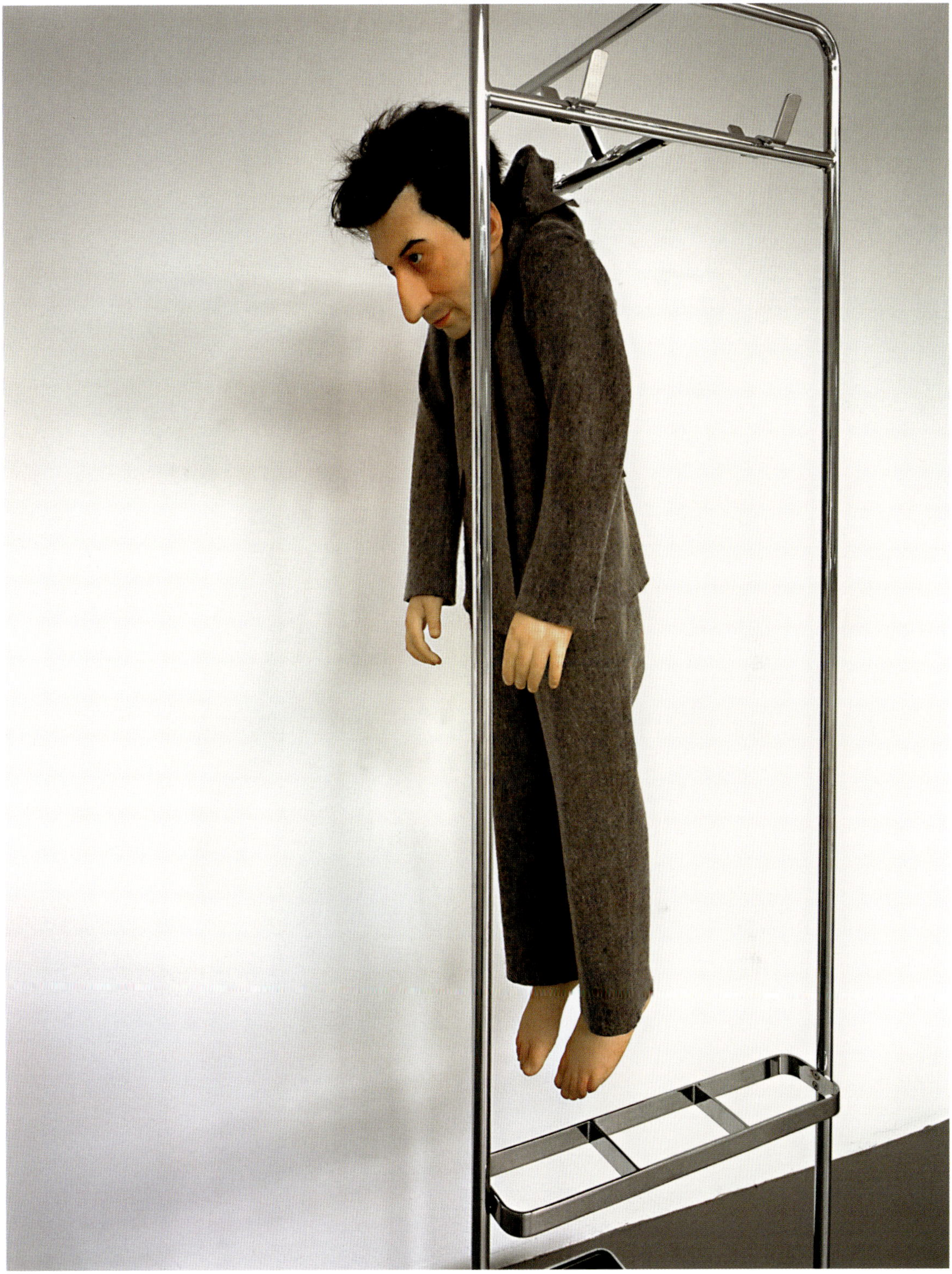

La rivoluzione siamo noi, 2000, Figur aus Polyesterharz, Filzanzug und Garderobenständer aus Metall, Puppe: 123,8 × 35,6 × 43,2 cm, Kleiderständer: 189,9 × 47 × 52,1 cm, Solomon R. Guggenheim Museum, New York

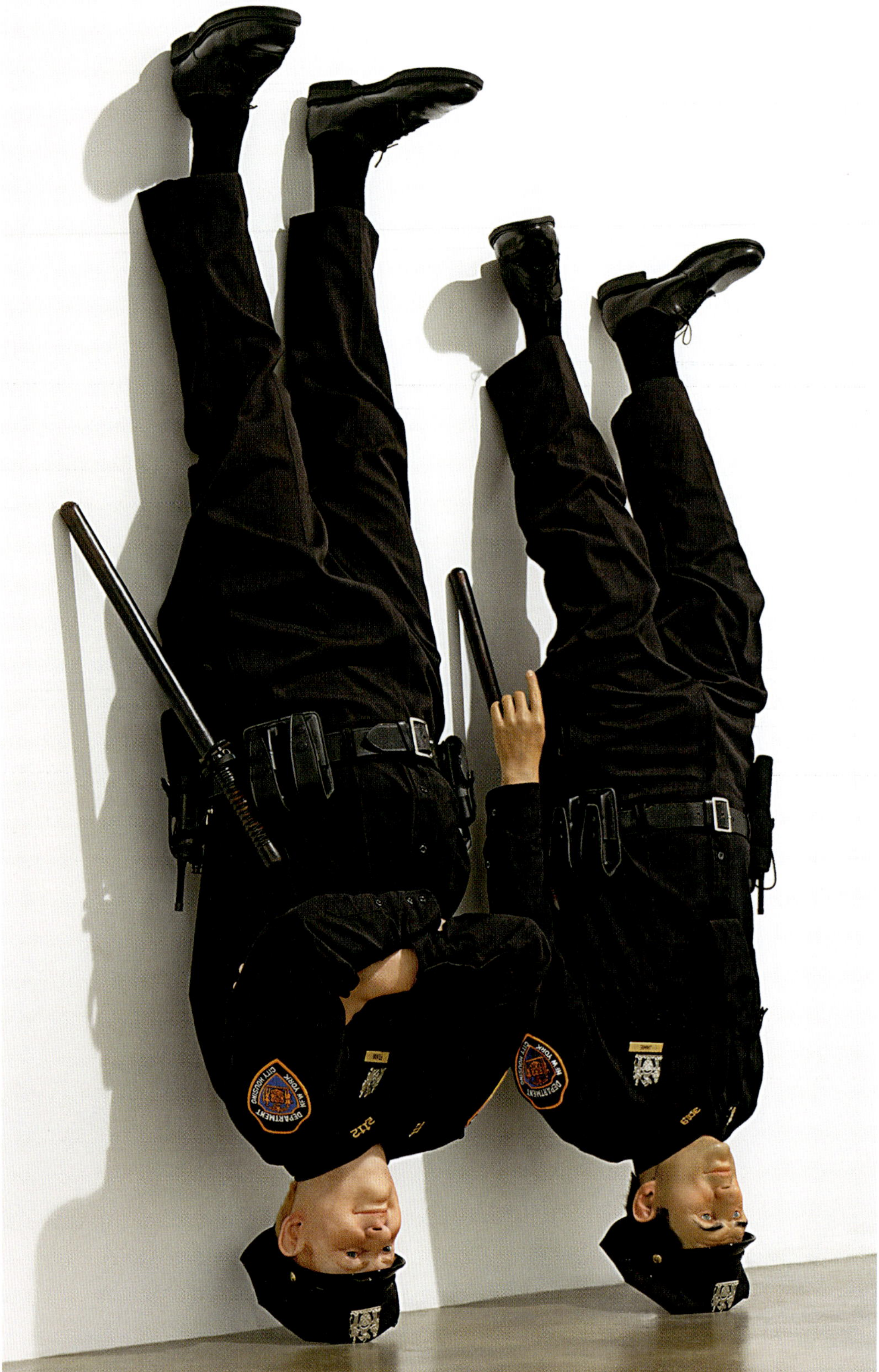

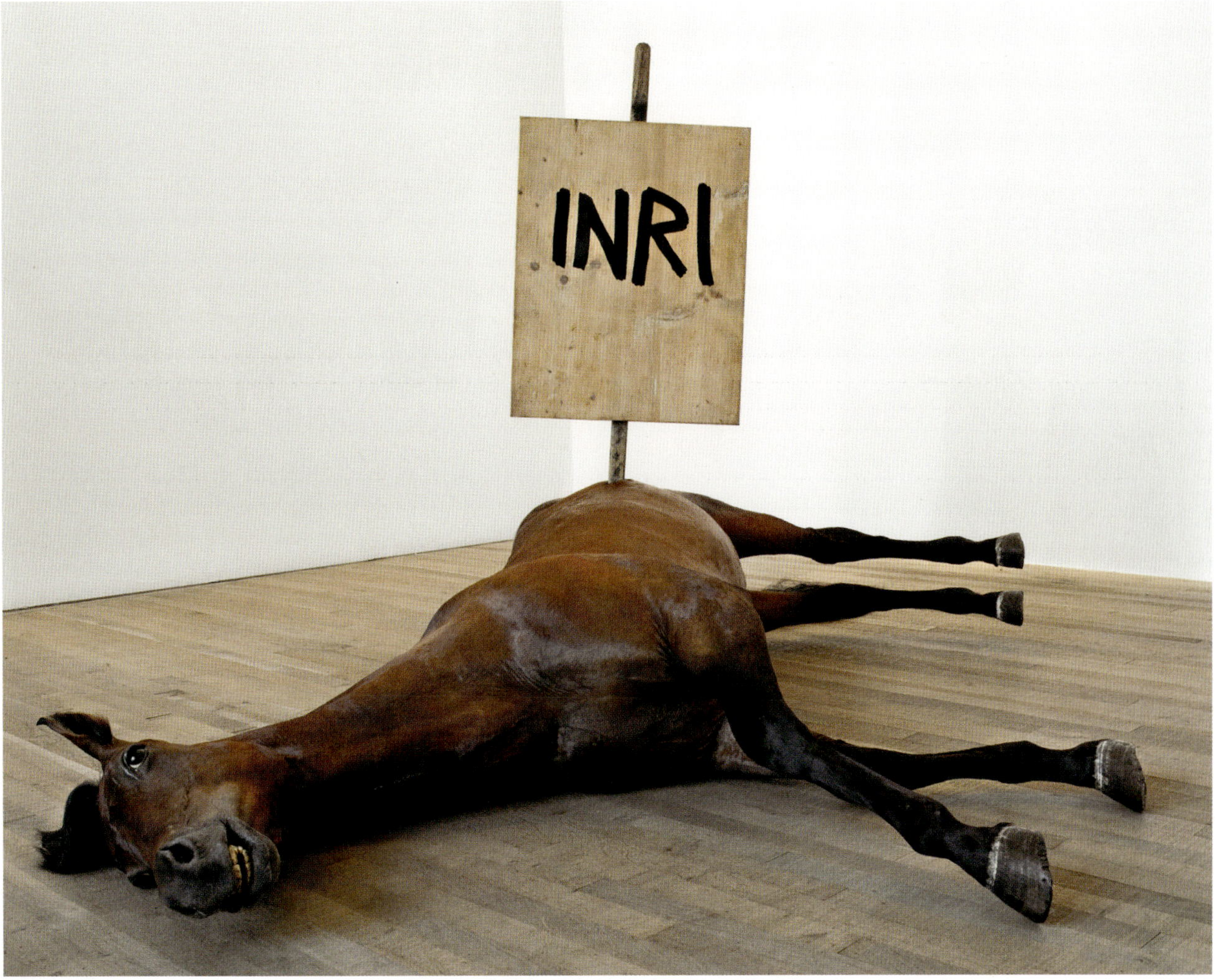

oben:
Untitled, 2009, Pferdefell, Glasfaser und Harz,
158,5 × 200 × 190 cm. In Besitz des Künstlers und Marian Goodman Gallery, New York

linke Seite:
Frank and Jamie, 2002, Polyesterharz, Wachs, Pigmente, menschliche Haare, Kleidung, Schuhe und Accessoires,
Jamie: 180,3 × 62,2 × 45,1 cm, Frank: 189,2 × 62,9 × 52,1 cm, Privatsammlung

28

NEO RAUCH

Neo Rauch ist ein Meister realistischer Details. Seine Gemälde greifen auf Bilder der Vergangenheit zurück, um die Angst des 21. Jahrhunderts zu thematisieren, wobei er seine Figuren wie ein exzentrischer Theaterdirektor ungewöhnlich und oft verwirrend inszeniert.

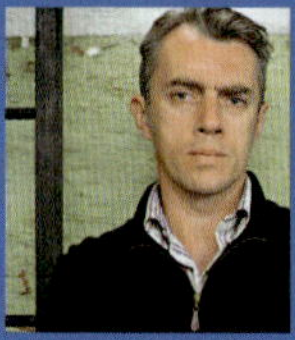

NEO RAUCH

1960 Wird in Leipzig, Deutschland, geboren

1981–1986 Studium der Malerei an der Hochschule für Grafik und Buchkunst Leipzig bei Professor Rink

1986–1990 Meisterschüler an der Hochschule für Grafik und Buchkunst Leipzig bei Bernhard Heisig

1993–1998 Assistent an der Hochschule für Grafik und Buchkunst Leipzig

2005–2009 Professor an der Hochschule für Grafik und Buchkunst Leipzig

2007 Entwirft unentgeltlich Vorlagen für Fenster mit Motiven aus dem Leben der hl. Elisabeth für den Naumburger Dom

2010 Die Ausstellung *Neo Rauch – Begleiter* wird anlässlich seines 50. Geburtstags im Museum der bildenden Künste Leipzig und der Pinakothek der Moderne München gezeigt

2017 Kinostart des Dokumentarfilms *Neo Rauch – Gefährten und Begleiter*

In Rauchs enigmatischer Kunst ist die komplexe deutsche Geschichte der Moderne stets präsent. Er wurde 1960 in Leipzig geboren, ein Jahr vor Errichtung der Mauer, und wuchs in einem Land auf, das durch Politik, Weltanschauung und militärische Bedrohung isoliert war. Seine Familie erlebte eine große Tragödie. Beide Eltern – vielversprechende Kunststudenten – kamen kurz nach seiner Geburt bei einem Zugunglück ums Leben. Rauch wuchs nach dem Tod der Eltern bei seinen Großeltern auf.

Während seiner Kindheit malten die ostdeutschen Künstler vor allem in der Tradition des Realismus, wobei Leipzigs Künstler als weltoffener galten als jene in der übrigen DDR. Sie benutzten den Realismus, um Werke zu schaffen, die sowohl detailreich waren als auch auf geschickte Weise »ungenehme« Themen abhandelten und sich oftmals mit religiösen und anderen »antikommunistischen« Problematiken auseinandersetzten. Als der junge Rauch sein Studium an der Leipziger Kunsthochschule aufnahm, konnte er dort von vielen dieser Künstler lernen. Er experimentierte mit verschiedenen Richtungen, vom Realismus bis zur abstrakten Kunst, entwickelte letztlich jedoch einen Stil, der den technisch perfekten Realismus der Leipziger Maler mit seinem persönlichen Sinn für unkonventionelle Kompositionen verband.

Viele von Rauchs frühen Arbeiten sind von der Pop-Art beeinflusst, seine Figuren erinnern oft an Comics und Werbeplakate. In *Regel* (2000) scheinen zum Beispiel Rauchs Figuren aus den 1950er- und 1960er-Jahren zu stammen. Er setzte sogar den Titel des Bildes in eine Sprechblase im Stil der Fünfziger, und dennoch ist unklar, worum es in diesem Bild geht. Die Charaktere sind in unterschiedlichen Größen gemalt und beschäftigten sich mit Dingen, die nichts miteinander zu tun haben. Diese Unklarheit deutet auf eine Gesellschaft hin, die noch immer mit den dramatischen Veränderungen und dem Verlust traditioneller Rollen zurechtkommen muss.

In anderen Bildern experimentiert Rauch mit dreidimensionalen Szenerien. In *Jagdzimmer* (2007) erscheinen seine Figuren wieder in der Kleidung der 1950er-Jahre. Zwei Jäger, von denen der eine dem anderen eine Zigarette anzündet, zeigen eine lässige Haltung, die an alte Hollywood-Filme erinnert. In der Mitte des Bildes sitzt eine Frau an einem Tisch und stupst desinteressiert einen toten Vogel an. Auch diesmal entzieht sich Rauchs Gemälde einer einfachen Interpretation. Der Detailreichtum überrascht – von der genauen Wiedergabe der Lederjacken und Hosen bis hin zu der glänzenden, lackierten Holzdecke. All dies verleiht dem Bild eine Theatralik, wie sie zu einem Künstler passt, der sich selbst als Regisseur bezeichnet.

Rauch zufolge wisse er nie genau im Voraus, wie seine Kompositionen aussehen werden. Für ihn müssen sich Bilder organisch »entwickeln«, was ihnen manchmal einen surrealistischen Anstrich verleiht. In *Entfaltung* (2008) sieht man beispielsweise Figuren in Kleidung aus verschiedenen Zeiten in einem aufgesplitterten Raum. Treppen führen zu unbekannten Orten, Hände schweben vor einem dunklen Himmel. Das Bild erinnert an Dalís Albträume. Doch Rauchs Albtraum besitzt etwas Inszeniertes und lässt an Horrorfilme und andere künstlich inszenierte Schrecken des modernen Kommerzes denken. *bf*

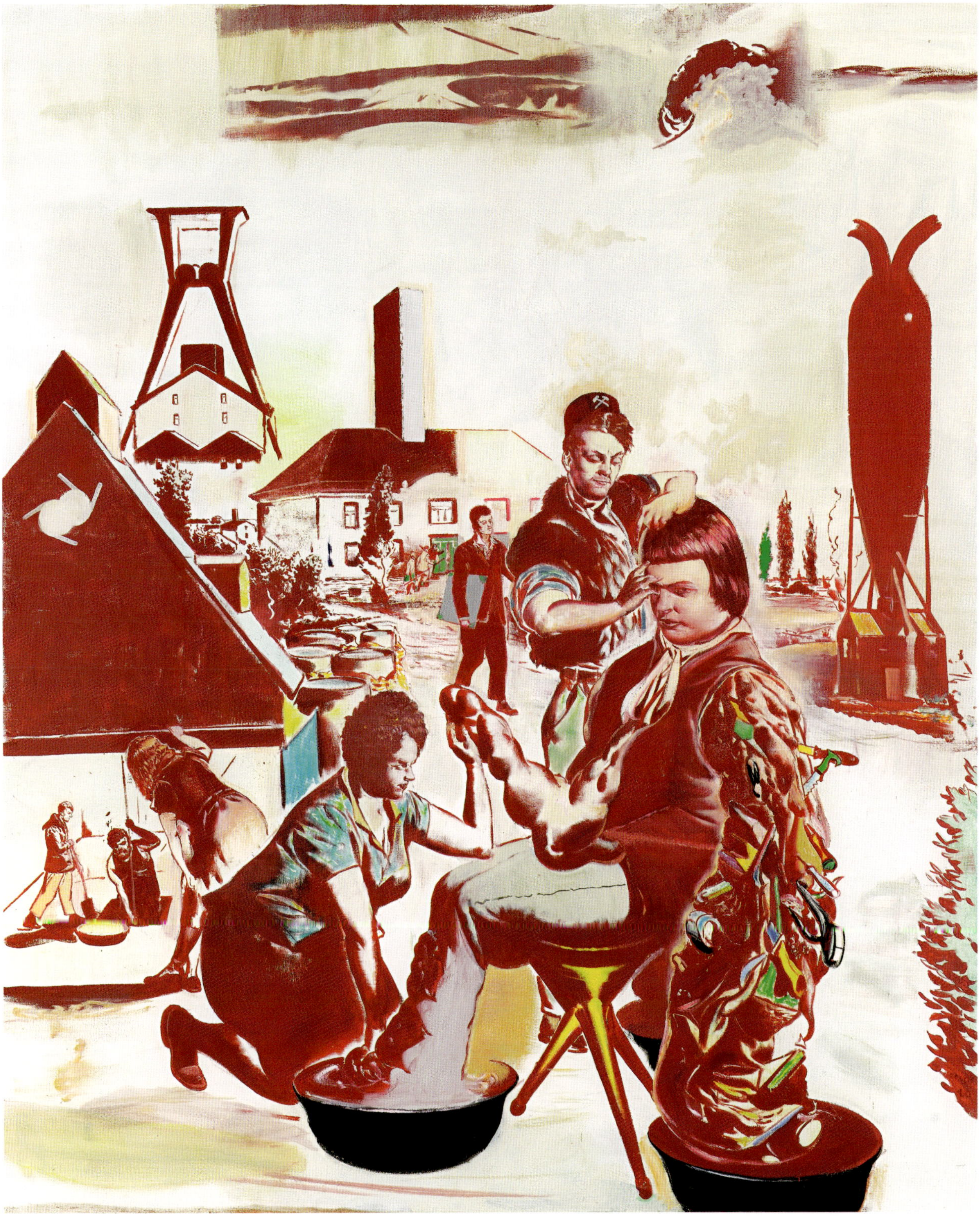

Übertage, 2010, Öl auf Leinwand, 300 × 250 cm. Staatsgalerie Stuttgart, Leihgabe aus Privatbesitz seit 2010

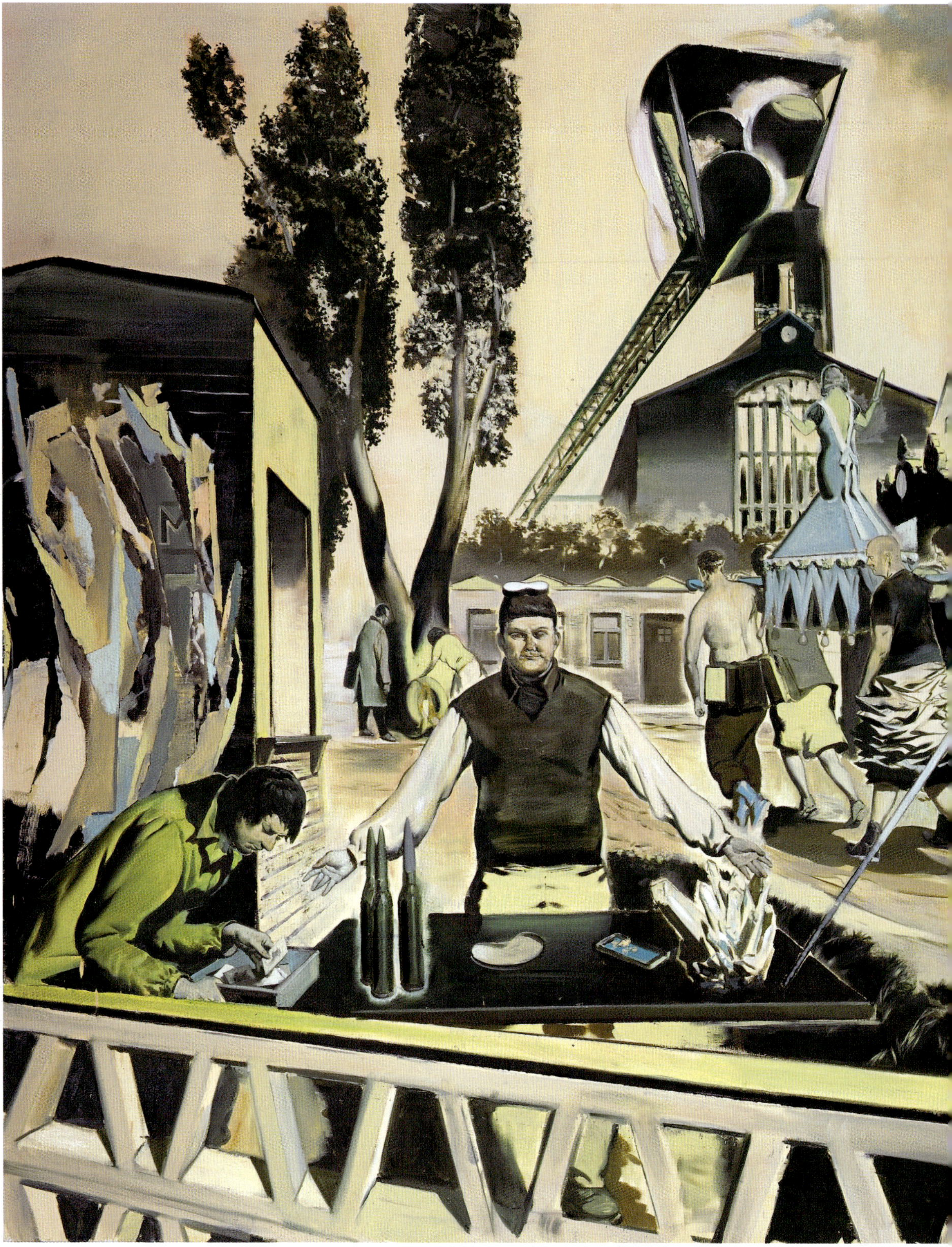

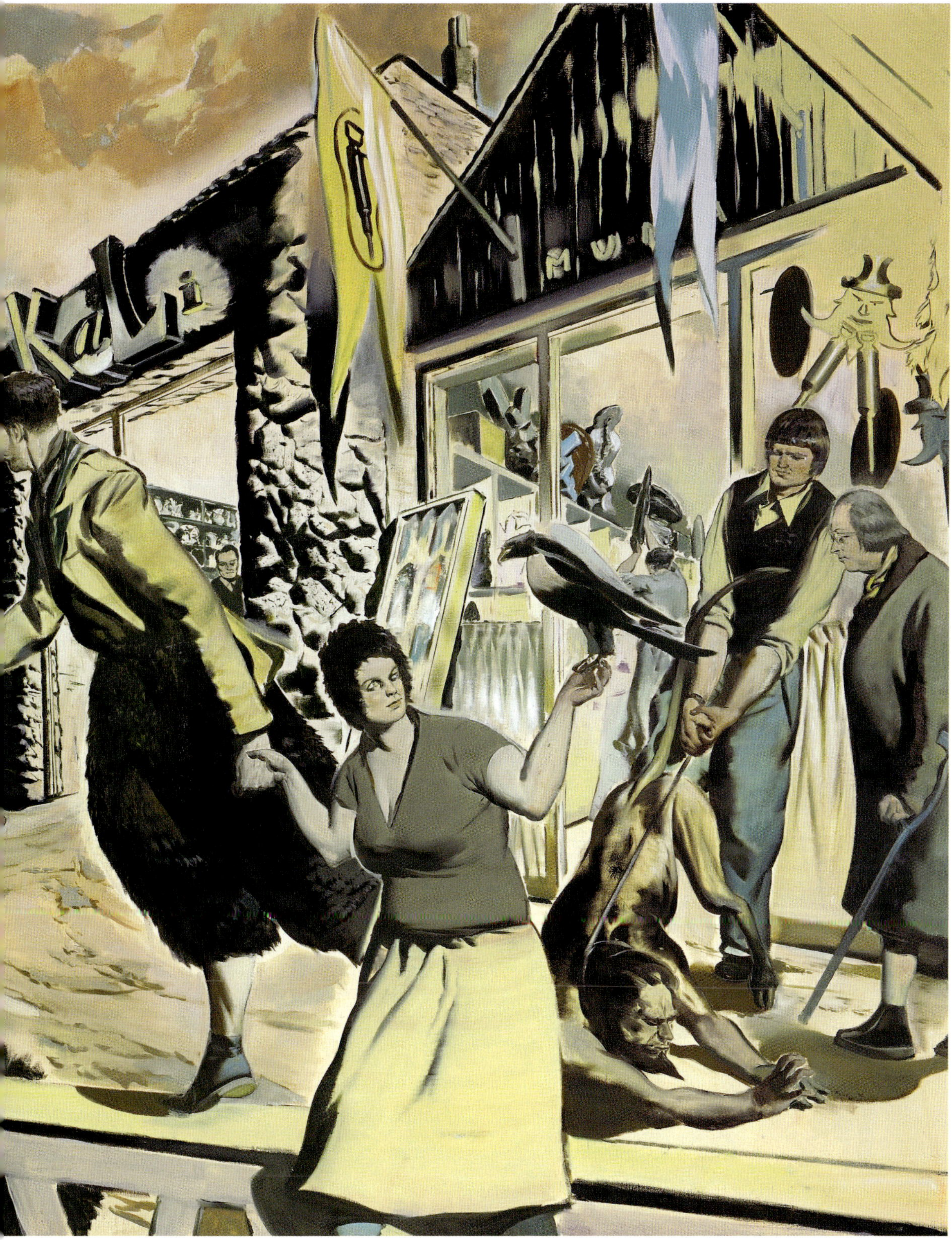

Kalimuna, 2010, Öl auf Leinwand, 300 × 500 cm, Pinakothek der Moderne, München

29

TRACEY MOFFATT

Humor und Tragödie liegen in Tracey Moffatts Fotografien und Filmen nahe beieinander. Die Künstlerin benutzt eine große Bandbreite von Bildern – von der harschen Landschaft ihrer Heimat Australien bis hin zur amüsanten Künstlichkeit schlechter Unterhaltungsfilme –, um sich mit Themen wie Entwurzelung und sexuelle Begierde auseinanderzusetzen. Zudem beschäftigt sie sich mit der Rolle des Künstlers in einer multikulturellen Gesellschaft.

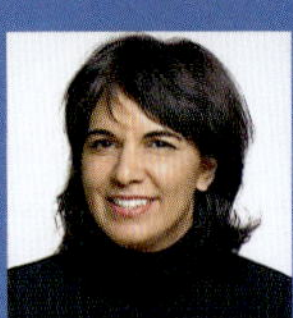

TRACEY MOFFATT

1960 Wird in Brisbane, Australien, geboren

1982 Schließt ihr Studium am Queensland College of Art ab

1993 Ihr Film *Bedevil* wird auf dem Filmfestival in Cannes gezeigt

2001 Für ihre Serie *Fourth* nutzt sie Fotografien von viertplatzierten Sportlern der Olympischen Sommerspiele in Sydney

2007 Arbeitet gemeinsam mit dem Künstler Gary Hillberg am Film *Doomed*

2017 Vertritt Australien auf der Biennale in Venedig mit der Fotoschau *My Horizon*, in der sie ihre Familiengeschichte als Kind von Aborigines verarbeitet

Tracey Moffatt wuchs in den 1960er-Jahren in Australien auf. Sie lebte als Aborigine in einer weißen Pflegefamilie und gehörte zu jener »verlorenen Generation«, die man von ihren Aborigine-Eltern getrennt hatte. Die schwierige persönliche Geschichte und das damit verbundene Gefühl der Entwurzelung schlagen sich immer wieder in ihrer Kunst nieder. Moffatt gelang mit *Something More* (1989) der Durchbruch – eine Arbeit, die aus neun chronologischen Fotografien besteht und an eine Bildgeschichte erinnert. Moffatt spielt selbst die tragische Protagonistin, eine Aborigine, die vor ihren brutalen weißen Pflegeeltern flieht. Die Fotos zeigen Einzelheiten ihrer gewagten Flucht und ihrer Gefangennahme durch rassistische Polizisten und enden mit einer Aufnahme ihres hingestreckten Leichnams auf der Straße. Die Künstlichkeit des Ganzen wird noch durch die im Hollywood-Stil gemalten Hintergrundrequisiten sowie die übertrieben melodramatische Darstellungsweise von Moffatt und den anderen Darstellern unterstrichen. Doch hinter dem scheinbar zweidimensionalen Drama offenbart sich der tiefe emotionale Konflikt, der jedem Kampf um Unabhängigkeit zugrunde liegt.

In *Up in the Sky* (1997) präsentierte sie die Geschichte der verlorenen Generation in einer längeren Reihe von Aufnahmen. Wieder setzte sie Schauspieler ein, doch diesmal wurde in der kargen Welt des Outback von Queensland fotografiert. Die Geschichte handelt von einer armen Kleinstadt und den gefährlichen Verstrickungen zwischen Weißen und Aborigines. Die Bilder sind körniger und zeigen arme Hütten und schlecht gekleidete Leute. Die australische Geschichte erhält hier etwas Allgemeingültiges und lässt an andere Zeiten des Elends wie zum Beispiel die der Weltwirtschaftskrise in den 1930er-Jahren denken.

In *Scarred for Life* (1994) mischte Moffatt Humor und Tragödie auf andere Weise. Sie erschuf Lithografien, die an Magazinseiten erinnern, wobei sie Bilder unserer Zeit mit alten Überschriften versah. Die Bilder suggerieren sexuelle Demütigung, Kindesmissbrauch und andere düstere Themen, während die Überschriften dem Ganzen einen seltsam witzigen Charakter verleihen. Auf einem Bild – *The Wizard of Oz* (1956) – sitzt ein Vater neben einem kleinen Jungen in Mädchenkleidern. Die Überschrift lautet: »Er spielte die Dorothy in der Schulaufführung von *Der Zauberer von Oz*. Sein Vater wurde wütend, weil er sich zu früh angezogen hatte.«

Moffatt lebt ihr Faible für Geschichten auch im Medium Film aus. In *Night Cries: A Rural Tragedy* (1989) baute sie visuelle Elemente aus ihren Fotografien ein. Szenen von Aborigines-Pflegekindern am Strand wurden mit Darstellungen eines bitterarmen Landlebens durchsetzt. Dazwischen sah man Ausschnitte mit dem Aborigines-Countrysänger Jimmy Little, einer wichtigen Figur der Aborigines-Assimilation. Auch hier versuchte Moffatt, die schwierige Suche nach Identität zu etwas Allgemeingültigem zu machen und auf eine Verbindung zwischen allen an den Rand Gedrängten hinzuweisen.

In ihrer Fotoserie *Under the Sign of Scorpio* (2005) arbeitet Moffatt mit Bildern von Catherine Deneuve, Georgia O'Keeffe, Björk und anderen Künstlerinnen. *Doomed* ist die Fotoschau zum gleichnamigen Film aus dem Jahr 2007. *bf*

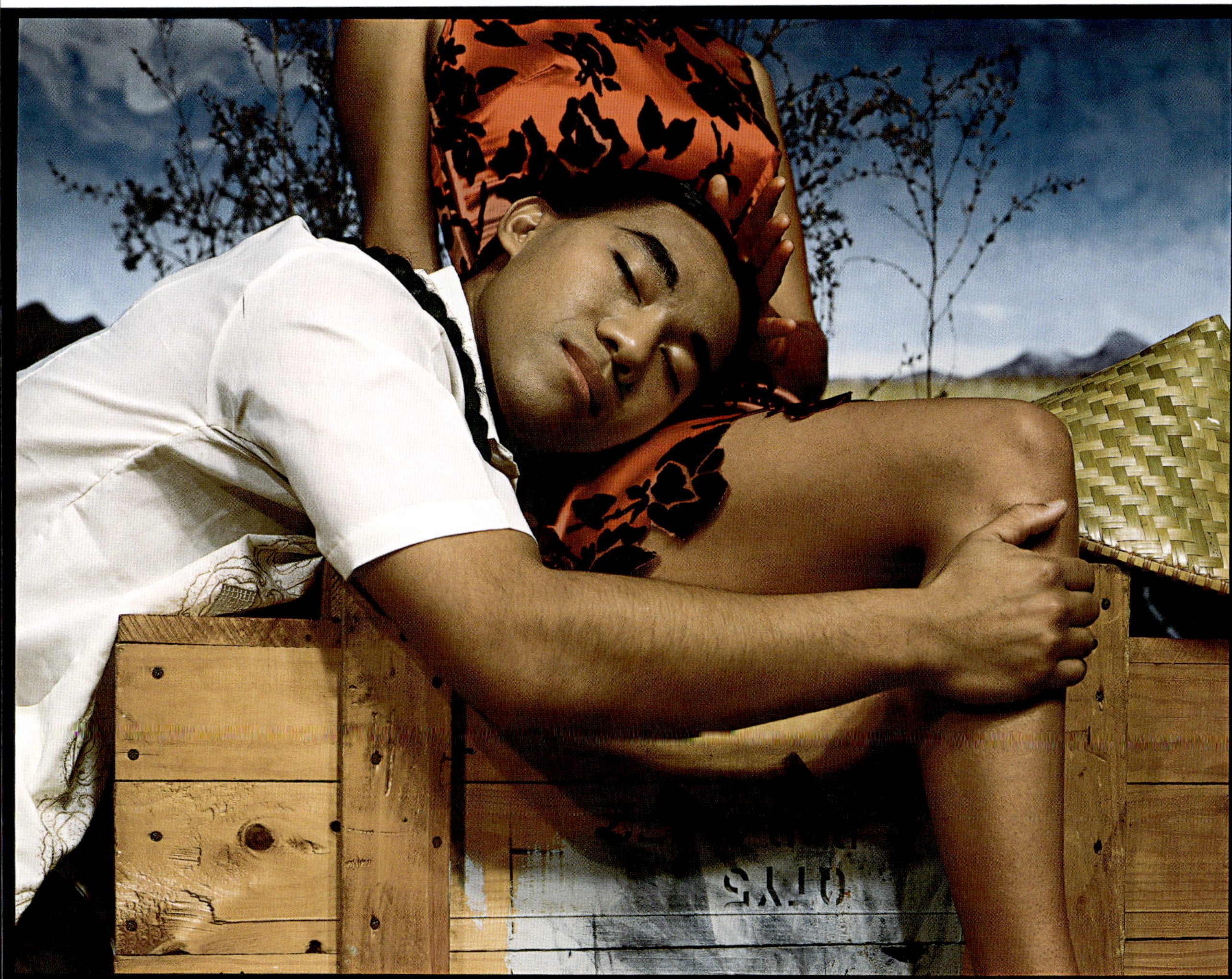

Something More #3, 1989, Serie aus neun Bildern, Cibachrome, 98 × 127 cm. Courtesy of the artist and Roslyn Oxley9 Gallery, Sydney

30

TAKASHI MURAKAMI

Murakami ist Künstler und Geschäftsmann. Seine »Superflat«-Bilder zeigen großäugige Figuren aus Anime und Mangas in zuckersüßen Farben. Er hofiert auch die Welt des Konsums, entwirft für Louis Vuitton und weitet die Grenzen der Kunst.

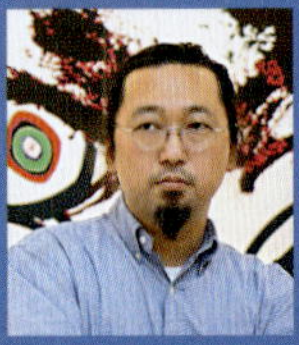

TAKASHI MURAKAMI

1962 Wird in Tokio, Japan, geboren

1986–1988 Masterabschluss an der Tokyo University of the Arts

1993 Promotion an der Tokyo National University of Fine Arts and Music

1996 Gründet die Hiropan factory in Tokio, aus der 2001 die Firma Kaikai Kiki Co. entsteht

2003 Entwirft die Linie *Monogram Multicolore* für das französische Modelabel Louis Vuitton

2005 Erhält den Japan Society Imajiné Award

2007 CD-Cover zur Single *Stronger* und das Hüllendesign zum Album *Graduation* von Kanye West

2010 Ausstellung *Murakami Versailles* im Schloss Versailles, Paris

2017 Ausstellung *Takashi Murakami: Lineage of Eccentrics*, Museum of Fine Arts, Boston

2019 Zusammenarbeit mit Billie Eilish an einem Musik-Video

Murakami will eine eindeutig japanische Form moderner Kunst entwickeln. Während seines Studiums an der Tokioer Kunsthochschule Geijutsu Daigaku setzte er sich mit der *Nihonga*-Malerei des 19. Jahrhunderts auseinander – einer Kombination aus traditionellen japanischen und westlichen Techniken. Doch schon bald fand er einen Stil, der sich mehr auf zeitgenössische Aspekte seiner Heimat bezog.

Der Künstler ist stark von der *Otaku*-Subkultur fasziniert – den Fans von Science-Fiction und Fantasy. Zu den Obsessionen der *Otaku* gehören Manga und Anime, die für ihre zweidimensionalen Charaktere und Landschaften bekannt sind. Murakami versteht die *Otaku* als eine Bewegung, welche die Abgeschlossenheit der japanischen Kultur im Ganzen widerspiegelt. Japan sei »eine geschlossene Welt ohne Entkommen«, weshalb die *Otaku* in einer Fantasiewelt leben müssten. Der Künstler nimmt diese Bilderwelt in seine Kunst auf, wobei er die Zweidimensionalität übertreibt und »superflach« macht. Seine Kunst wird auch unter dem Begriff *Poku* zusammengefasst, um dadurch die Mischung aus Popkultur und *Otaku*-Themen auszudrücken.

Häufig isoliert er einen superflachen Kopf ohne Körper oder arrangiert mehrere Köpfe in dekorativen Mustern. Auf *And Then, And Then And Then And Then And Then* (1994) ist eine seiner wiederkehrenden Figuren zu sehen: Mr. DOB (Mr. Warum). In Mr. DOBs Gesicht verbinden sich die großen starren Augen der Anime mit den mausartigen Ohren der Walt-Disney-Charaktere und stilisierten Details von Murakamis eigenem Gesicht. Im Siebdruck *Puka Puka* (1999) fallen kopfartige Formen mit Augen und Mündern vor einem gelben Hintergrund wie Regentropfen herab. Die visuelle Form beider Bilder symbolisiert die Oberflächlichkeit der Konsumkultur. Auch die Titel weisen auf das Repetitive von Industrieprodukten und die repetitiven Gewohnheiten der Konsumenten hin.

Murakamis Plastiken verkörpern ebenfalls sein superflaches »Ideal«. Die Fiberglasstatue *Miss ko2* (1996) ist eine blonde Kellnerin mit großen Brüsten, langen Beinen und knapper Kleidung. Sie scheint das kommerzielle Schönheitsideal zu verkörpern, doch ihre Sinnlichkeit wird durch ihre ausdruckslosen, flachen Augen und die ungelenke Haltung beeinträchtigt. *Miss ko2* und andere Skulpturen wurden 2010 im Schloss von Versailles ausgestellt. Einige der Arbeiten – wie der aufwendig bemalte *Tongari-Kun* (Herr Spitz) aus den Jahren 2003 und 2004 – haben eine barocke Qualität, welche die überladene Umgebung des Schlosses sowohl widerspiegelt als auch parodiert. Auch in der Konsumwelt erwies sich Murakamis dekorativer Stil als erfolgreich. Schon lange ist es ihm wichtig, dass Künstler den allgemeinen Geschmack mitgestalten. Er arbeitet mit Louis Vuitton und anderen zusammen, um seine eigene Marke zu erschaffen. Murakamis Schuhe, Taschen und Telefone kann man überall auf der Welt kaufen.

Vor einiger Zeit begann er Kunst zu entwerfen, die von der traditionellen Kultur inspiriert ist, mit der er sich während seines Studiums beschäftigt hatte. Eine Ausstellung 2008 zeigte mehrere Selbstporträts im Stil buddhistischer Drucke sowie stilisierte Landschaften. Doch auch in diesen Arbeiten ist der »Superflat«-Stil nicht zu leugnen – ebenso wenig wie Murakamis anhaltendes Interesse, internationale Kunst mit einem japanischen Touch zu schaffen. *bf*

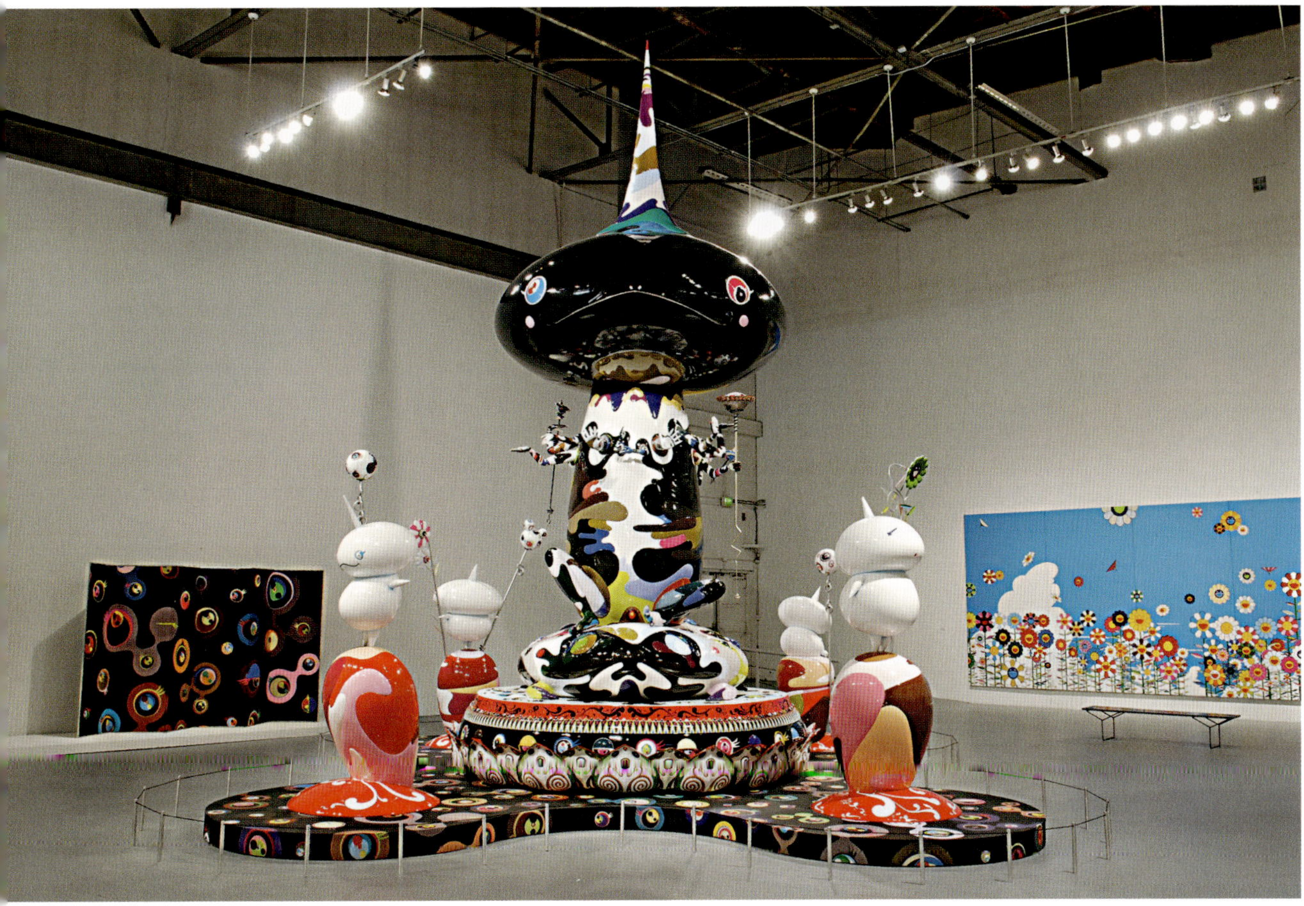

Installationsansicht *©MURAKAMI* im The Geffen Contemporary, The Museum of Contemporary Art, Los Angeles, 2007
Kunstwerke: *Superflat Jellyfish eyes 2* (2003) (links), *Tongari-kun* (2003–2004) (Mitte), *Kawaii! Vacances d'été* (2002) (rechts)

31

GABRIEL OROZCO

Orozco entdeckt das Poetische im Alltäglichen, manchmal indem er Dinge auseinandernimmt und überraschend anders wieder zusammensetzt. Wie zu Beginn des 20. Jahrhunderts die Murales-Maler, benutzt er seine Arbeiten, um kulturelle Einstellungen zu hinterfragen und umzuformen.

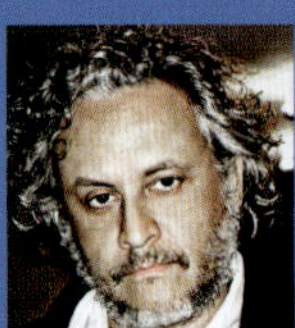

GABRIEL OROZCO

1962 Wird in Xalapa, Veracruz, Mexiko, geboren

1981–1984 Studium an der Escuela Nacional de Artes Plásticas (ENAP) der Academia de San Carlos, Mexiko-Stadt

1986–1987 Fortsetzung des Studiums im Círculo de Bellas Artes, Madrid

1993 Erste Teilnahme an der Biennale in Venedig; es folgen Beiträge in den Jahren 2003 und 2005

1997 Teilnahme an der documenta X

2002 Teilnahme an der documenta 11

2009 Retrospektive seines Werks im MoMA, New York

2013 *Gabriel Orozco: Natural Motion,* Kunsthaus Bregenz

Gabriel Orozcos Vater, Mario Orozco Rivera, führte seinen Sohn in die Welt der mexikanischen Kunst ein. Rivera arbeitete jahrelang mit dem Muralisten David Siqueiros zusammen, dessen politische Bilder den Kampf zwischen dem alten und dem modernen Mexiko thematisieren. Siqueiros verzerrte zudem die Perspektive auf eine neue Weise und brachte so das Publikum dazu, seine Bilder aus einem anderen Blickwinkel zu betrachten. Auch der junge Gabriel beschritt schon bald ähnliche Wege.

Im Gegensatz zu Siqueiros beschränkte Gabriel Orozco sich nicht auf ein Medium oder einen Stil. Wie viele Konzeptkünstler seiner Generation beschäftigte er sich mit Skulptur, Malerei, Fotografie und Videokunst. Er tauchte zudem in fremde Kulturen ein, reiste und lebte in Paris, New York und Mexiko-Stadt. Gleich zu Beginn seiner Laufbahn wurde Orozco für Installationen bekannt, die Alltägliches verwandelten. In *La DS* (1993) präsentierte er einen Citroën DS, der horizontal in drei Teile geschnitten und dann aus den zwei äußeren Stücken wieder zusammengesetzt worden war. Die Plastik wurde verschieden wahrgenommen, je nachdem, aus welchem Blickwinkel man sie sah. Seitlich betrachtet, wirkte der »verschlankte« Körper geschmeidig und elegant, doch von vorn oder hinten zerquetscht und grotesk. Der verstümmelte Citroën stellt Fragen nach Identität und Erscheinungsbild und erinnert an Verstümmelungen exzessiver Schönheitsoperationen.

Ein weiteres frühes Werk ist *My Hands are My Heart* (1991), das sich noch direkter mit dem menschlichen Körper auseinandersetzt. Es besteht aus zwei Fotografien, auf denen der Künstler einen herzförmigen Klumpen Ton vor seinen nackten Oberkörper hält. Das Herz zeigt die Abdrücke seiner Finger. Die Skulptur verbindet sich fast nahtlos mit dem Torso, wobei die Abdrücke fast wie Rippen unter einer Haut wirken. Orozco betont so die Bedeutung des Körpers als Inspirationsquelle für die Kunst – ein Thema, das er auch in einer Serie von Handabdrücken mit dem Titel *Fear Not* (2001) wieder aufnahm. Stifte, Schere und bunte Farben verwandelten die Abdrucke in elegante Collagen, von denen einige an Hinterglasbilder denken lassen.

Orozco beschäftigt sich auch mit der Wahrnehmung von Natur. In *Ping Pond Table* (1998) stellte er vier halbkugelförmige Tischteile um einen kleinen Seerosenteich. Die vier Seiten des Tisches ähneln abstrakten Blättern und den Seerosen, die sie umgeben. Auf dem Tisch lagen Pingpongschläger und -bälle, die Zuschauer waren dazu eingeladen, sich an dem Kunstwerk zu beteiligen – eine Geste, die Fragen über die menschliche Beziehung zur Natur aufwarf.

Eine jüngere Installation untersuchte ähnliche Ideen, jedoch auf imposantere Weise. *Mobile Matrix* (2006) zeigt ein Walskelett, überzogen von Grafitlinien. Der Künstler und sein Team hatten den toten Wal am Strand von Baja California geborgen. Zusammen mit Wissenschaftlern wurden die Knochen zuerst behandelt und dann wieder zusammengesetzt. Tausende von Bleistiftlinien verzieren die Installation, die nun in Mexiko-Stadt hängt. Der Künstler verglich den Wal mit einer riesigen Maschine und erklärte, dass die Linien die »Bewegung und Funktionalität« des Skeletts markierten. Auch hier verband er künstlerische Ideen, Handwerk und organisches Material. *bf*

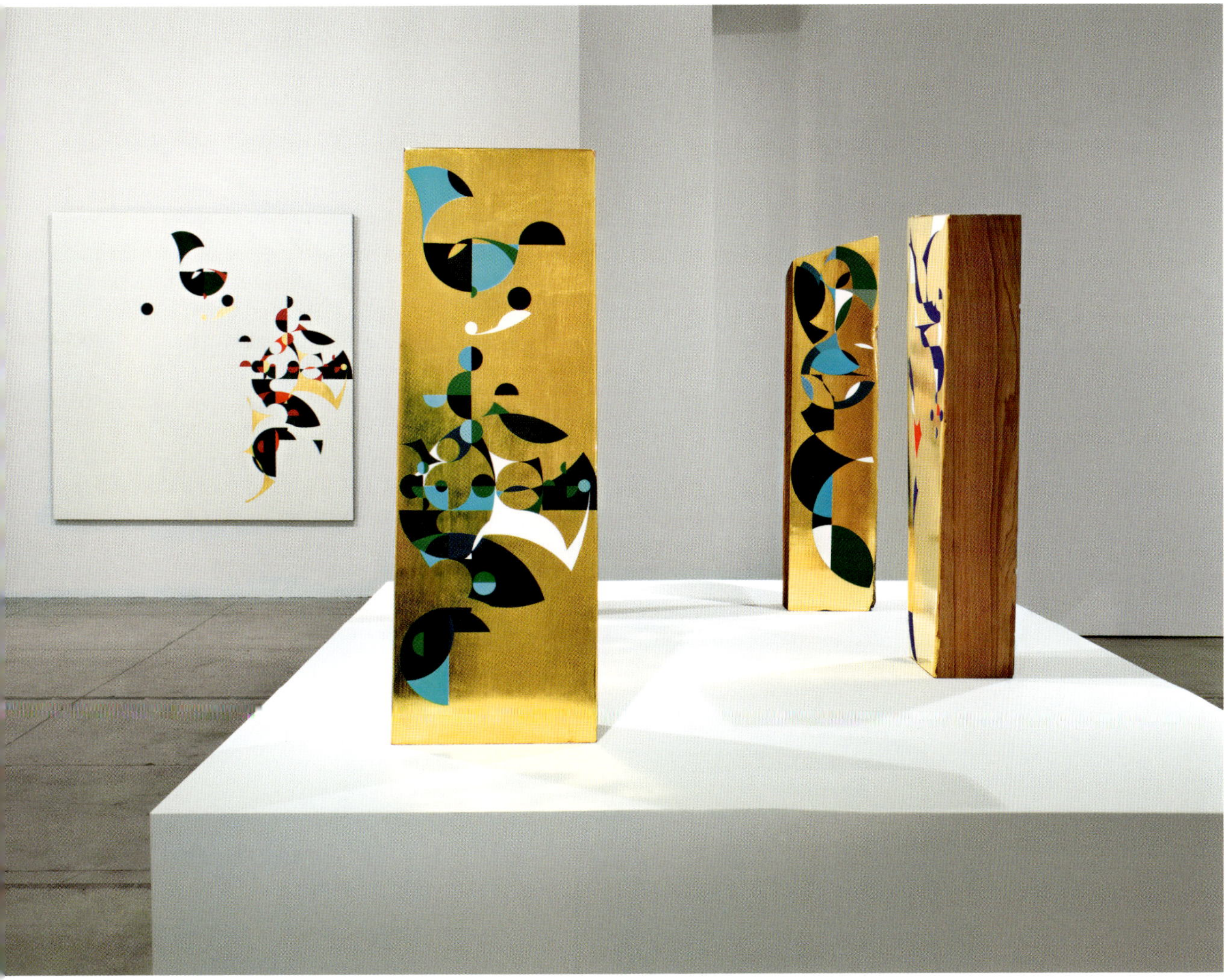

Tuttifruti, 2008, Tempera und Blattgold auf Leinwand, 200 × 200 × 3,8 cm; auf dem Podest: *Tronco 3*, 2008, Tempera und Blattgold auf Holz, 91,2 × 29,5 × 14,9 cm; *Tronco Verde*, 2008, Tempera und Blattgold auf Holz, 91 × 21 × 14 cm; *Tronco 2*, 2008, Tempera und Blattgold auf Holz, 89 × 28 × 15 cm. Installationsansicht, 2008, Marian Goodman Gallery, New York

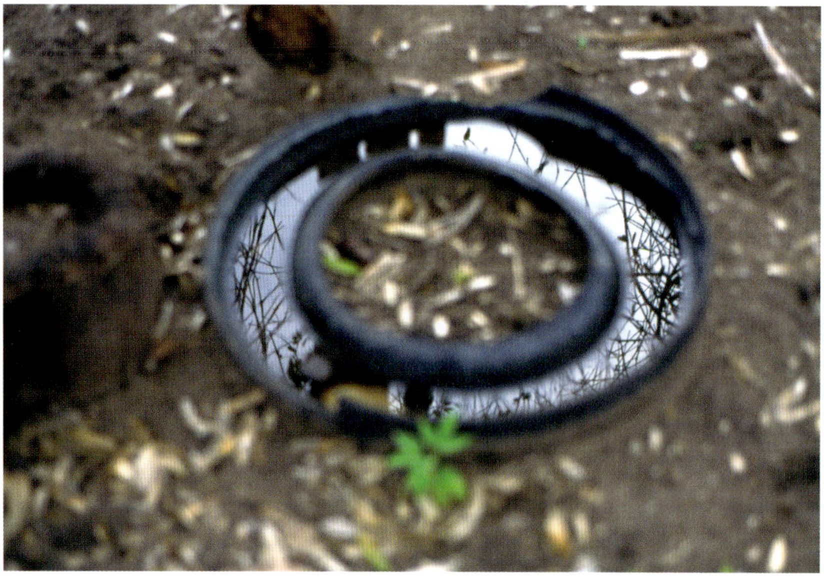

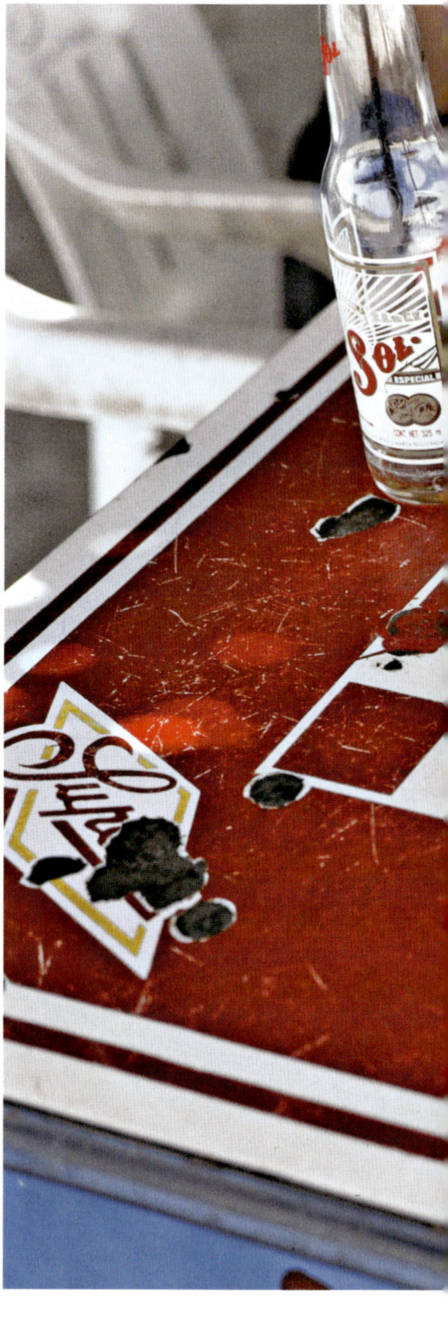

oben:
Round Mirror Distance, 2001, Silver-Dye Bleach Print,
31,1 × 46,7 cm, Privatsammlung

rechte Seite:
Juego de Limones, 2001, Silver-Dye-Bleach-Print,
40,6 × 50,8 cm, Privatsammlung

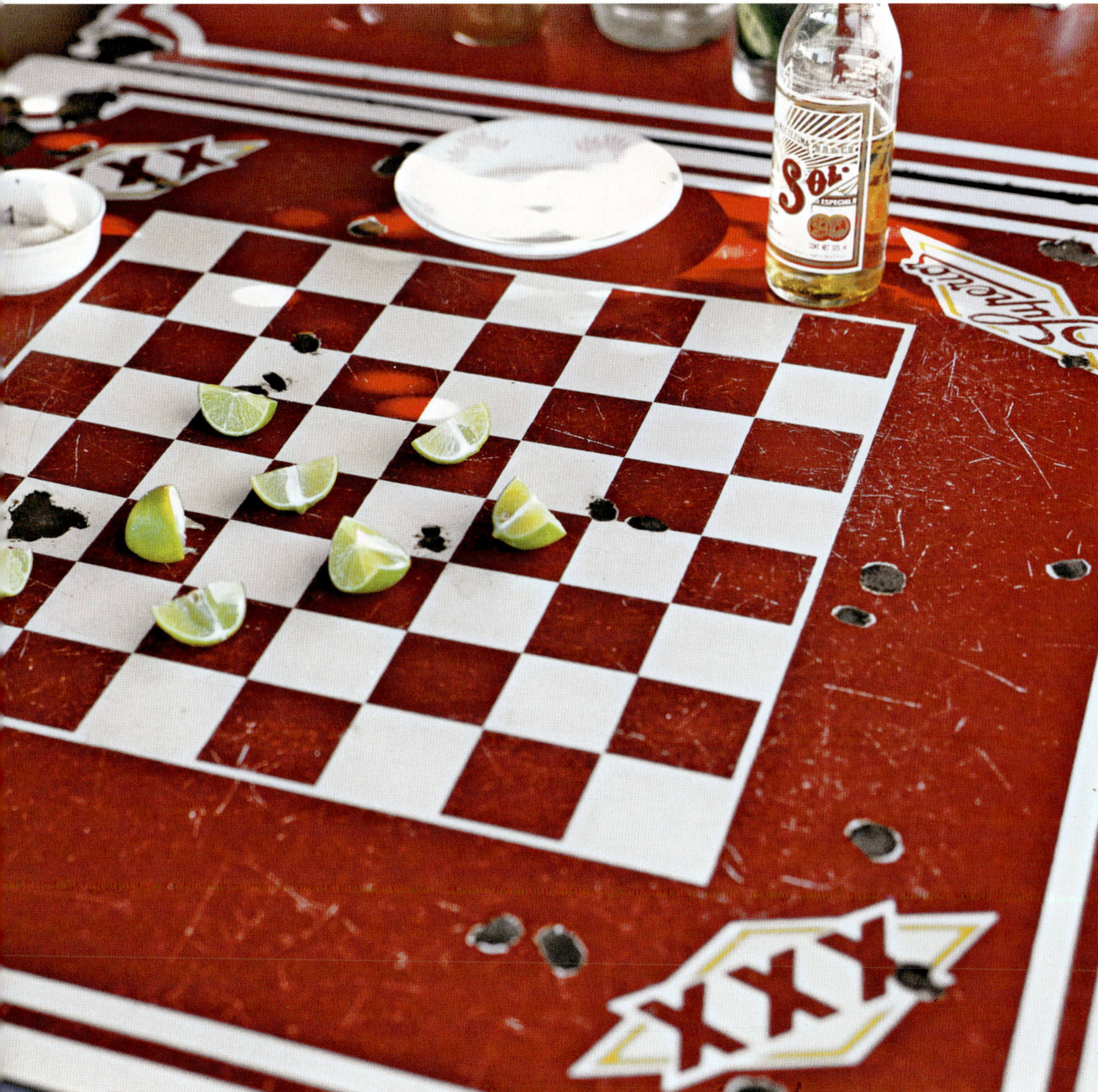
Sol
ESPECIAL

32

PIPILOTTI RIST

»Video ist wie eine kompakte Handtasche, da ist von Literatur über Malerei bis zur Musik alles drin«, meint die Schweizer Künstlerin Pipilotti Rist. Sie schafft es, ihre Kunst in die verschiedensten Formate einzupassen – ob sie nun einen Monitor in das Innere einer Schnapsflasche montiert oder eine raumgreifende Installation im MoMA in New York realisiert.

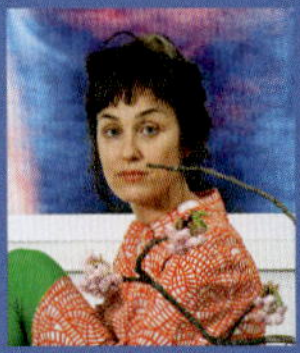

PIPILOTTI RIST

1962 Wird als Elisabeth Charlotte Rist in Grabs, Schweiz, geboren

1982–1986 Studium an der Hochschule für Angewandte Kunst in Wien und an der Schule für Gestaltung, Basel; erste Video- und Audioarbeiten sowie Installationen

1988–1994 Mitglied der Band Les Reines Prochaines

1997 Nimmt an der Biennale in Venedig teil; Auszeichnung mit dem Premio 2000

2002–2003 Gastprofessur an der University of California in Los Angeles auf Einladung Paul McCarthys

2009 Kinostart ihres Spielfilms *Pepperminta*

2016 *Pixelwald,* Videoinstallation im Kunsthaus Zürich

Während der Arbeit mit Performance und Popmusik als Mitglied der Musikgruppe Les Reines Prochaines legte Pipilotti Rist ihren künstlerischen Schwerpunkt Ende der 1980er-Jahre auf Videos und Videoinstallationen. 1992 wurde sie mit dem Kurzfilm *Pickelporno* international bekannt: Die Kamera folgt der körperlichen Annäherung eines Paares, zeigt ineinander verschlungene Körper und streichelnde Hände und setzt Sinneseindrücke visuell in verschiedene Naturmotive wie Blumen, Wolken und Vulkanmagma um.

Sexualität, Erotik, Körperlichkeit, die Einheit mit der Natur und die Sehnsucht nach kosmischer Vereinigung kommen immer wieder als Themen in den Arbeiten der Künstlerin vor. Fröhlich-buntes, sinnliches Bilderrauschen geht mit musikalischen Elementen einher. Bildverzerrungen und -überblendungen, Auswaschungen und Solarisationen visualisieren traumhafte Welten und erinnern an rauschhafte Zustände. Zu sehen sind Materialisierungen der Utopien von Pipilotti Rist, die mit positiv formulierten Arbeiten einen menschlichen und kulturellen Fortschritt zu bewirken und »die Unverblümtheit der Kinder zurückzuerlangen« versucht. Zu ihren unbekümmerten und humorvollen Arbeiten gehört auch ein Video aus der Sammlung des Museum of Modern Art in New York, das 1997 auf der Biennale in Venedig ausgezeichnet wurde: In *Ever is Over All* läuft eine junge Frau beschwingt durch Zürichs Straßen und schlägt mit einem Blumenstängel freudig die Scheiben parkender Edelkarossen ein. Eine Polizistin beobachtet sie wohlwollend bei diesem Zerstörungsvergnügen.

In ihrem ersten Spielfilm *Pepperminta*, der 2009 in die Kinos kam, möchte die gleichnamige Titelheldin die Erde und ihre Bewohner von ihren Ängsten und Zwängen befreien. Pepperminta, zweifellos eine nicht zu bändigende Schwester von Pippilotta Viktualia Rollgardina Pfefferminza Efraimstochter Langstrumpf, hypnotisiert die Menschen mit Farben und hofft, so eine neue Welt zu erschaffen. Wie in ihren Videoinstallationen wählt die Regisseurin kühne Kameraperspektiven, verkehrt oben und unten, zoomt in Nasenflügel oder lässt den Zuschauer durch Tulpenfelder fliegen – und ermuntert ihn zu einer intensiveren Verbindung mit dem Leben.

Rists eigentlicher Vorname lautet Elisabeth Charlotte. Ihre Freunde nannten sie Pipi, ihre Familie rief sie Lotti, da war der Künstlername rasch geboren. Pipilotti studierte zunächst an der Hochschule für Angewandte Kunst in Wien, bevor sie die Videoklasse an der Schule für Gestaltung in Basel belegte. 1997 übernahm sie die künstlerische Leitung der Schweizer Landesausstellung Expo.01, im selben Jahr erhielt sie den Premio 2000 der Biennale Venedig.

2004 wurde Pipilotti Rist der 01 award für außerordentliche künstlerische Leistungen im Multimediabereich verliehen, der sie zugleich zur Honorarprofessorin an der Universität der Künste Berlin machte. Pipilotti Rist lebt in Zürich und den Schweizer Bergen. *cw*

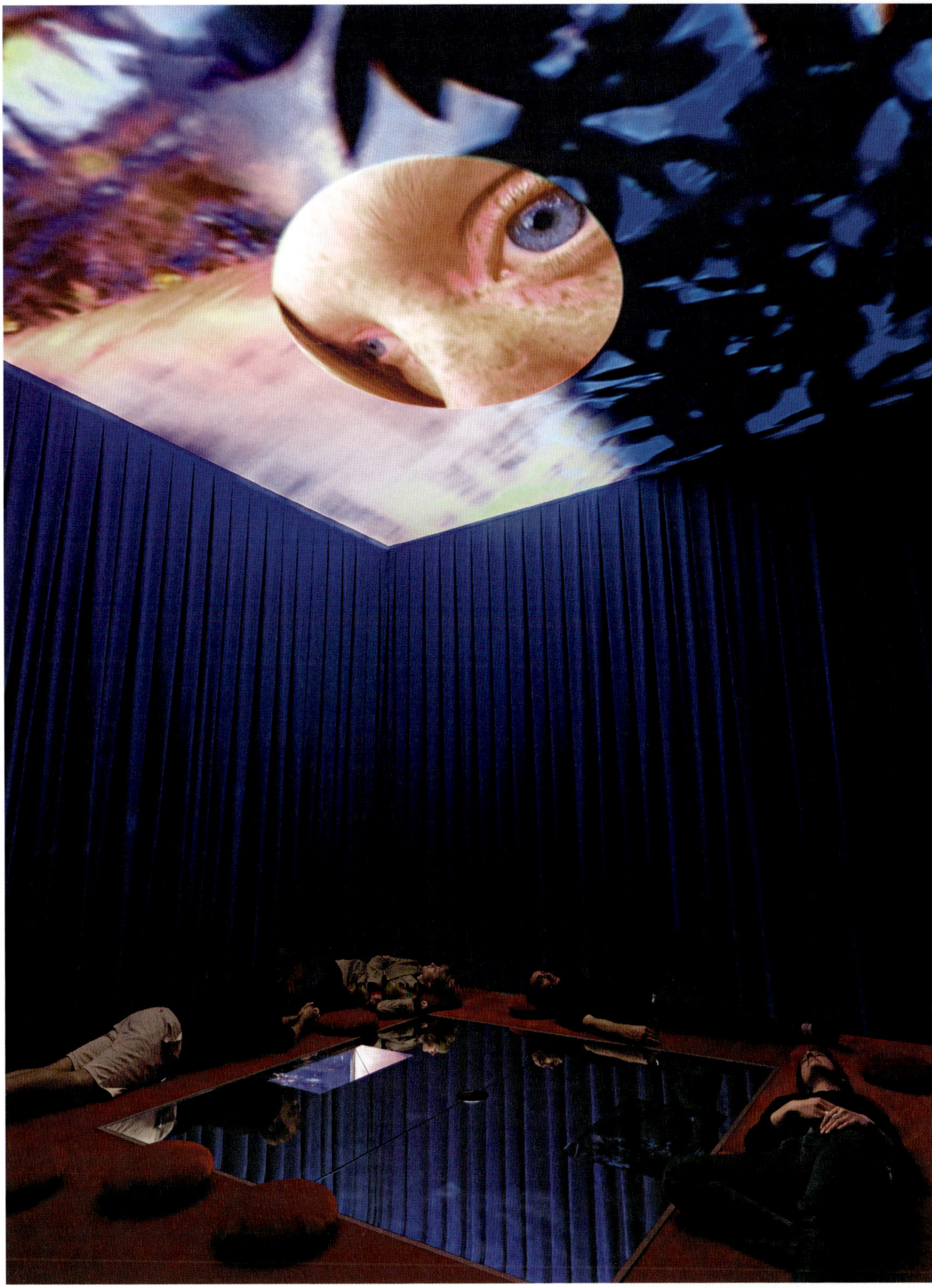

Liberty Statue for Löndön (Eine Freiheitsstatue für Löndön), 2005/08,
Audio-Video-Installation, Installationsansicht Art Unlimited, Basel, 2008

33

RACHEL WHITEREAD

Whitereads Plastiken halten Raum und Gedächtnis physisch fest. Die Künstlerin verwendet Abgüsse aus Gips, Harz und Beton, um versteckte Orte zu enthüllen – die Unterseiten von Stühlen oder das Innere von Wassertürmen. Sie verweisen auf die Vergänglichkeit der Dinge.

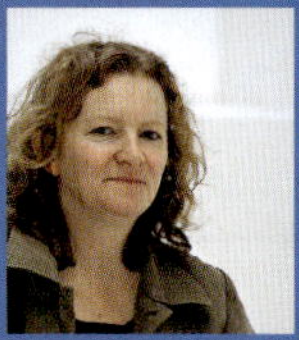

RACHEL WHITEREAD

1963 Wird in London, Großbritannien, geboren

1982–1985 Studium der Malerei am Brighton Polytechnic

1985–1987 Studium der Bildhauerei an der Slade School of Fine Art in London

1993 Erhält den Turner-Preis

1997 Verleihung der Medaille der Biennale in Venedig

2000 Gestaltet das Holocaust-Mahnmal auf dem Judenplatz in Wien

2005–2006 Für die Ausstellung *Embankment* in der Tate Modern in London formt sie eine Landschaft aus 14000 mit Polyethylen ausgegossenen Pappkartons

2017 Retrospektive *Rachel Whiteread* in der Tate Britain in London und der National Gallery of Art in Washington, D.C.

Whiteread ist eine genaue Arbeiterin. Sie verbrachte ihre Laufbahn damit, ihre eigenen Ausdrucksformen zu finden und dann zu perfektionieren. Als Tochter einer künstlerisch veranlagten Engländerin beschäftigte sie sich zuerst mit verschiedenen Disziplinen – Malerei, Architektur und Bildhauerei –, die sie später in ihre Kunst einbrachte. In den späten 1980er-Jahren begann sie mit den Abgüssen. Von Anfang an konzentrierte sie sich auf die verborgenen Orte im Inneren der Dinge. Eine ihrer ersten Arbeiten – *Closet* (1988) – entstand, indem sie in einen alten Schrank Löcher bohrte, ein Möbelstück, das für sie »in meiner Kindheit verwurzelt ist«. Dann füllte sie den Schrank mit Zement und wartete, bis dieser trocken war, ehe sie den ursprünglichen Schrank entfernte. Eine perfekte Replik des Schrankinnenraums blieb zurück. Der Abdruck zeigt nicht nur die sperrige Größe dieses Raums, sondern enthüllt auch Details wie Bretter, Schlösser, Nägel und Holzmaserungen. Sie weisen auf die handwerkliche Arbeit ebenso wie auf die Verschleißspuren über die Jahre hin. *Closet* symbolisiert das unvermeidliche Vergehen der Zeit.

Schon bald begann Whiteread größere und kompliziertere Werke zu entwerfen. In ihrem berühmten *Ghost* (1990) bildete sie das Wohnzimmer ihrer Kindheit nach. Es wurde aus Beton gegossen und von einem dicken Stahlrahmen gehalten. Auch diese Installation zeigt die physischen Überreste der Zeit: Beschädigungen der Fensterbretter, der Tapete und des Feuerrosts. Doch es ist die an ein gespenstisches Mausoleum erinnernde Gesamtform, welche die Unabwendbarkeit von Alter und Tod am deutlichsten ausdrückt. Mit *Ghost* gelang Whiteread der Durchbruch, sie wurde in der Folge zu einem wichtigen Mitglied der Young British Artists. Schon bald begann sie, den Abguss eines ganzen Hauses vorzubereiten. Sie bekam die Erlaubnis, ein viktorianisches Haus in Ostlondon zu verwenden. Die Betongüsse wurden vor Ort angefertigt, die Plastik wurde 1993 »enthüllt«, nachdem die Hülle des Hauses zerstört worden war. Whitereads Werk erhielt große Aufmerksamkeit und zog Tausende von Besuchern an. Es erregte aber auch Widerspruch, da viele die Zerstörung des Gebäudes kritisierten. *House* wurde 1994 niedergerissen, allerdings nicht, ehe Whiteread als erste Frau den renommierten Turner-Preis gewonnen hatte.

In den folgenden Jahren setzte sie ihre ungewöhnliche Art der »Bildhauerei« fort. 1998 schuf sie den Harzabguss eines New Yorker Wasserturms. Seine glitzernde Oberfläche spiegelt das Wasser im Inneren des alten Turms wider. Im Jahr 2000 stellte sie einen Betonabguss für das Judenplatz-Holocaust-Mahnmal in Wien her. Wo ursprünglich einmal eine mittelalterliche Synagoge gestanden hatte, befindet sich jetzt ein alter Bibliotheksraum und weist auf den hohen Stellenwert der Bildung für das jüdische Volk hin.

In *Embankment* (2005–2006) modifizierte Whiteread ihre bisherige Vorgehensweise. Die Installation wurde in der Haupthalle der Tate Modern in London aufgebaut und zeigt Plastikwiedergaben des Innenraums von Schachteln. Tausende solcher »Schachteln« wurden in gletscherartigen Haufen in der Halle verteilt. Whiteread erklärte, der Tod ihrer Mutter habe sie zu diesem Werk veranlasst – ein Denkmal, das verdeutlicht, wie schmerzhafte Erinnerungen aufbewahrt und neu geordnet werden. *bf*

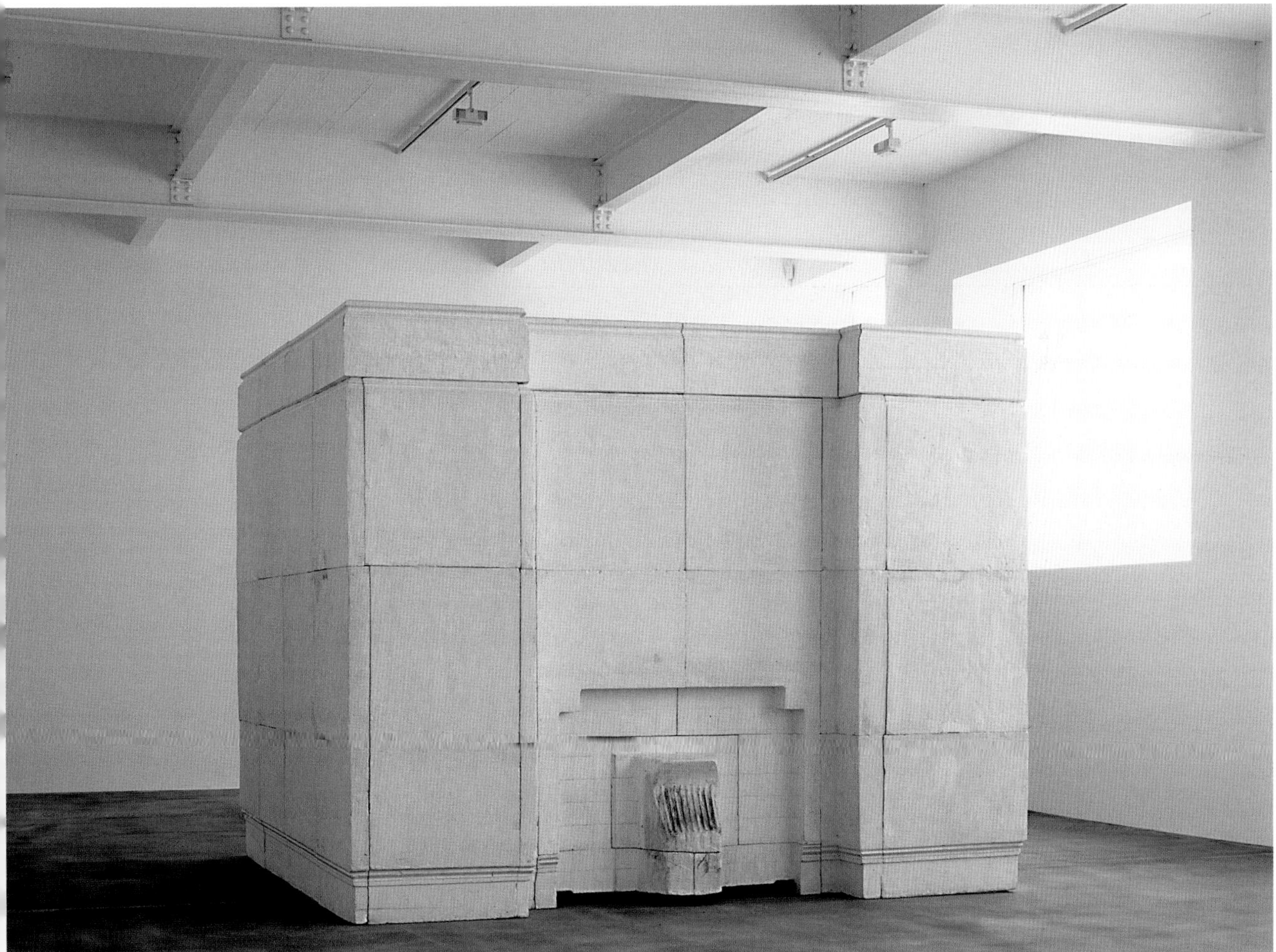

Ghost 3, 1990, Gips und Stahl, 269 × 355,5 × 317,5 cm, National Gallery of Art, Washington D.C.

34

TRACEY EMIN

»Always me« steht auf einer von Tracey Emin entworfenen Tasche für das französische Unternehmen Longchamp – zwei Wörter, die ziemlich genau umreißen, worum es in ihrer Kunst geht: um sie selbst. Mit provokanten Selbstdarstellungen, der radikalen Zurschaustellung ihrer Sexualität und intimer Details ihres Lebens wurde sie zum glamourösen »Bad Girl« der britischen Gegenwartskunst.

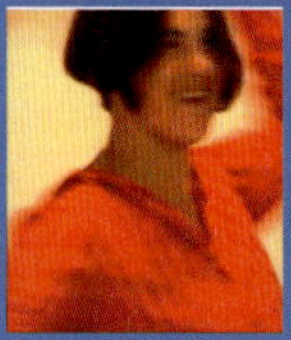

TRACEY EMIN

1963 Wird in London, Großbritannien, geboren

1980 Beginn eines Studiums am Medway College of Design in London

1984 Beginn eines Studiums am Maidstone College of Art in London

1987 Studium am Royal College of Art sowie an der Birbeck University of London (Philosophie)

1993 Eröffnung von *The Shop* zusammen mit Sarah Lucas

1999 Erhält den Turner-Preis für ihr Werk *My Bed*

2007 Gestaltet den britischen Pavillon auf der Biennale in Venedig

2020 Ausstellung *The Loneliness of the Soul*, mit Werken Edvard Munchs, in der Royal Academy of Arts, London

Tracey Emin wurde am 3. Juli 1963 in London geboren, wenige Minuten nach ihrem Zwillingsbruder Paul. Zwei Jahre später zog die Familie in den kleinen Touristenort Margate an der Südküste Englands, wo ihre Eltern ein Hotel eröffneten. Mit 13 Jahren verließ Tracey vorzeitig die Schule, um »vom Leben zu lernen«, und stürzte sich in zahllose Affären. Ihre berufliche Karriere begann mit einem Modediplom am Medway College of Design in Rochester, anschließend studierte sie am Maidstone College of Art und Royal College of Art in London. Tracey Emin gehört neben Damien Hirst, Angela Bulloch und Sarah Lucas zu den Künstlern, die unter dem Begriff Young British Artists mit einer neuen »Skandalkunst« bekannt wurden. Als Gründungsausstellung der YBAs gilt die 1988 in den Londoner Docklands gezeigte Ausstellung *Freeze*, der große Durchbruch gelang 1997 mit der aus der Sammlung von Charles Saatchi bestrittenen Schau *Sensation*, die in London, Berlin und New York für großes Aufsehen sorgte.

Tracey Emin setzt ihrer zum Teil tragischen Vergangenheit mit Zeichnungen, Gemälden, Neonarbeiten, Objekten, Fotografien, Installationen, Textilarbeiten, Videofilmen, Texten und Performances ein Denkmal. »Ich bin missbraucht, ich bin sexuell missbraucht, ich bin wie Scheiße behandelt, ich bin betrogen, ich bin belogen worden«, erklärt sie in ihrem Video *The Interview* (1999). Ein weiteres Kapitel ihrer Lebensgeschichte erzählt *Everyone I Have Ever Slept With* 1963–1995: Billy Childish, Lucey Baxter und Tracy Horn sind nur einige der Namen ihrer Bettgenossen, die Emin auf die Innenwand eines kleinen Igluzelts appliziert hat. 1999 sorgte ihre für den Turner-Preis nominierte Arbeit für heftige Kontroversen. *My bed* zeigt Emins verwüstetes Bett, das sie während einer schweren persönlichen Krise mehrere Tage nicht verlassen hatte. Die rundum verteilten Hinterlassenschaften erzählen von dem exzessiven Konsum von Alkohol, Zigaretten und Sex.

Wie wohl keine andere Künstlerin hat sich Emin in ihrem Werk schonungslos mit dem Thema Abtreibung auseinandergesetzt. Sie verarbeitet eigene traumatische Erfahrungen etwa in dem Super-8-Film *Homage to Edvard Munch and All My Dead Children* (1998), gedreht in Oslo auf demselben Bootssteg, der dem norwegischen Maler Edvard Munch als Kulisse für sein bekanntestes Werk *Der Schrei* diente. Ein markerschütternder Schrei begleitet den Film, während die Künstlerin nackt und zusammengekauert daliegt. Eine andere Arbeit ist laut Emin all ihren toten Kindern gewidmet; sie zeigt eine Reihe von aufgereihten Kinderschuhen.

Tracey Emin wurde mit ihren persönlichen Werken und ihrer öffentlich ausgetragenen, drastischen Selbsttherapie zu einer der erfolgreichsten Künstlerinnen der 1990er-Jahre mit Ausstellungserfolgen in Europa, Japan, Australien und den Vereinigten Staaten.

2007 vertrat Emin Großbritannien auf der Biennale in Venedig und erhielt eine Reihe von Anerkennungen: den Ehrendoktor der Royal Academy of Arts, den Doktor der Philosophie der London Metropolitan University sowie die Doktorwürde der University of Kent. Ihr Werk *My Bed* (1999) ist gleichermaßen ikonisch wie kontrovers. In einer Ausstellung 2017 zeigte die Turner Contemporary in Emins Heimatort Margate die Installation in einem Raum vor Gemälden William Turners mit aufgewühlten Meereslandschaften und stürmischen Himmeln. *cw*

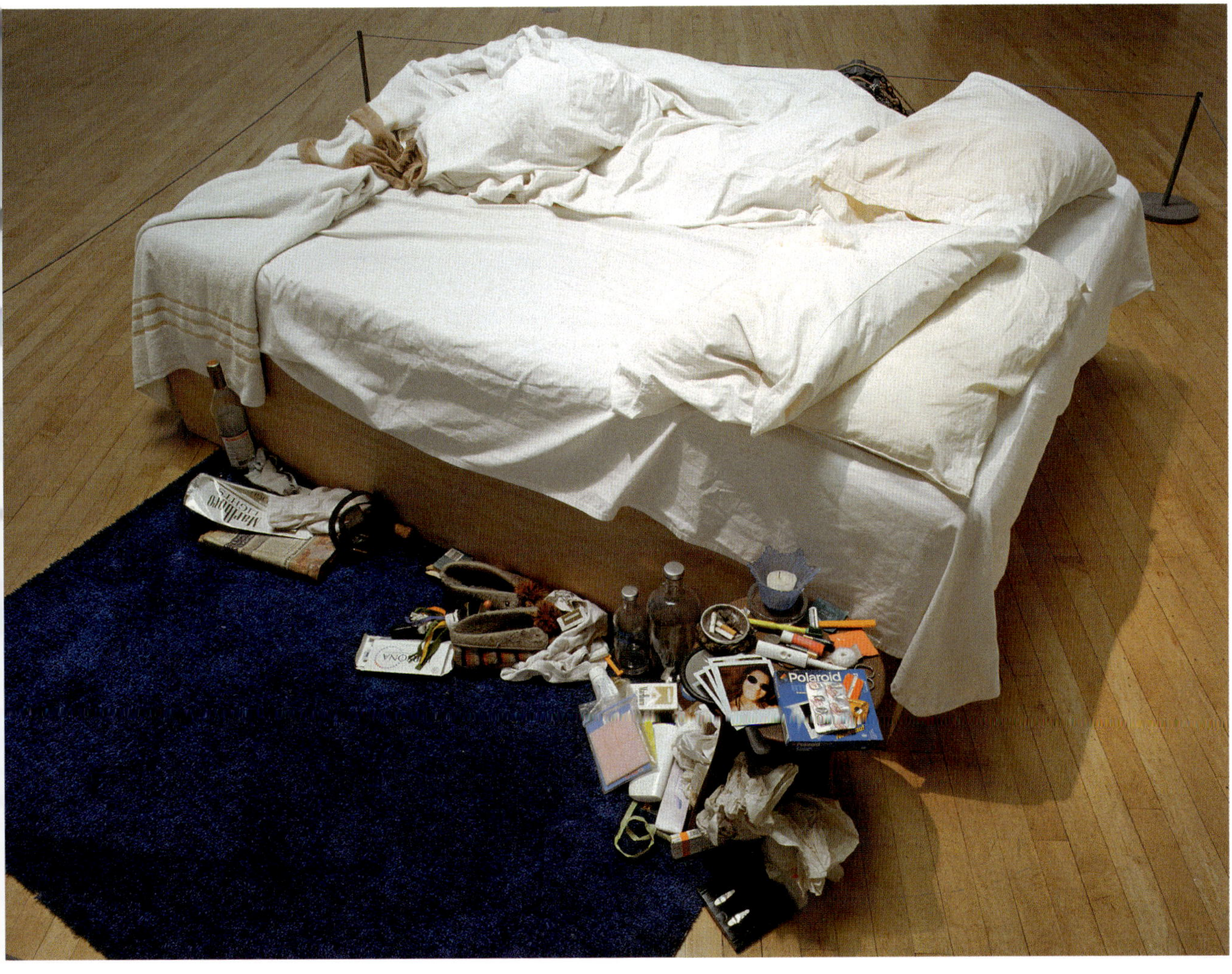

My bed, 20. Oktober 1999 – 23. Januar 2000, Kastenrahmen, Matratze, Bettwäsche und verschiedene Objekte.
Installationsansicht zur Turner Prize Exhibition von 1999, Tate Gallery, London

35

DAMIEN HIRST

Damien Hirsts Arbeiten setzen sich häufig mit Tod und Verfall auseinander. Doch Hirst selbst führt ein energiegeladenes Leben. Er gilt als berühmtester Künstler Großbritanniens und steigerte das Ansehen seines Landes in der internationalen Kunstwelt.

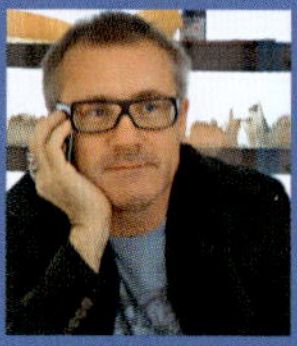

DAMIEN HIRST

1965 Wird in Bristol, Großbritannien, geboren

1986–1989 Studium der freien Kunst am Londoner Goldsmith College

1988 Hirst organisiert mit Kommilitonen die Ausstellung *Freeze*

1992 Teilnahme an der ersten Ausstellung der Young British Artists in der Saatchi Gallery, London

1995 Erhält den Turner-Preis

1998 Veröffentlichung seiner Autobiografie *I Want to Spend the Rest of My Life Everywhere, with Everyone, One to One, Always, Forever, Now*

2007 Sein Werk *For the Love of God*, ein mit Diamanten besetzter Schädel, wird für 75 Millionen Euro verkauft

2017 Comeback auf der Biennale in Venedig mit *Treasures from the Wreck of the Unbelievable*

Hirst fordert stets zu Widerspruch heraus. Seine Installationen können eine schockierende und »geschmacklose« Bildsprache zeigen, während seine Methoden immer wieder die Frage aufwerfen, ob er seine Kunst selbst macht oder sich auf seine Assistenten verlässt. Seine Popularität machte ihn reich und erzeugte den Neid vieler. Dennoch lässt sich nicht leugnen, dass er eine wichtige Rolle dabei spielte, das Feuer der britischen Kunstszene neu zu entfachen. Hirst wuchs in einem England auf, das von den Sex Pistols und einer Anti-Establishment-Bewegung besessen war. Bereits als Student des Londoner Goldsmiths College machte er sich in England einen Namen. Er organisierte 1988 die Ausstellung *Freeze* mit, an der viele Künstler teilnahmen, die später die Young British Artists formten. Die *Freeze* erregte die Aufmerksamkeit wichtiger Kunstmäzene, einschließlich Charles Saatchi.

In den folgenden Jahren schuf Damien Hirst die Installationen, die ihn berühmt machten. In Arbeiten wie *A Thousand Years* (1990), *The Physical Impossibility of Death in the Mind of Someone Living* (1991) und *Away from the Flock* (1993) kommen jeweils tote Tiere vor, die in Formaldehyd eingelegt und in Glaskästen ausgestellt wurden. *The Prodigal Son* (1994) wirkte noch schockierender, da eine tote Kuh in zwei Hälften zerlegt und in zwei Kästen präsentiert worden war. Die brutale Direktheit dieser Arbeiten stellt bestimmte Praktiken der Industriegesellschaft infrage – von der Massentierhaltung bis hin zu Tierversuchen. Die Arbeiten setzen sich zudem mit der menschlichen Sterblichkeit auseinander.

Der Kunsthändler Charles Saatchi zeigte sich von Hirsts Tierinstallationen beeindruckt und wurde zu einem seiner Hauptmäzene. Der Künstler genoss die Aufmerksamkeit und sammelte eine Armee von Assistenten um sich, die ihm bei der Ausführung seiner Ideen halfen. Er entwickelte das Konzept des »Spot Painting«, das er bei Werken wie *Controlled Substances Key Painting, Spot 4A* anwandte und das aus einem Gitter aus farbigen Punkten besteht. Hirst beschreibt dies als »wissenschaftliche Herangehensweise an die Malerei«, »ähnlich wie die wissenschaftliche Herangehensweise der Pharmaindustrie ans Leben«. Er entwickelte zudem die Methode des »Spin Painting«, bei der er Farbe auf eine sich drehende Leinwand applizierte wie in *Beautiful C Painting* (1996). Die Tatsache, dass die meisten der Spot- und Spin-Bilder von Assistenten unter seinem Namen produziert wurden, ärgerte manche Kritiker. Doch Hirst nennt seine Assistenten häufig öffentlich, und viele von ihnen machten sich erfolgreich selbstständig.

In den letzten Jahren ließ die Aufregung um Hirst stark nach. Er erhielt jedoch Auftragsarbeiten für wichtige öffentliche Kunstwerke. Abgüsse seiner bekanntesten Skulptur *Virgin Mother* (2005) stehen vor dem Lever House in New York und der Royal Academy in London. Das große Bronzebildnis enthüllt das Bauchinnere einer Schwangeren samt Embryo. Solche Bilder rufen die ausgestellten Tiere seiner frühen Werke in Erinnerung, ohne an Tod und Verfall zu gemahnen. Der Titel *Virgin Mother* verweist auf religiöse Zusammenhänge – auf die Gottesmutter Maria, die gleichzeitig jungfräulich ist.

2017 tritt Damien Hirst auf der Biennale in Venedig mit seiner gigantischen Schau *Treasures from the Wreck of the Unbelievable* erneut ins Rampenlicht. *bf*

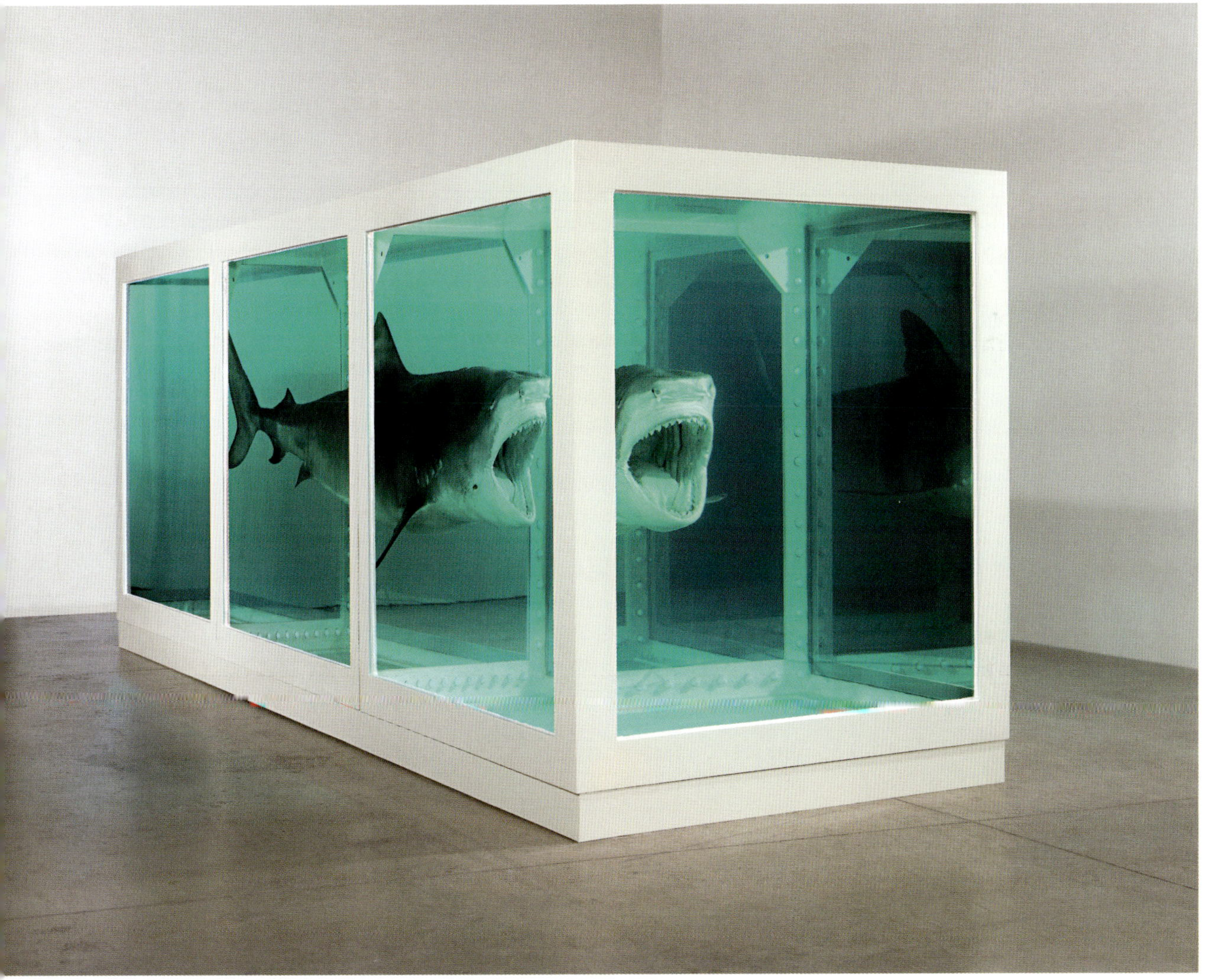

The Physical Impossibility of Death in the Mind of Someone Living, 1991,
Tigerhai, Glas, Silikon, Monofilament, Stahl und Formaldehyd-Lösung,
217 × 542 × 180 cm. Saatchi Collection, London

36

ZHANG HUAN

Für den Künstler Zhang Huan ist ein wesentlicher Wert seiner Kunst Durchhaltevermögen. In seinen Performances setzt er seinen Körper Stresssituationen aus, um das Leid in seiner Heimat China darzustellen, während sich seine Plastiken und Fotografien auf die harsche Wirklichkeit der armen chinesischen Bevölkerung konzentrieren.

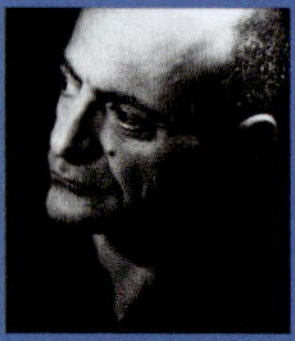

ZHANG HUAN

1965 Wird in An Yang City, Provinz He Nan, China, geboren

1988 Abschluss an der He Nan University, Kai Feng, China

1993 Masterabschluss an der Central Academy of Fine Arts, Peking, China

1999 Teilnahme an der Biennale in Venedig

2002 Teilnahme an der Whitney Biennial, New York

2009 Inszenierung der Händel-Oper *Semele* am Théâtre Royal de La Monnaie, Brüssel

2014 Ausstellung der Serie *Spring Poppy Fields* in der Pace Gallery, London

2015 *Zhang Huan: Let There Be Light*, Pace Gallery, New York

Zhang Huan macht aus Herausforderungen Kunst. Seine Performances ebenso wie seine Plastiken fordern sowohl die Ausdauer seines eigenen Körpers als auch die Politik der chinesischen Regierung heraus. Zhang wurde in den 1990er-Jahren als Mitglied des Beijing East Village bekannt. Die Künstlerkommune verwandelte ein heruntergekommenes Pekinger Wohnviertel in eine Brutstätte radikaler Kunst – ähnlich wie sich die Künstler von New York in den 1960er-Jahren ihr East Village einverleibt hatten. In einer von Zhang Huans ersten Performances – *12 Square Meters* (1994) – saß er eine Stunde lang nackt auf einer öffentlichen Toilette, den Körper mit Honig und Fischöl bedeckt, was zahllose Fliegen anzog. Viele verstanden diese Arbeit als einen Ausdruck dafür, was die bitterarmen chinesischen Stadtbewohner an Schmutz und Leid zu ertragen haben. Zhang erklärte, dass ihn eine örtliche Toilette inspiriert habe, die früher »von den Funktionären des Ortes« benutzt worden sei, doch jetzt »von Tausenden von Fliegen« bevölkert wurde, die sein Auftauchen sichtlich gestört habe. Bald fing er an, seine Kunst auch in anderen Ländern zu zeigen. Für eine Performance in Japan – *3006m3:65kg* (1997) – benutzte er Hunderte von medizinischen Röhrchen, um seinen Körper an eine alte zweirädrige Radachse anzuschließen. Diese schmerzhaft aussehende Konstruktion wurde dann an der Mauer des Tokioter Watari-Museum für zeitgenössische Kunst befestigt. Die Performance bestand für Zhang Huan darin, die Räder und Röhrchen von der Mauer wegzuzerren, so als wolle er das ganze Museum mit der Kraft seines Körpers niederreißen, wodurch die widersprüchliche und oft feindselige Beziehung zwischen Künstler und Establishment hervorgehoben werden sollte.

Zhangs Performances sind auch in Fotoserien festgehalten. *Foam* (1998) zeigt 15 Bilder von seinem Gesicht, eingeschäumt mit Seife. Auf jedem Bild hat er ein anderes Familienporträt im Mund. Die Darstellung der winzigen, aus dem Mund kommenden Porträts erinnert an alte Gottheiten, die den Meereswellen entsteigen, und soll die wichtige Bedeutung von Familie und Vorfahren in der chinesischen Gesellschaft demonstrieren.

Seit 2005 konzentriert sich Zhang nicht mehr auf Performances, sondern verwendet andere Methoden für seine Kunst. Seine *Seeds-Bilder* (2007) stellen Schwarz-Weiß-Aufnahmen von Arbeitern auf den Kollektiv-Bauernhöfen der Mao-Zeit nach. Jedes Bild ist ein komplexes »Mosaik« aus winzigen Partikeln chinesischer Weihrauchasche. Die mühsame Herstellung huldigt der zermürbenden Arbeit, die man auf den Bildern sieht.

Zhang entwarf auch plastische Werke, die sich mit der buddhistischen Geschichte Chinas auseinandersetzen, einem meist durch die Regierung unterdrückten Erbe. In *Long Ear Ash Head* (2007) erschuf er ein archäologisches Fundstück – das Fragment eines Buddha-Kopfs. Lediglich der obere Teil des Kopfs bis zur Nasenspitze ist noch vorhanden. Die Schädeldecke ist etwas angehoben, während die langen Ohren bis zum Boden reichen, wobei die Ohrläppchen an Füße erinnern. Die Skulptur fängt das gelassene, kontemplative Wesen alter Buddha-Darstellungen ein, weist aber auch auf den Wunsch des Künstlers hin, die Überreste der religiösen Traditionen Chinas wiederzuentdecken. *bf*

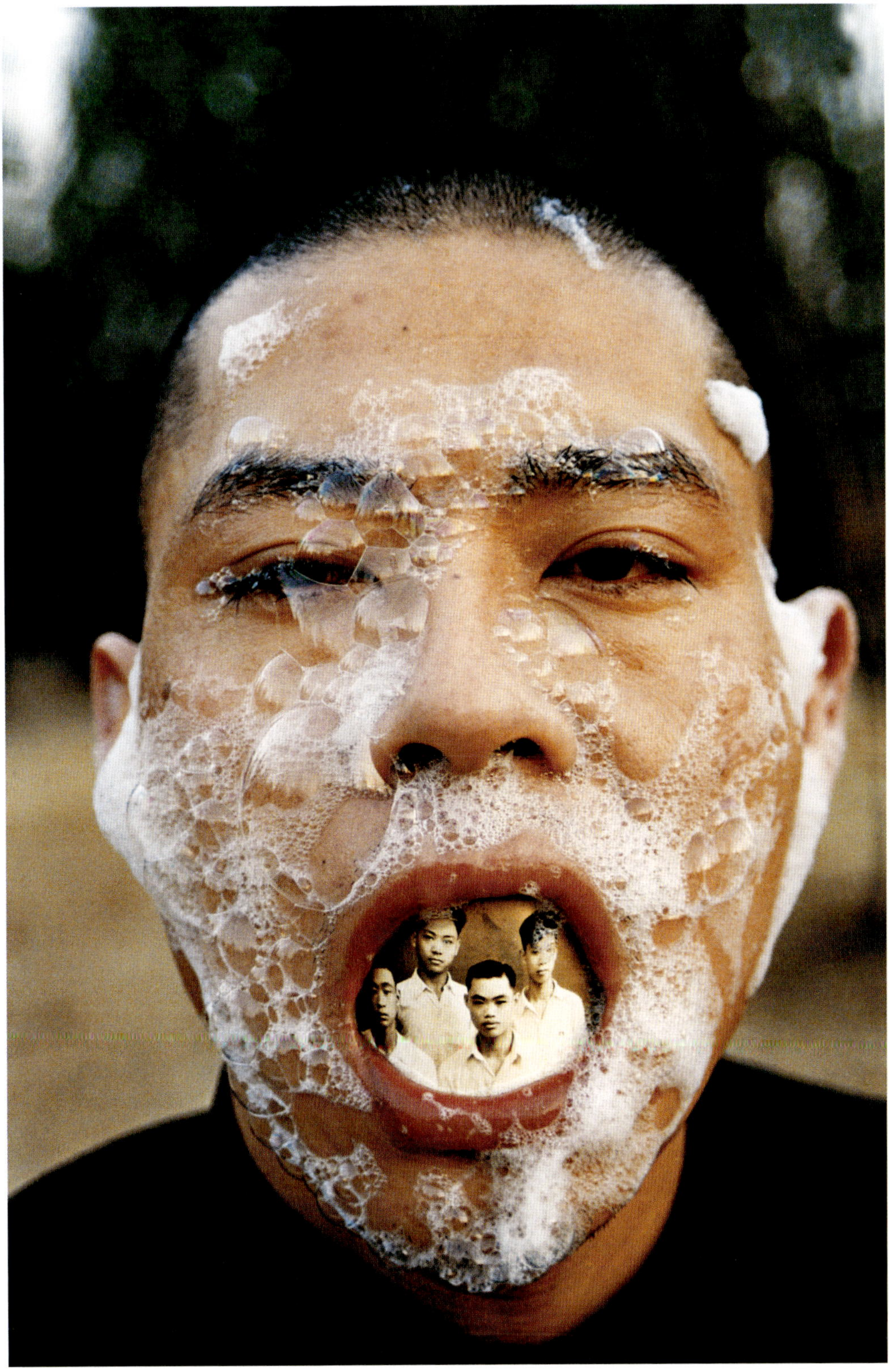

Foam, 1998, Performance, Beijing, China

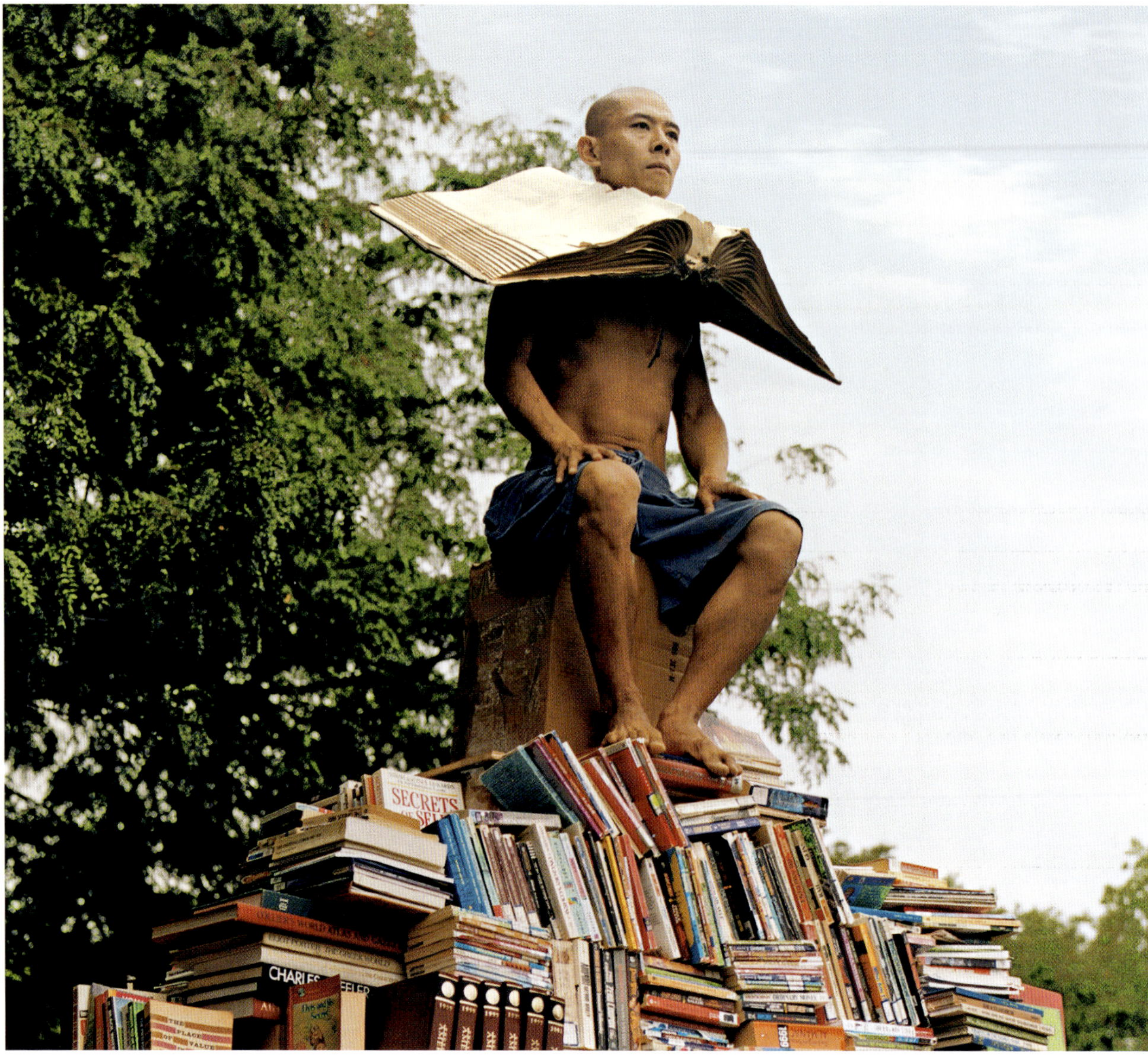

My Boston, 2005, Performance, Museum of Fine Arts, Boston, USA

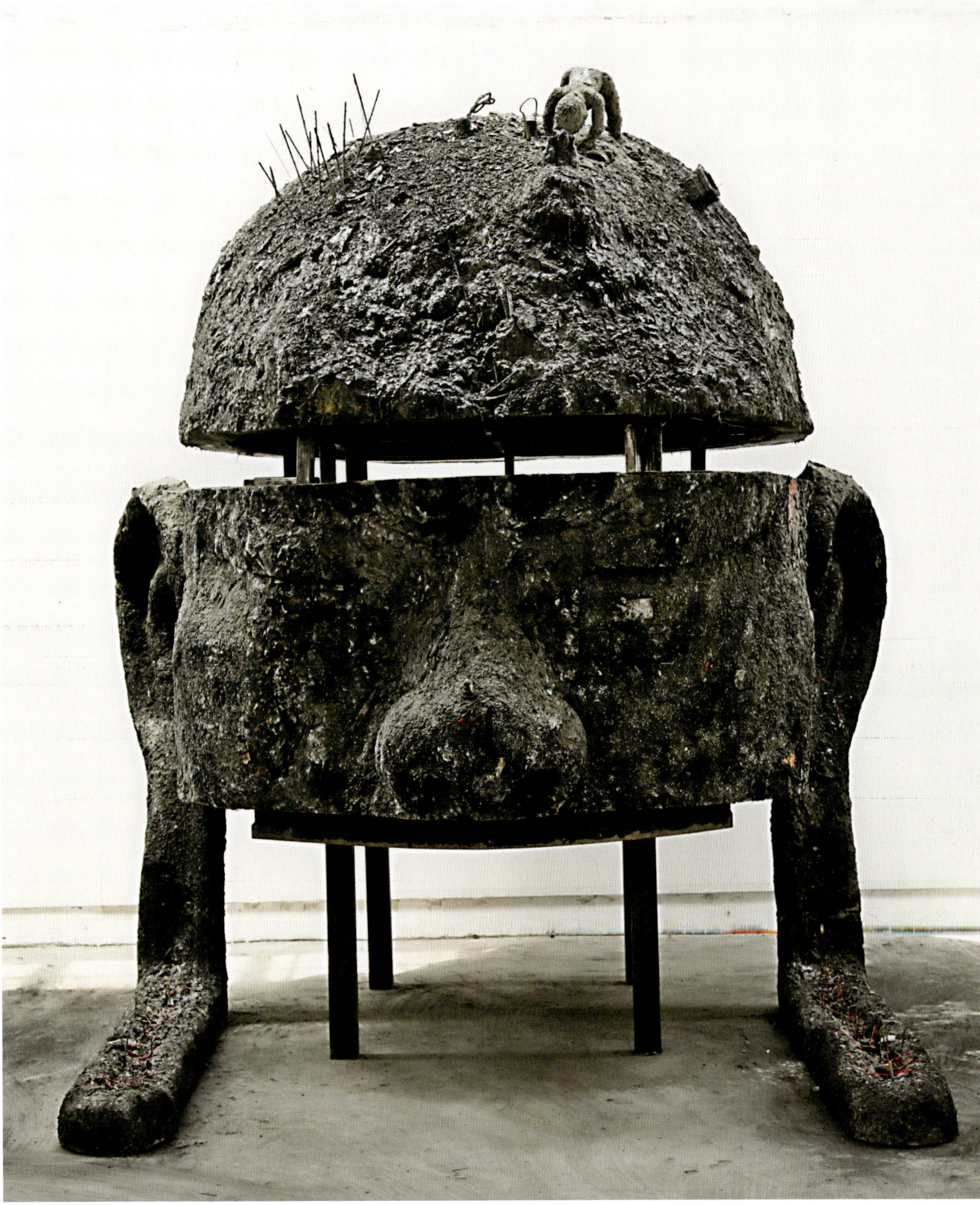

Long Ear Ash Head, 2007, Asche, Stahl und Holz, 370 × 400 × 338 cm, Privatsammlung

37

ELIZABETH PEYTON

Elizabeth Peyton zählt zu den zeitgenössischen Künstlern und Künstlerinnen, die im ausgehenden 20. Jahrhundert die figurative Malerei neu für sich entdeckten – ungeachtet des Zeitgeschmacks und der Debatten über Abstraktion und innovative Form. Peytons bemerkenswert konsistentes Werk steht beispielhaft für eine Spielart des populären Realismus, der großen Einfluss auf die zeitgenössische Kunst in den USA und in Europa ab Mitte der 1990er-Jahre ausübte.

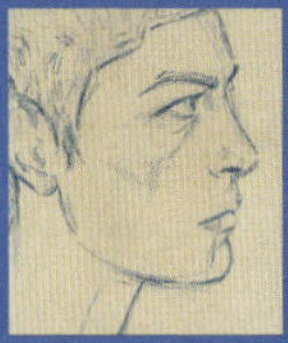

ELIZABETH PEYTON

1965 Wird in Danbury, Connecticut, USA, geboren

1984–1987 School of Visual Arts, New York

1987 Ausstellung in der Althea Viafora Gallery, New York

2008 Retrospektive *Live Forever* im New Museum of Contemporary Art, New York

2009 *Blood of Two*, Performance mit Matthew Barney auf der griechischen Insel Hydra

2013 Ausstellung *Elizabeth Peyton*, Staatliche Kunsthalle Baden-Baden

2017 Retrospektive *Elizabeth Peyton: Still life* im Hara Museum of Contemporary Art, Tokio

Elizabeth Peytons Thema ist das Porträt. Historische Figuren werden ebenso zum Bildgegenstand erhoben wie zeitgenössische Kulturikonen. 1996 begann sie außerdem Freunde zu porträtieren, Künstler, Schriftsteller, Musiker und DJs aus New York, London oder Berlin. Für die Künstlerin zählt, »wie bestimmte Leute das Leben anderer beeinflusst haben. Es ist dabei nicht entscheidend, wer sie sind oder wie berühmt sie sind, eher wie der Weg ist, den sie in ihrem Leben beschritten haben und wie inspirierend sie für die anderen waren.« Neben Marie Antoinette, Napoleon oder Ludwig II. von Bayern regten die Malerin unter anderem Frida Kahlo, Leonardo DiCaprio, Pete Doherty und Oscar Wilde zur Darstellung an. Ihre in der Regel kleinformatigen Ölbilder, Aquarelle und Zeichnungen entstehen nach Fotografien aus dem eigenen Archiv, nach Bildern aus Magazinen, Plattencovern und Video-Stills oder infolge der Lektüre und Interpretation von Biografien und Romanen. Weit davon entfernt, das Gesehene und Gelesene einfach abzubilden oder den Berühmtheiten zu huldigen, versucht Peyton, das Unpersönliche der Vorlage zu durchbrechen und sich den ausgewählten Personen anzunähern. Ihre Werke, meist nur mit den Vornamen der Dargestellten betitelt, zeigen ein hohes Maß an Emotionalität. Sie wirken zugleich real und ideal, wie Sehnsuchtsmodelle, die von einer Suche nach Menschlichkeit und Schönheit erzählen. Die Porträtierten erscheinen dabei oft zerbrechlich und zart, mit hellen Augen, blasser Haut und leuchtend roten Lippen, die ihnen ein androgynes Aussehen verleihen.

Die Jugend und ihre Versprechen sind Themen, die sich durch Peytons gesamtes Werk ziehen – etwa wenn sie David Hockney noch einmal als jungen Rebell oder Curt Cobain als aufkeimendes Genie porträtiert, bevor er weltbekannt wurde. Nicht nur die Serie über Cobain, den amerikanischen Musiker, der vor allem als Sänger und Gitarrist von Nirvana berühmt wurde, erzählt von Glück und Leid. Auch die Porträts von Lady Di oder Elvis Presley, die einen großen Teil ihres Lebens im Fokus der Öffentlichkeit standen, bevor sie einen tragischen Tod starben, sind Bilder von großen Versprechen und tragischem Scheitern.

Nachdem Elizabeth Peyton ihre ersten Ausstellungen an unkonventionellen Orten wie Hotels oder privaten Wohnzimmern ausrichtete, ist ihre Arbeit heute weltweit bekannt.

2017 fertigte die in Berlin lebende Künstlerin für die Augustausgabe der amerikanischen *Vogue* ein Porträt von Angela Merkel an. 2019 bis 2020 fand in der National Portrait Gallery in London die Retrospektive *Aire and Angels* statt. Daraufhin folgte Peytons erste große Einzelausstellung in China: *Elizabeth Peyton: Practice. cw*

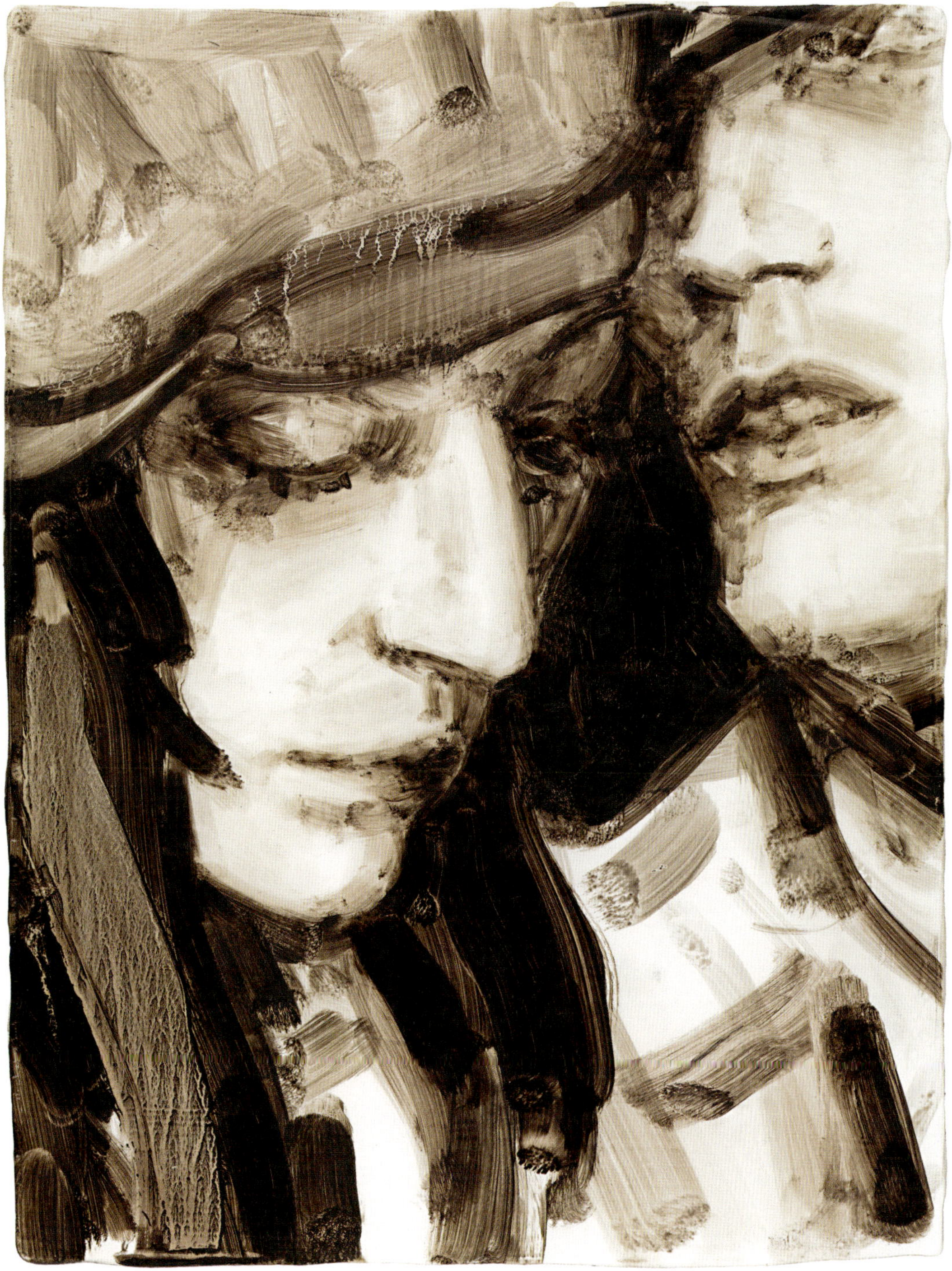

Patti and Robert, NYC, 2009–2010, Öl auf Leinwand, 30,5 × 22,9 cm. Neugerriemschneider, Berlin

38

JAKE & DINOS CHAPMAN

Die Chapman-Brüder traten in den 1990er-Jahren unter dem Label der Young British Artists an die Öffentlichkeit und zählen zu den Hauptvertretern der Installationskunst. Im Fokus ihrer Arbeit – oftmals Werke mit schockierender Bildlichkeit – stehen menschliche Erfahrungen und moralisches Verhalten.

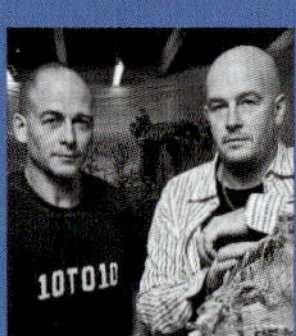

JAKE & DINOS CHAPMAN

1962 Dinos Chapman wird in London, Großbritannien, geboren

1966 Jake Chapman wird in Cheltenham, Großbritannien, geboren

1990 Beide absolvieren ihr Studium am Royal College of Art in London und arbeiten als Assistenten des Künstlerpaars Gilbert und George

Ab 1992 Gemeinsame Werke

1997 Teilnahme an der Ausstellung *Sensation* der Young British Artists an der Royal Academy of Art, London

2003 Nominierung für den Turner-Preis

2010 Das Cabaret Voltaire in Zürich zeigt die Ausstellung *Die Dada Die*

2013 *Jake & Dinos Chapman: Come and See,* Serpentine Sackler Gallery, London

2017 *Jake & Dinos Chapman: The Disasters of Everyday Life,* Blain|Southern London, London

Jake und Dinos Chapman wurden für den Turner-Preis nominiert, hatten Ausstellungen im MoMA in New York und der Tate Britain, und ihre Werke fanden Eingang in bedeutende Sammlungen. Nichtsdestotrotz sorgen die Brüder nach wie vor für heftige Kontroversen. Bekanntheit erlangten sie durch ihre lebensgroßen Skulpturen von nackten Kindern mit Turnschuhen, zusammengewachsenen Körpern und Penis, Vulva oder Anus anstelle von Nase, Ohren und Mund. Hinter Arbeiten wie *Zygotic acceleration, biogenetic, de-sublimated libidinal model* (1995), bestehend aus einem Ring von miteinander verwachsenen Schaufensterpuppen, steckt jedoch nicht die reine Provokation. Den Chapmans geht es mit ihrer Kunst um Themen wie Gentechnik, Gewalt und Krieg vor allem darum, den Menschen das vor Augen zu führen, woran sie sich längst gewöhnt haben, um so die »absolute moralische Panik« auszulösen.

Als Opus Magnum realisierte das Künstlerduo ihre Version der irdischen Hölle: In einer Vitrineninstallation, angeordnet in Form eines Hakenkreuzes, veranschaulichen Massen von überwiegend NS-Uniformen tragenden Zinnfiguren alles, was man sich an menschlichen Gräueltaten vorstellen kann. Die Miniaturwesen – darunter mutierte Geschöpfe mit zehnfachen Extremitäten und mehreren Köpfen – foltern, verstümmeln und bekriegen sich gegenseitig, vergewaltigen und hinterlassen Massengräber. Nachdem *Hell* 2004 bei einem Lagerhausbrand zerstört wurde, schufen die Chapmans mit *Fucking Hell* eine neue Version und präsentierten sie in London 2008 in ihrer Ausstellung *If Hitler had been a hippy how happy would we be.*

Als Inspirationsquelle für verschiedene Werke diente den Brüdern der Grafikzyklus von Francisco de Goya *Los Desastres de la Guerra* (1810–1820), in denen der Maler die Grausamkeiten während der Besetzung Spaniens durch Napoleon beschreibt.

1993 setzten die Chapmans das in den Radierungen dargestellte Foltern und Morden bis ins Detail in Miniaturplastiken um; zehn Jahre später überarbeiteten sie eine Serie der von den Originalplatten gedruckten Arbeiten des spanischen Künstlers. *Goya reworked and improved,* so lautet der Untertitel ihres 2003 entstandenen Werkes *Insult to injury.* Die Köpfe der Gemarterten sind mit Clownsmasken übermalt, um die Aussage der Radierungen zu verschärfen und einer sarkastischen Aktualisierung zu unterziehen.

Die Geschwister Chapman begannen ihre Karriere während ihres Studiums am Royal College of Art als Assistenten von Gilbert & George, dem unzertrennlichen Künstlerpaar, das auf die Young British Artists großen Einfluss ausübte. 1992 etablierten sich die Brüder mit ihrem ästhetischen Manifest *We are Artists* selbst als unverwechselbares Künstlerduo. *cw*

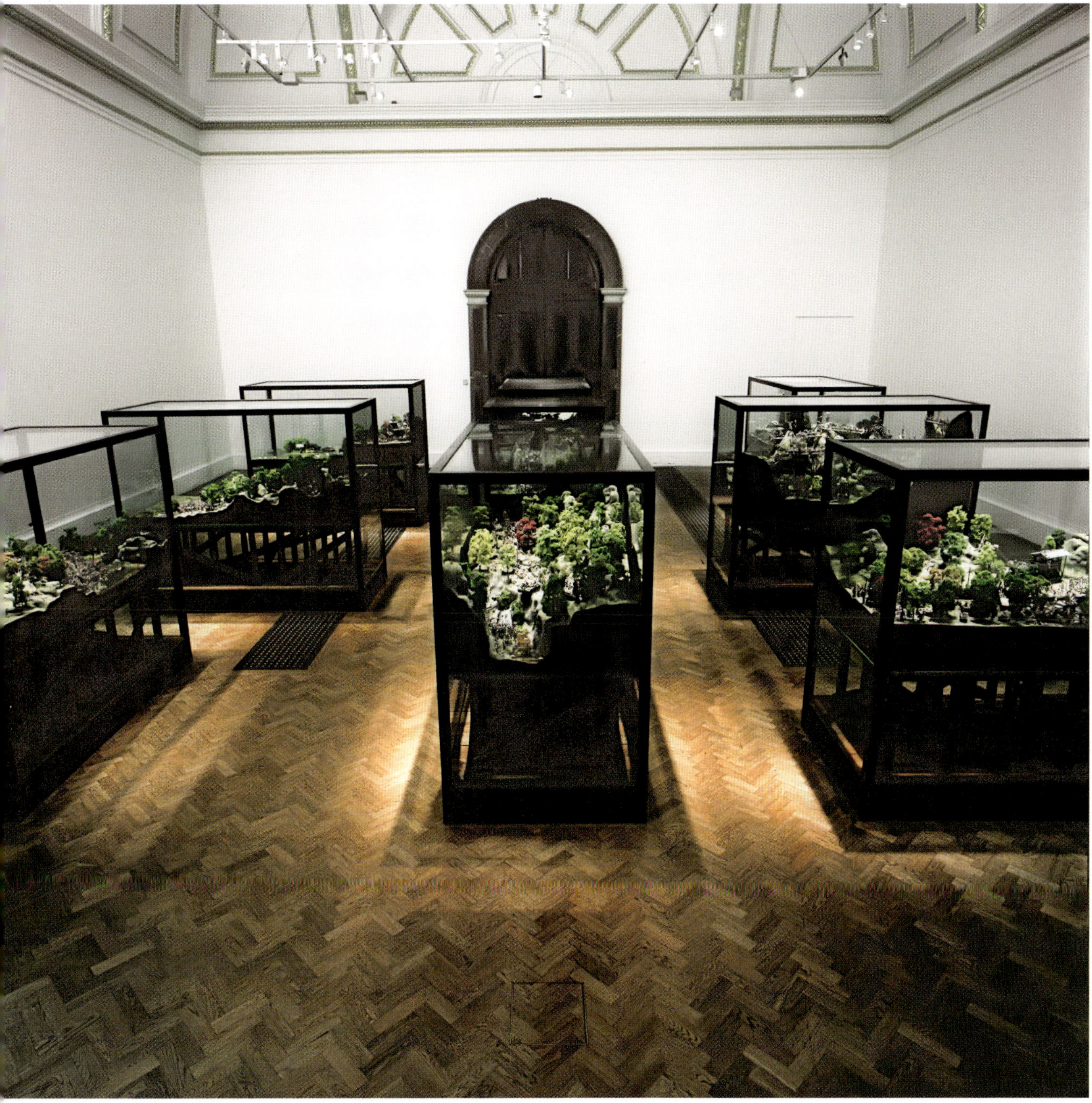

Hell, 1999–2000, Glasfaser, Plastik und verschiedene Materialien (9 Teile). White Cube, London

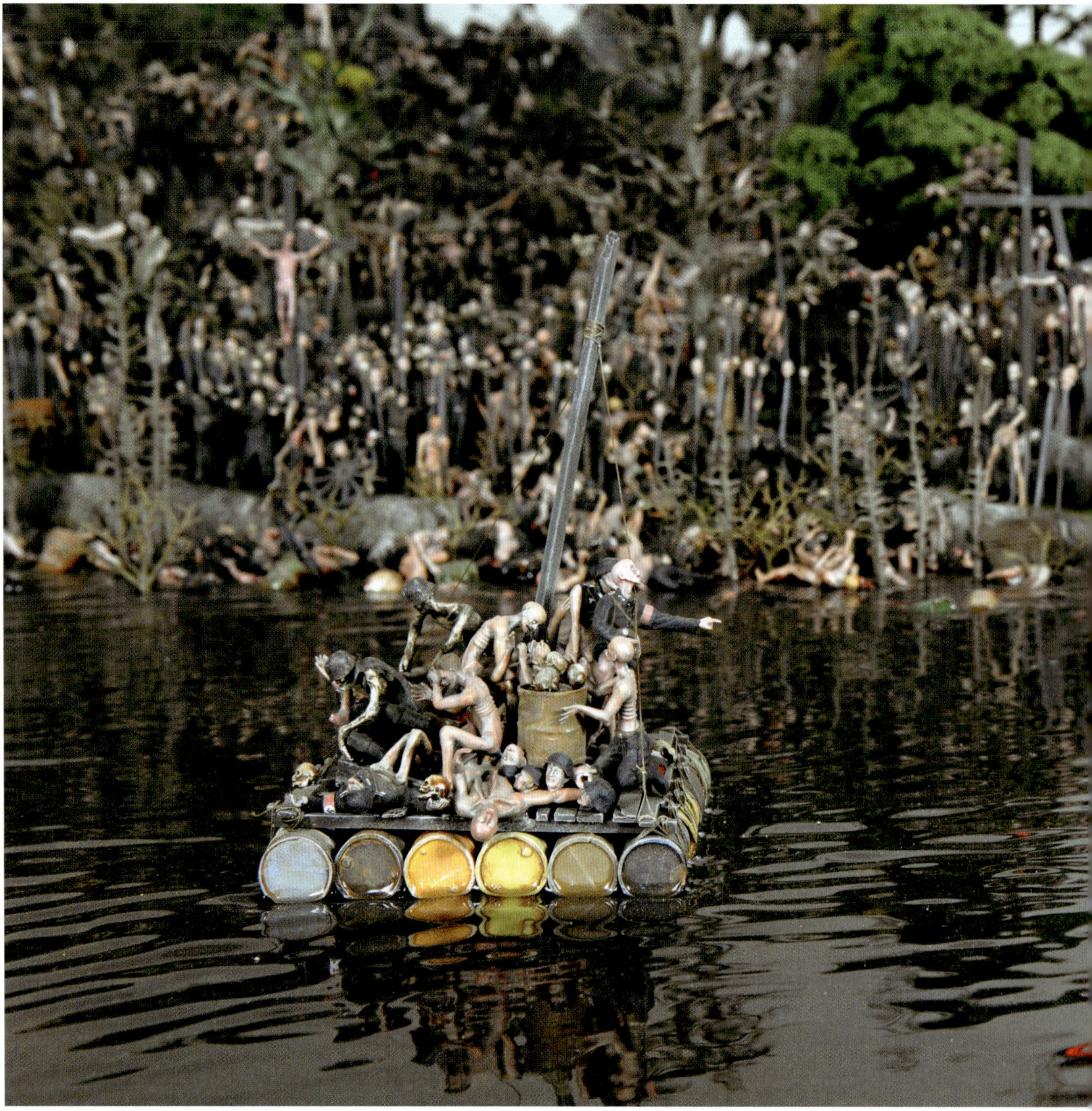

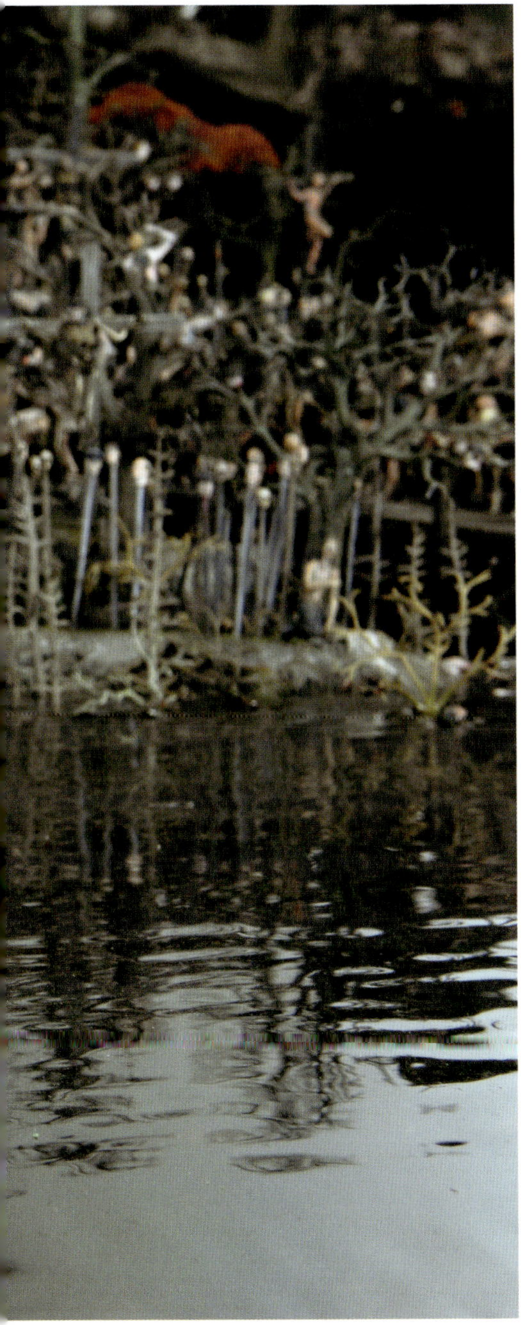

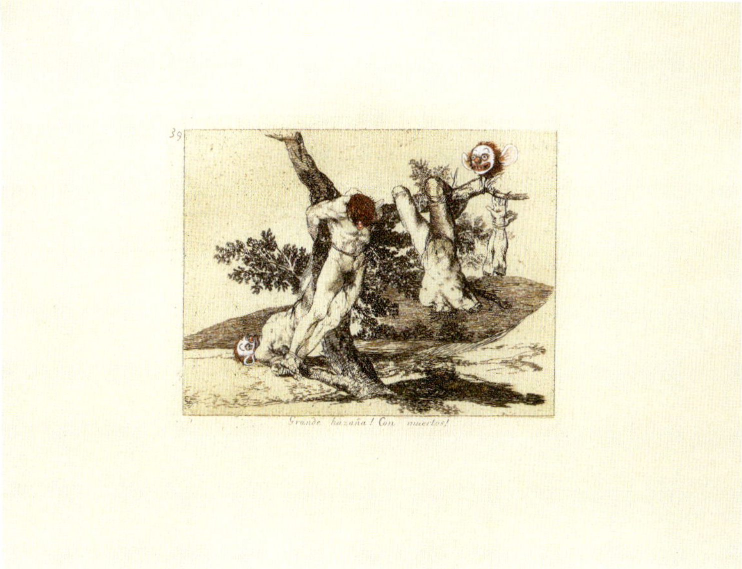

oben:
Insult to injury, 2003, Portfolio aus 80 Radierungen, überarbeitet und verbessert. White Cube, London

linke Seite:
Fucking Hell, 2008, Glasfaser, Plastik und verschiedene Materialien (9 Teile). White Cube, London

39

ÓLAFUR ELÍASSON

Das Arbeiten mit den Elementen ist charakteristisch für Elíasson. Er spielt mit der Realität und der Wahrnehmung, mit Licht und Schatten, Wasser, Farben, Nebel, Spiegelungen. Seine Fotografien, Installationen und Architekturprojekte bewegen sich an der Schnittstelle zwischen Kunst, Natur und Naturwissenschaft.

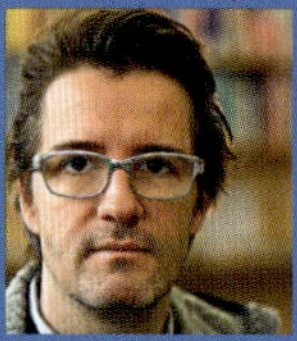

ÓLAFUR ELÍASSON

1967 Wird in Kopenhagen, Dänemark, geboren

1989–1995 Studium an der Königlich Dänischen Kunstakademie, Kopenhagen

1995 Gründet in Berlin das Studio Olafur Eliasson

2003 Repräsentiert Dänemark auf der 50. Biennale in Venedig mit *The blind pavilion*

2008–2014 Professor an der Universität der Künste in Berlin

2009 Gründet das Institut für Raumexperimente, das er bis 2014 betreut

2012 Gründung des Social Business *Little Sun*, das Solarleuchten und Ladegeräte produziert und weltweit vertreibt

2014 Gründet das Studio *Other Spaces* für interdisziplinäre, experimentelle Architektur und Projekte im öffentlichen Raum

Ólafur Elíasson stammt aus einer isländischen Familie und lebt in Kopenhagen. Gegen Ende seines Studiums an der Königlich Dänischen Kunstakademie lernte er die Galeristen Tim Neuger und Burkhard Riemschneider kennen und begann seine Karriere mit einer Ausstellung in Köln in einem heruntergekommenen Hinterhof: Mithilfe eines durchlöcherten Gartenschlauchs und eines Scheinwerfers inszenierte er einen Regenbogen, eines seiner ersten optischen Spektakel (*Beauty*, 1993). Kontakte führten ihn nach Berlin, wo er das Studio Ólafur Elíasson als experimentelles Labor für Raumerforschung gründete, in dem Mitarbeiter – Architekten, Handwerker, Kunsthistoriker und Technikexperten – mit Kunstprojekten beschäftigt sind.

Mit *Green river versetzte* Elíasson von 1998 bis 2001 die Bewohner von Stockholm, Tokio und anderen Orten der Welt in Aufruhr, als er unangekündigt Flüsse mit einem umweltfreundlichen Farbstoff giftgrün färbte. 2003/04 verwandelte *The weather project* die Turbinenhalle der Tate Modern in London in einen sinnlichen Erfahrungsraum. Millionen Besucher zog es in das Museum, um die Installation einer künstlichen glühenden Sonne im Nebel auf sich wirken zu lassen. Ein weiteres Projekt im öffentlichen Raum realisierte der Künstler 2008 mit den viel beachteten *New York City Waterfalls*. Für 110 Tage waren vier künstliche Wasserfälle zwischen der Manhattan Bridge und Governors Island in Betrieb.

Elíasson erkundet in seinen Arbeiten optische und physikalische Erscheinungen. Kaleidoskope rufen Farb- und Lichteffekte hervor, farbiges Licht taucht Räume und alle darin vorhandenen Gegenstände in gelbes Licht, Stroboskope illuminieren einen Wasserstrahl und lassen die Tropfen in der Luft »gefrieren«. Mit einfachen Mitteln und ohne dass Elíasson den Kunstgriff verschleiert, kommt es zu faszinierenden Wirkungen. Im Mittelpunkt steht dabei die Beziehung zwischen dem Objekt und dem Betrachter, dessen Reaktionen zum Werk gehören. Es sind Experimente mit Sehgewohnheiten und Wahrnehmungsmustern, die der Künstler bewusst zu machen und einer neuen Erfahrung zu unterziehen sucht.

2012 installierte Elíasson im neu eröffneten Lenbachhaus in München seine Lichtskulptur *Wirbelwerk*. Ein riesiger spiralförmiger Wirbel aus poliertem Metall und über 450 bunten Glasscheiben reicht im Atrium von der Decke bis dicht über die Köpfe der Besucher herab. Die Skulptur hat einen maximalen Durchmesser von sieben Metern. Mit der Farbigkeit spielt der Künstler auf die Bildwelt der Gemälde in der Gemäldegalerie an.

Mit seinem *Green light workshop* sorgte Elíasson 2017 auf der Biennale in Venedig für Aufsehen. In einer Werkstatt bastelten Besucher zusammen mit afrikanischen und arabischen Migranten zu einem guten Zweck Lampen aus recycelten Joghurtbechern, Holz, gebrauchten Plastiktüten, Nylon und LED (grün). Außerdem beinhaltete das Programm Sprachkurse, Rechtsberatung, Vorträge, Musik, Tanz und Video-Workshops. Daraufhin folgten viele weitere internationale Ausstellungen, unter anderem 2018 im Red Brick Art Museum in Peking und in der Pinakothek der Moderne in München, 2019 in der Tate Gallery of Modern Art in London und 2020 im Kunsthaus Zürich. *cw*

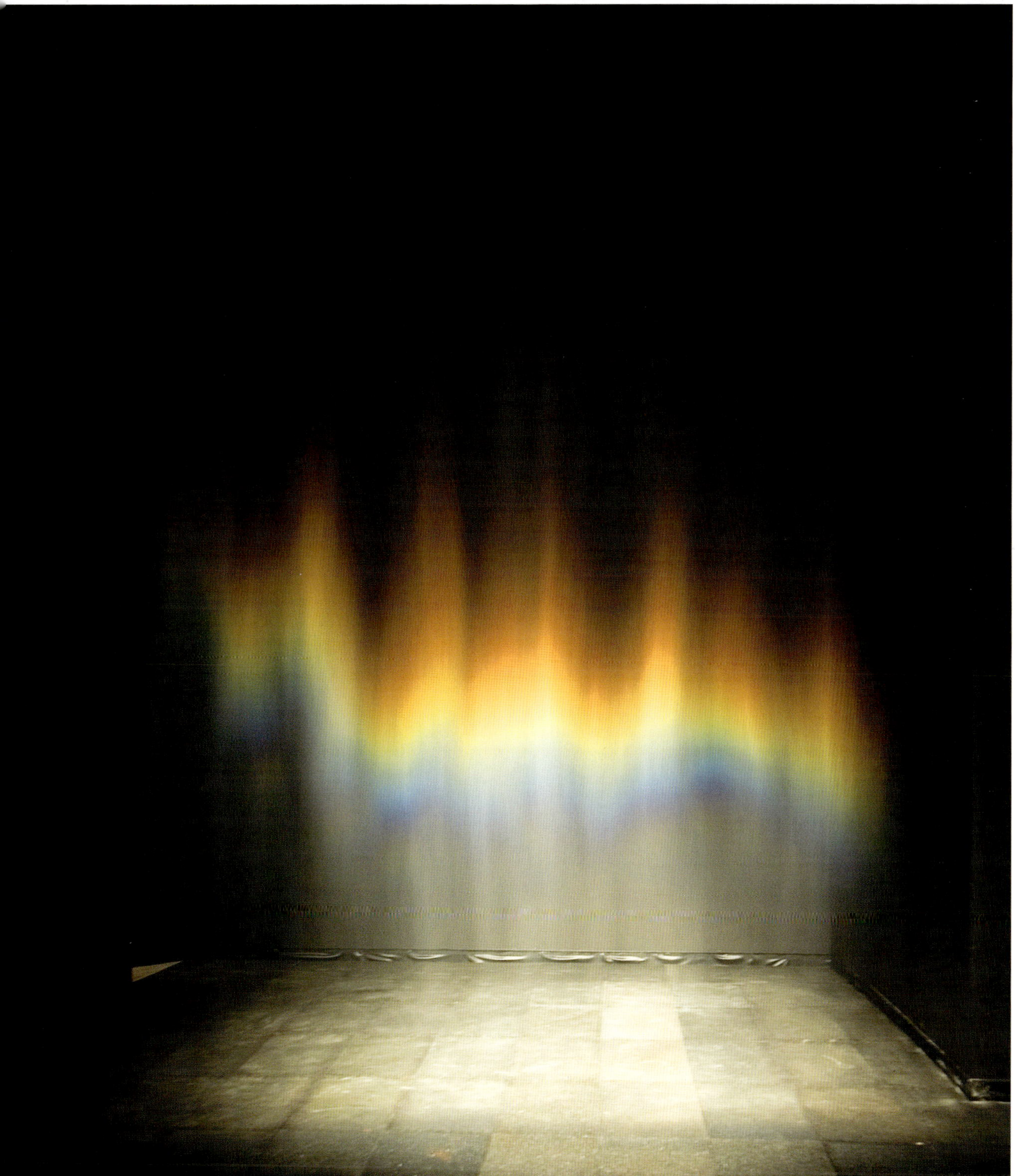

Beauty, 1993, Installationsansicht der Ausstellung *Minding the World*, Installationsansicht von 2004, ARoS Aarhus Kunstmuseum, Dänemark

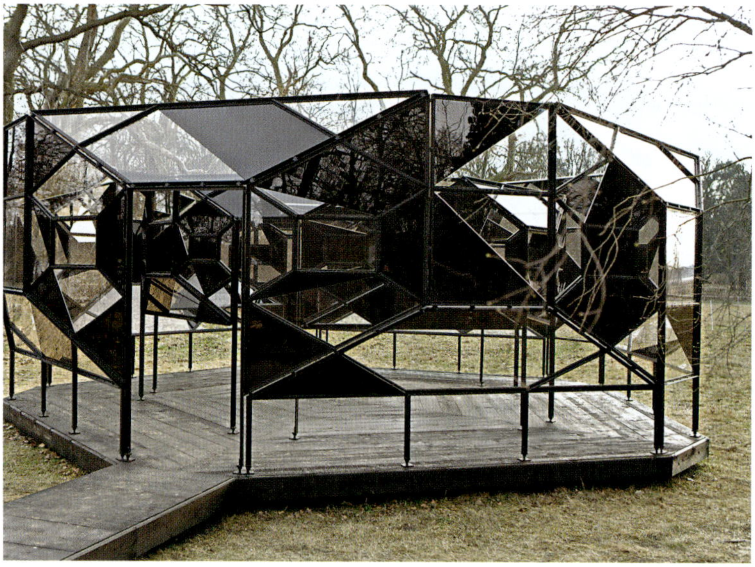

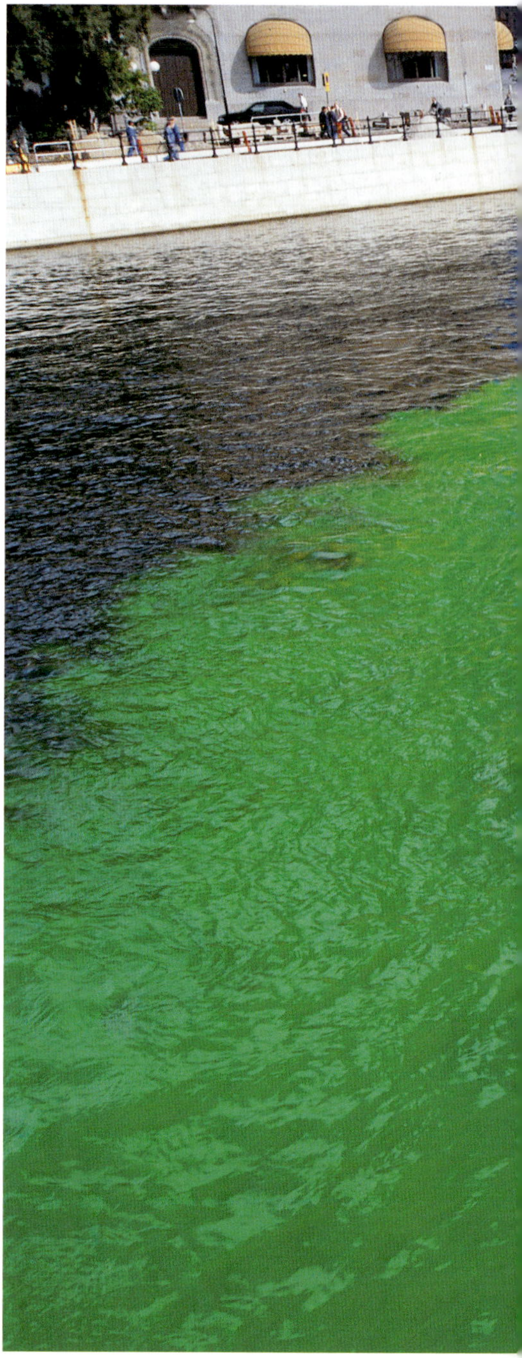

oben:
The blind pavilion, 2003, Holz, Stahl, Farbe und Glas (schwarz und transparent), 250 × 750 × 750 cm, Installationsansicht 2010: Pfaueninsel, als Teil der Ausstellung *Innen Stadt Außen,* Berlin

rechte Seite:
Green river, 2000, Stockholm, Schweden. © Olafur Eliasson. Photo by Photographer. Courtesy the artist, neugerriemschneider, Berlin; Tanya Bonakdar Gallery, New York

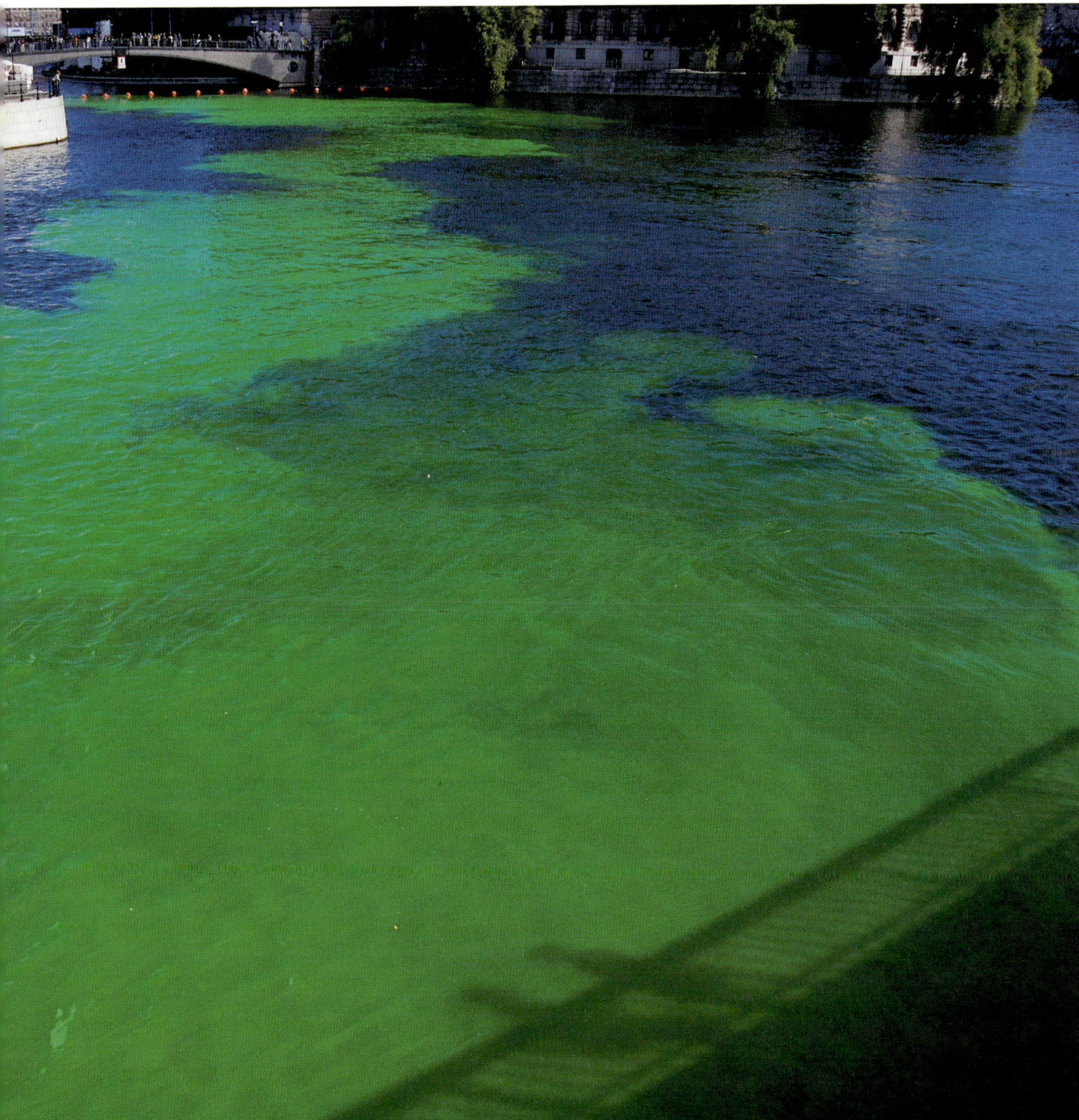

40

MATTHEW BARNEY

Matthew Barney versteht sich als Bildhauer, erweitert den Skulpturbegriff jedoch umfassend auf filmische Arbeiten, Videos, Performances, Zeichnungen, Fotografien und Installationen. Mit seinen opulenten Film- und Perfomance-Zyklen *Cremaster* und *River of Fundament* eroberte er den Kunstolymp.

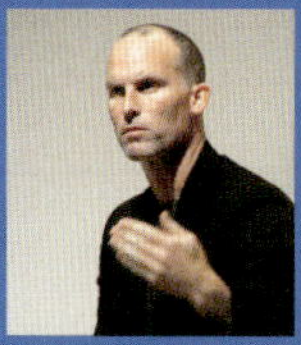

MATTHEW BARNEY

1967 Wird in San Francisco, Kalifornien, USA, geboren

1987 Beginnt seine Bilderserie *Drawing Restraint*

1989 Kunstabschluss an der Yale University; Umzug nach New York

1991 Erste Einzelausstellung in der Gladstone Gallery in New York

1994–2002 Arbeit am *Cremaster Cycle*

2000 Preis bei der 45. Biennale in Venedig

2005 Veröffentlicht den Film *Drawing Restraint 9*

2007 Auszeichnung mit dem Goslarer Kaiserring

2010 Barney inszeniert mit *KHU* den zweiten Teil seines neuen Performance-Zyklus *Ancient Evenings in Detroit*

2014 *Matthew Barney. River of Fundament*, Haus der Kunst, München

Barney gehört zu den »großen Symbolisten der letzten fünfzig Jahre, der als Utopist künstlerische Arbeiten zum Thema der Geschlechtergrenzen erdacht hat«, würdigt die Jury den amerikanischen Künstler zur Verleihung des Goslarer Kaiserrings 2007. »Es ist ein unvergleichlicher labyrinthischer Privatkosmos entstanden, in dem mögliche Schöpfungsprozesse des Menschen mit Motiven und Symbolen aus der Mythologie, der Geschichte, der Geologie und Architektur zu einem geheimnisvollen Paralleluniversum verschmelzen.«

Zu Matthew Barneys »Privatkosmos« gehört das fünfteilige, in nicht chronologischer Reihenfolge entstandene Filmprojekt *Cremaster* (1994–2002), dessen Handlung durch Fotografien, Zeichnungen, Installationen, Performances und Skulpturen ergänzt wird – im Sinne des Künstlers eine Meditation über den Prozess des Schöpferischen. Als Inspirationsquelle diente ihm ein biologisches Modell: die Entwicklung des Embryos in den ersten Wochen, dessen Geschlecht sich erst herausbilden muss. Der Werktitel verweist speziell auf den Kremastermuskel des Mannes, der die Temperatur im Hoden bestimmt und so das zukünftige Geschlecht des Fötus beeinflusst. Der *Cremaster*-Zyklus verknüpft äußerst vielschichtige Handlungsstränge und verweist mit einer Vielzahl von bizarren Symbolen auf die sexuelle Fortpflanzung; im weiteren Verlauf der filmischen Produktion gewinnen zunehmend biografische, geschichtliche und kulturelle Motive an Bedeutung. Barney schrieb das Drehbuch, führte Regie und schuf einen Kunstfilm mit prachtvollen Bildern, opernhaften Bühnenrequisiten und mythischen Figuren. Eine der tragenden Rollen verkörpert er jeweils selbst, daneben treten unter anderem die Schauspielerin Ursula Andress, der Künstler Richard Serra und der Schriftsteller Norman Mailer auf.

Ein weiterer aufwendiger Projektzyklus stellt die 1988 begonnene, mittlerweile 18-teilige Serie *Drawing Restraint* dar. Zugrunde liegt der Gedanke, dass eine Form nur durch das Ankämpfen gegen Widerstände Gestalt annehmen kann. Barney entwarf Environments mit verschiedenen Hindernissen, die seine eigene Kunstfertigkeit beeinträchtigen sollten. So wurden aus dem Zeichenprozess ausgeklügelte, mit der Kamera festgehaltene Aktionen. Das eine Mal bringt er auf einem Trampolin hüpfend ein Selbstporträt an die Decke, andere Male hindern ihn elastische Gummibänder an seiner Bewegungsfreiheit, oder er vollführt Schlittschuh laufend akrobatische Rutschpartien. Mit der Zeit steigert sich der Schwierigkeitsgrad seiner Übungen; das sportliche Motto wird bei Barney – der neben dem Studium professionell Football spielte – zum Modell künstlerischer Kreativität.

In der Fortsetzung überführt er dieses Prinzip in etwas Narratives: Der Kunstfilm *Drawing Restraint 9* erzählt die Geschichte der Ölgewinnung und der Walfangtradition, während sich unter Deck eine tragische Liebesgeschichte vollzieht, mit dem Künstler und der isländischen Sängerin und Schauspielerin Björk in den Hauptrollen. Barney verlagert die Geschichte auf eine mythisch-allegorische Ebene, und so endet der Film mit der Verwandlung der Liebenden in Wale und ihrer Flucht ins Meer. 2006 bis 2014 erarbeitete er gemeinsam mit dem Komponisten Jonathan Bepler die epochale Filmoper *River of Fundament*, die auf dem Roman *Ancient Evenings* des US-amerikanischen Schriftstellers und Regisseus Norman Mailer basiert. *cw*

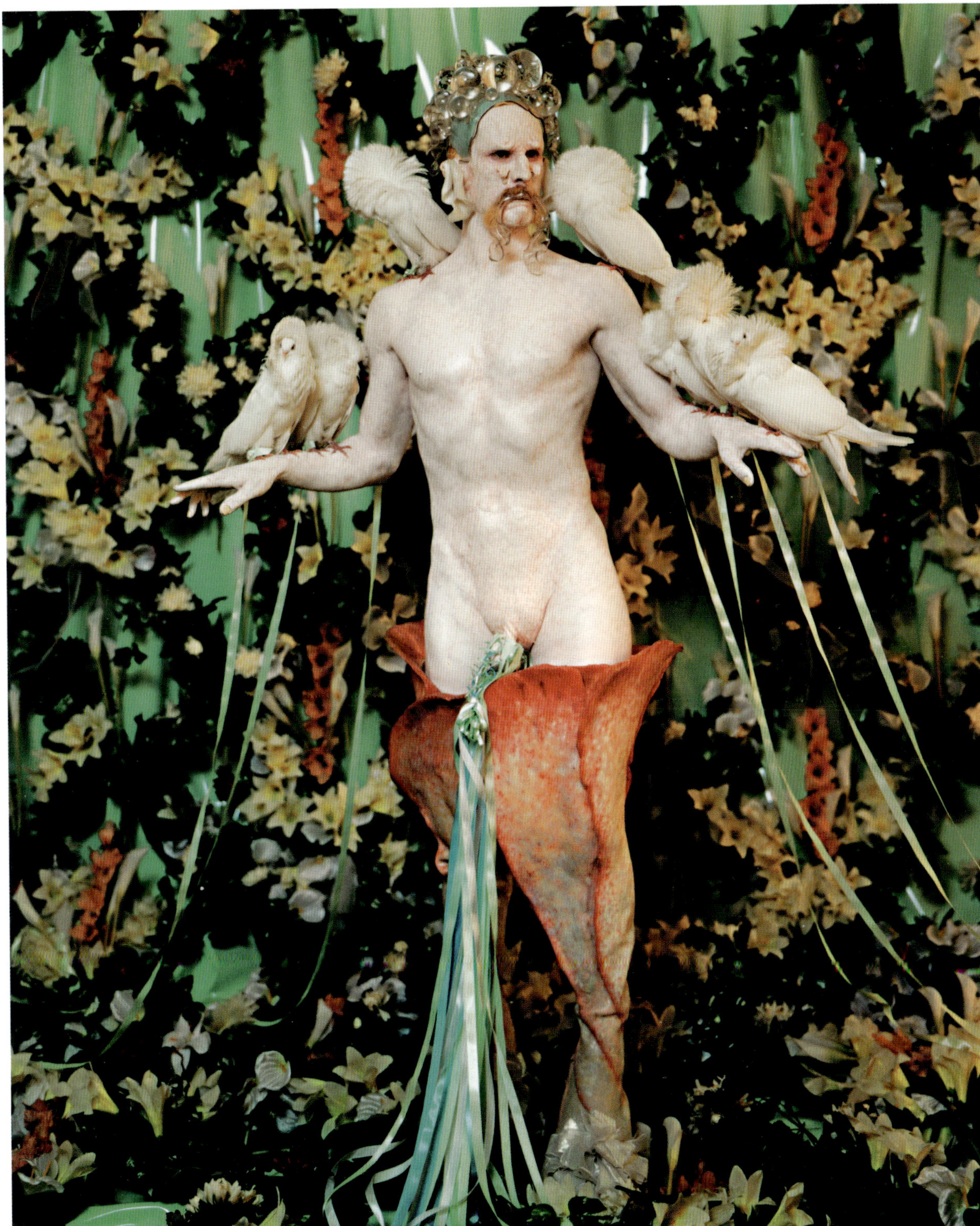

Filmstill aus *Cremaster 5*, 1997. 35 mm-Film (54.12 Min.). Tate Gallery, London Gladstone Gallery, New York

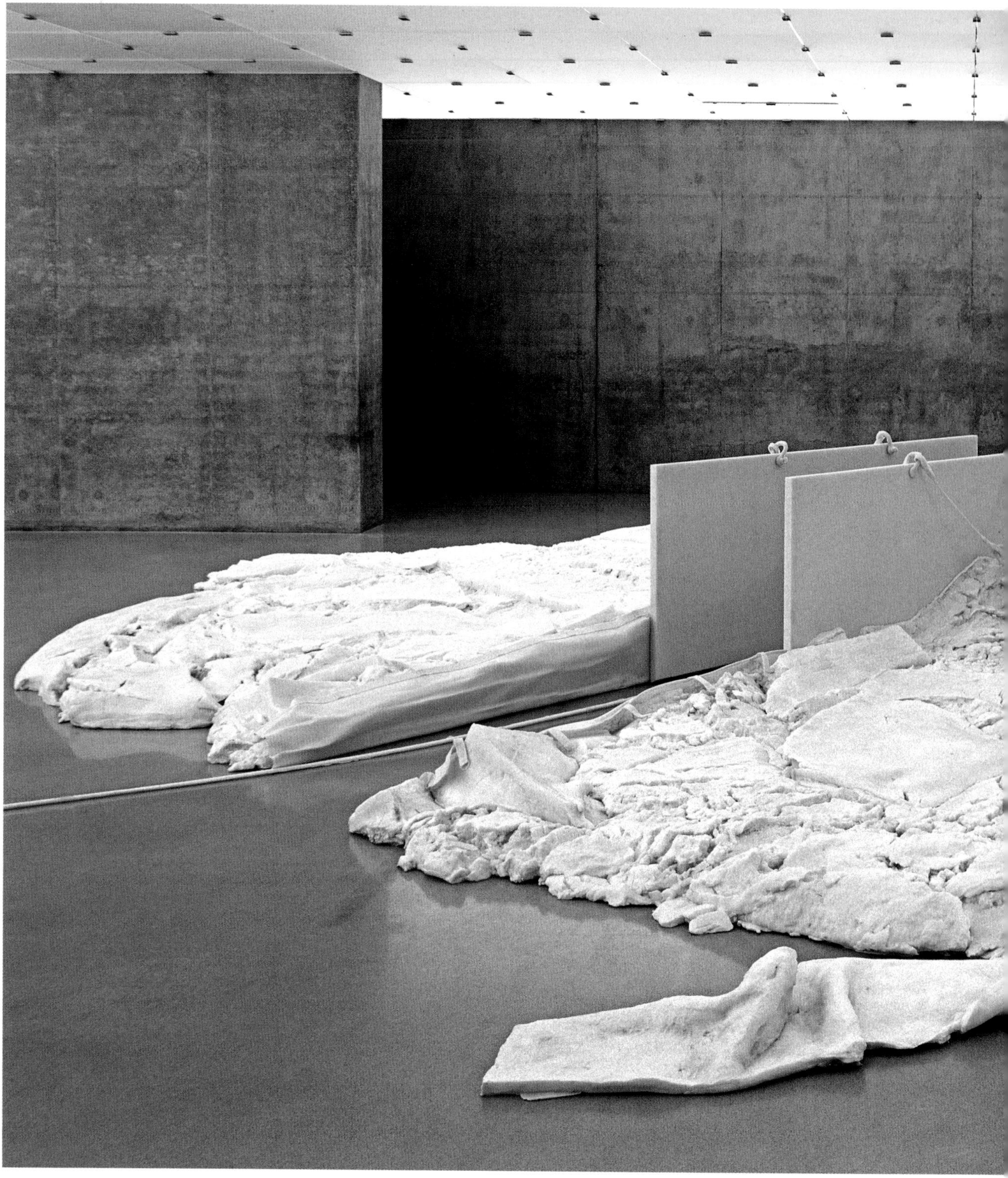

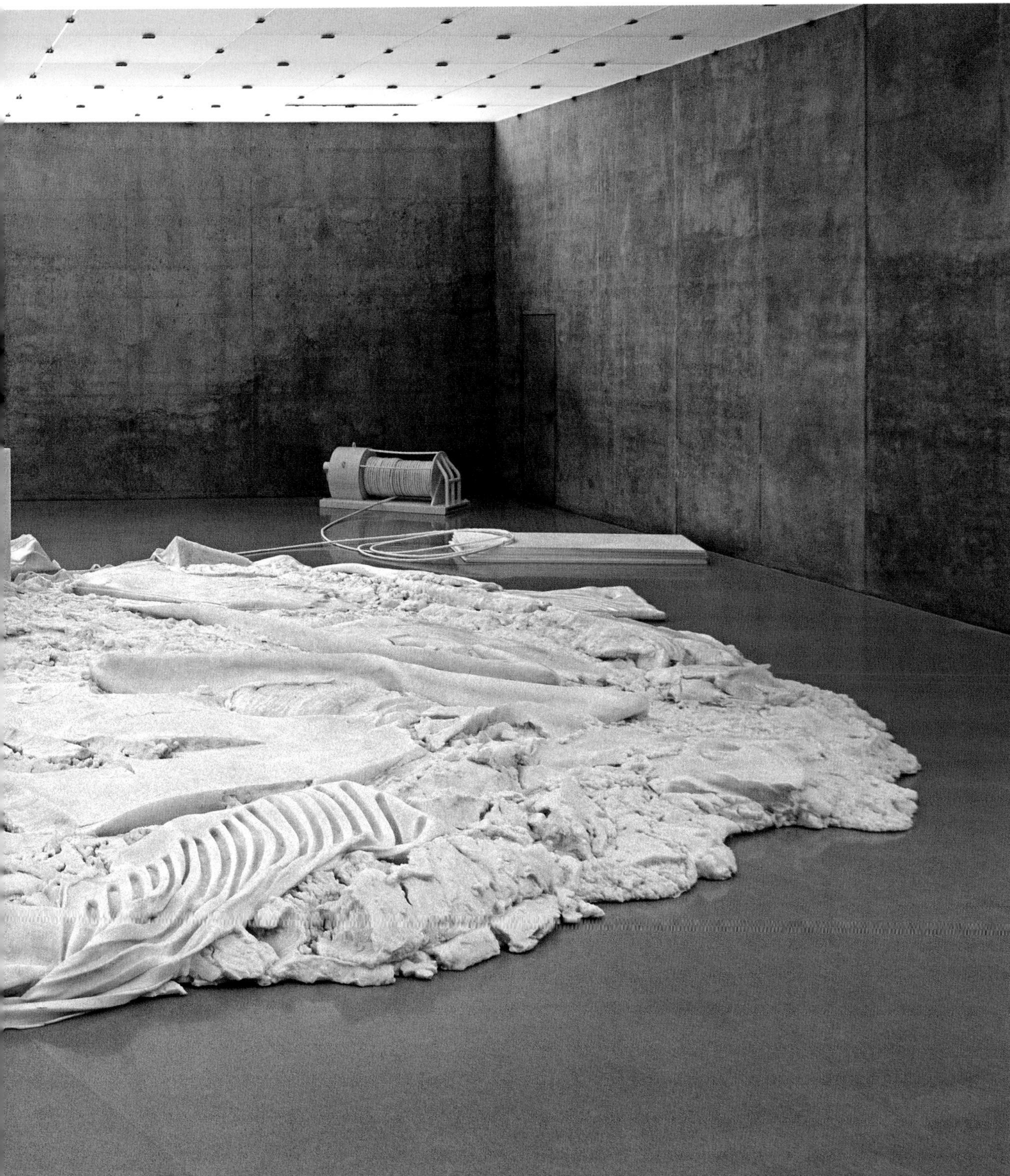

Cetacea, 2005, verschiedene Kunststoffe, 87 × 1219 cm (Höhe × Durchmesser), Installationsansicht von 2007 im Kunsthaus Bregenz, Österreich

41

SAM TAYLOR-JOHNSON

Sam Taylor-Johnson durchbricht die Regeln von Zeit und Raum. Ihre Fotografien zeigen Tänzer, die der Schwerkraft trotzen, Tiere, die rasend schnell verwesen, und Menschen, die tonlos singen. Ihre Arbeiten definieren die Rolle des Bildes im Medienzeitalter.

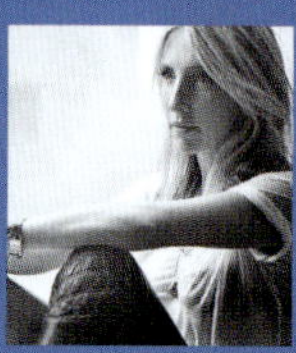

SAM TAYLOR-JOHNSON

1967 Samantha (»Sam«) wird in Croydon, Großbritannien, geboren

1990 Studienabschluss am Goldsmiths College in London

1997 Nominierung für den Turner-Preis; Auszeichnung mit dem Illy Café Prize for Most Promising Young Artist der Biennale in Venedig

2004 Ihre Serie *Crying Men* zeigt Porträts weinender Hollywood-Stars wie Sean Penn und Paul Newman

2009 Premiere ihres Films *Nowhere Boy* über John Lennons Jugend auf dem Film Festival in London

2015 Verfilmt den Erotik-Bestseller *Shades of Grey*

2017 Produziert und inszeniert die ersten beiden Episoden der Serie *Gypsy*

Die darstellende Kunst durchdringt Sam Taylor-Johnsons Werk. Als Kind zog sie mit ihrer geschiedenen Mutter in eine Hippie-Kommune. Doch Sam rebellierte gegen die Absicht, sich aus der Welt zurückzuziehen, und entwickelte später einen Kunststil, der sich mit der Popkultur auseinandersetzte. Seit Beginn ihrer Kunstkarriere nutzt Taylor-Johnson Selbstporträts, um Themen wie Körperwahrnehmung und stereotype Frauenbilder abzuhandeln. In *Slut* (1993) sind Gesicht und Hals der Künstlerin vor einem dunklen Hintergrund stark beleuchtet. Man erkennt, dass die Frau mit einem Liebhaber zusammen gewesen ist. Der Betrachter sieht ihre geschminkten Augen und Lippen ebenso wie die geröteten »Knutschflecken« am Hals. Doch die Miene wirkt verlegen. Die Frau hat die Augen geschlossen, ihr Mund spiegelt Beschämung wider. Diese widersprüchlichen Hinweise legen die komplexen »Erwartungen« an Frauen offen.

Taylor-Johnson erkundete auch andere Formen der Darstellung. Ihre ersten erfolgreichen Filme untersuchten die Möglichkeiten von Multiscreen-Präsentationen. *Travesty of a Mockery* (1995) zeigt ein streitendes Paar, wobei sich Mann und Frau auf unterschiedlichen Leinwänden befinden. Taylor-Johnson trennt die beiden voneinander, um die emotionalen Barrieren zwischen ihnen zu verdeutlichen. *Atlantic* (1997) baut diese Idee weiter aus. Hier werden drei Leinwände verwendet, um einen Streit in einem Restaurant darzustellen. Eine Leinwand konzentriert sich auf das Gesicht der Frau, eine auf die Hände des Mannes, während die dritte die ganze Szene zeigt. Taylor-Johnson erklärte, dass sie den Betrachter dazu bringen wollte, sich zu überlegen, worum es in dem Streit ginge. »Der Betrachter ist in der gleichen Position wie die Leute im Restaurant [...] Ich möchte, dass man sich seine eigene Geschichte ausdenkt und so unendliche Möglichkeiten entstehen.«

Viele ihrer bekanntesten Werke spielen mit Theaterfantasien. Die Selbstporträts *Escape Artist (Multicolored)* (2008), *Bram Stoker's Chair II* (2001) und *Self-Portrait Suspended V* (2004) verwenden fotografische Tricks, um die Künstlerin in der Luft schweben zu lassen. Man sieht sie bei einer Art Luftgymnastik oder mit zusammengesacktem Körper, ehe sie wieder von Luftballons nach oben gezogen wird. Solche Bilder vermitteln das Künstliche und Manipulative des Mediums. Andere Arbeiten benutzen Tricks, um Ängste vor Alter und Tod näher zu beleuchten. Die Filme *Still Life* (2001) und *A Little Death* (2002) zeigen beispielsweise, wie Obst und Kaninchen in unnatürlicher Geschwindigkeit verwesen.

Taylor-Johnson pflegt Beziehungen zu professionellen Darstellern. Sie fotografierte Stars wie die Schauspieler Benicio Del Toro und Hayden Christensen. Eines ihrer ungewöhnlicheren Porträts zeigt den schlafenden Fußballer David Beckham. Sie setzte Filmstars auch in Kurzfilmen ein, die Parallelen zwischen ikonischen Symbolen und modernem Starkult ziehen. Einer ihrer bekanntesten ist *Pietà* (2001), in dem sie einen an Christus erinnernden Robert Downey jr. hält. Seit ihrem ersten Spielfilm *Nowhere Boy* aus dem Jahr 2009 brachte sie neben *Fifty Shades of Grey* (2015) auch *A Million Little Pieces* (2019) heraus sowie Episoden für die Serien *Gypsy* (2017) und *Solos* (2021). *bf*

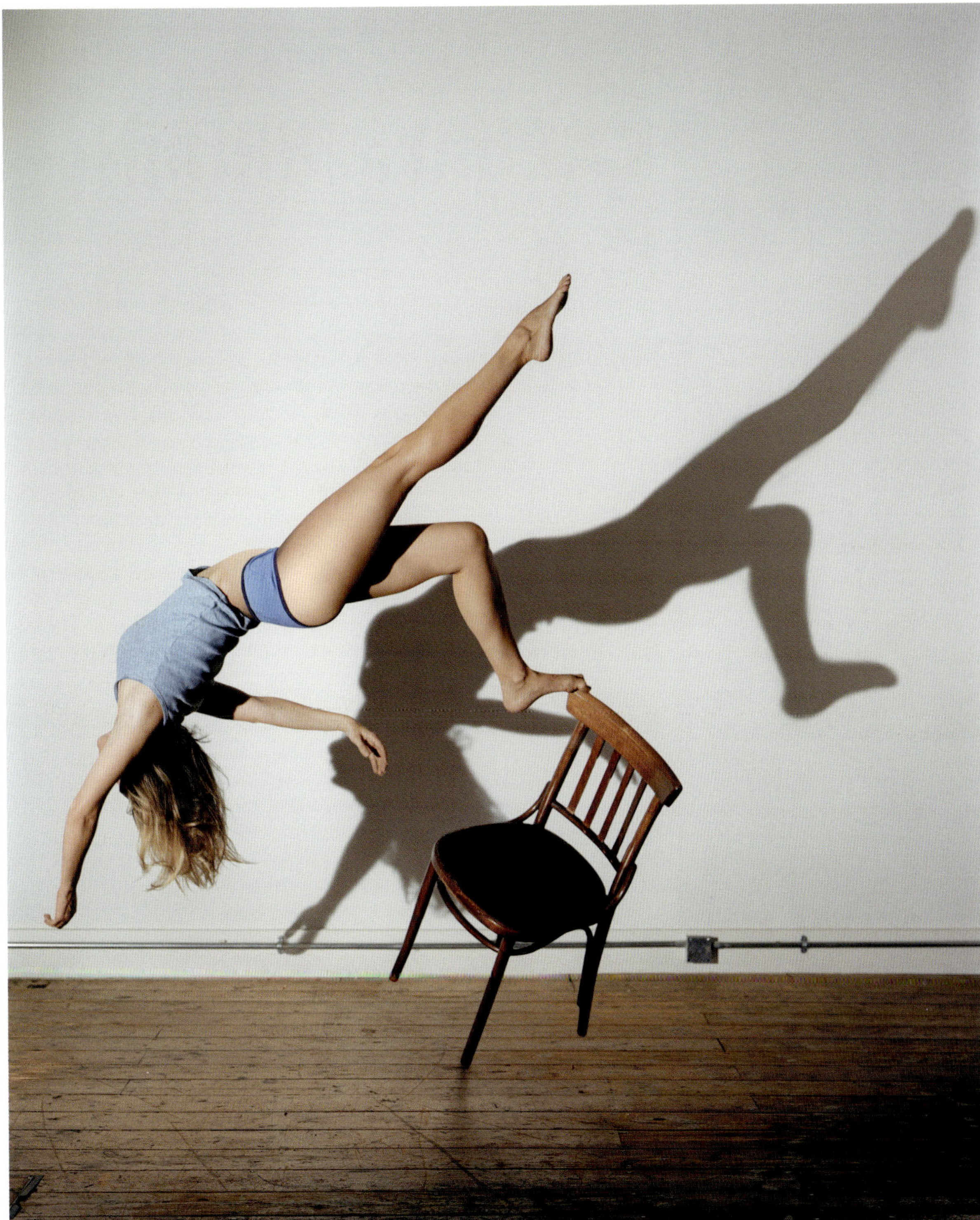

Bram Stoker's Chair II, 2005, C-Print, 121,9 × 96,5 cm. White Cube, London

42

MARIKO MORI

Mariko Mori fand mit ihren innovativen Multimedia-Arbeiten Mitte der 1990er-Jahre international Beachtung. Geboren in Tokio und wohnhaft in New York, vereinen Moris Werke die Gegensätze zwischen alter und neuer Welt, Tradition und Futurismus.

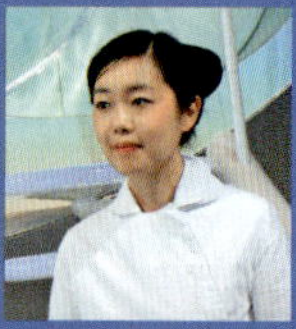

MARIKO MORI

1967 Wird in Tokio, Japan, geboren

1988 Studienabschluss am Bunka Fashion College in Tokio

1988–1989 Studium an der Byam Shaw School of Art

1989–1992 Studium am Chelsea College of Art, London

1992–1993 Teilnahme am Independent Study Program des Whitney Museum of American Art

1999 *Mariko Mori. Esoteric Cosmos*, Kunstmuseum Wolfsburg

2005 Ihre Arbeit *Wave UFO* wird auf der Biennale in Venedig gezeigt

2008 Ausstellung im BALTIC Centre for Contemporary Art in Gateshead, Großbritannien

2012 Ausstellung *Mariko Mori: Rebirth*, Royal Academy, London

Mariko Mori verschmilzt in ihren Arbeiten Elemente der japanischen Kultur und Religion mit Motiven aus der östlichen und westlichen Kunstgeschichte sowie Versatzstücken der zeitgenössischen populären Mode, des Designs und der Musik, aus Science-Fiction und Comic. Dabei bewegt sie sich an der Grenze zwischen Realität und Utopie, spricht von Erfahrungen der Verwandlung und Transzendenz und kreiert eine eigene, überirdische Welt.

In ihren frühen Fotografien und Videoarbeiten setzt sich Mori in erster Linie selbst in fantasievoll-skurrilem Outfit in Szene. Mitten im geschäftigen Alltag der Megastadt Tokio erscheint sie in silberfarbenem Hightech-Overall als fremdartiges, futuristisches Wesen, als synthetische Meerjungfrau im weltweit größten Indoor-Badevergnügungspark Seagaia Ocean Dome in Japan oder schwebt wie eine Zeitreisende in einer transparenten Kapsel von Ort zu Ort. Ein Team von Mitarbeitern unterstützt sie bei der Realisierung ihrer perfekten Bildinszenierungen und Bildmanipulationen, bei den Entwürfen und der Umsetzung von Kostüm, Make-up und Frisur, bei Licht, Kamera, Ton und Technik sowie bei Computeranimation und -design.

Die 3-D-Videoarbeit *Nirvana*, präsentiert 1997 auf der Biennale in Venedig, veranschaulicht das wachsende Interesse der Künstlerin an Spiritualität: Die Arbeit zeigt Mariko Mori als Göttin in Meditationshaltung auf dem Weg der Erleuchtung. Auch die begehbare Architektur *Dream Temple* (1999), entstanden in Anlehnung an den Yumedono-Tempel in Japan, geht zurück auf die intensive Beschäftigung mit dem japanischen Buddhismus.

In eine Welt jenseits des Alltäglichen entführt auch Moris Projekt *Wave UFO*, entstanden in den Jahren 1999 bis 2002. Automobilentwickler, IT-Spezialisten, Architekten, Musiker, Ärzte – ein ganzer Spezialistenstab war an der aufwendigen Umsetzung beteiligt. Das Modell des Raumschiffs ist zugleich interaktive Installation: Nach Eintritt in die Kapsel kann der mit Elektroden verkabelte Besucher das computergenerierte Schauspiel der eigenen Gehirnströme in Echtzeit beobachten, wie sie sich immer wieder mit denen anderer Besucher vereinen. So visualisiert die Künstlerin, »dass sich der Mensch als kollektives Wesen, durch positive und kreative Evolution vereinigen und kulturelle Unterschiede sowie nationale Grenzen überwinden wird«.

Mori studierte am Bunka Fashion College in Tokio und besuchte die Byam Shaw School of Art und das Chelsea Art College in London. Seither wurden ihre Arbeiten weltweit in zahlreichen Einzelausstellungen gezeigt, unter anderem im Museum of Contemporary Art in Tokio und im Centre Georges Pompidou in Paris.

2012 war in der Royal Academy in London die Ausstellung *Rebirth* von Mariko Mori zu sehen, in der die Künstlerin mit unterschiedlichen Medien und Darstellungsformen die verschiedenen Phasen des Lebenszyklus darstellt. Einige von Mariko Moris bekanntesten Arbeiten waren zu sehen, wie zum Beispiel der riesige Glasmonolith *TomNa H-lu II* (2006). Tom Na H-lu nannten die Kelten den Ort, an dem sich die menschliche Seele aufhält, bis sie wiedergeboren wird. Für sie besaß dieser Ort die Form eines riesigen Monolithen. Mori hat diesen Seelenplatz aus mattem Glas neu erschaffen. Die Skulptur enthält eine computergesteuerte LED-Lichtquelle, die immer dann ihre Farbe wechselt, wenn ein Stern stirbt. Über das Internet ist das Werk mit einem Supercomputer im Super Kamiokande Observatory der Universität in Tokio verbunden. *cw*

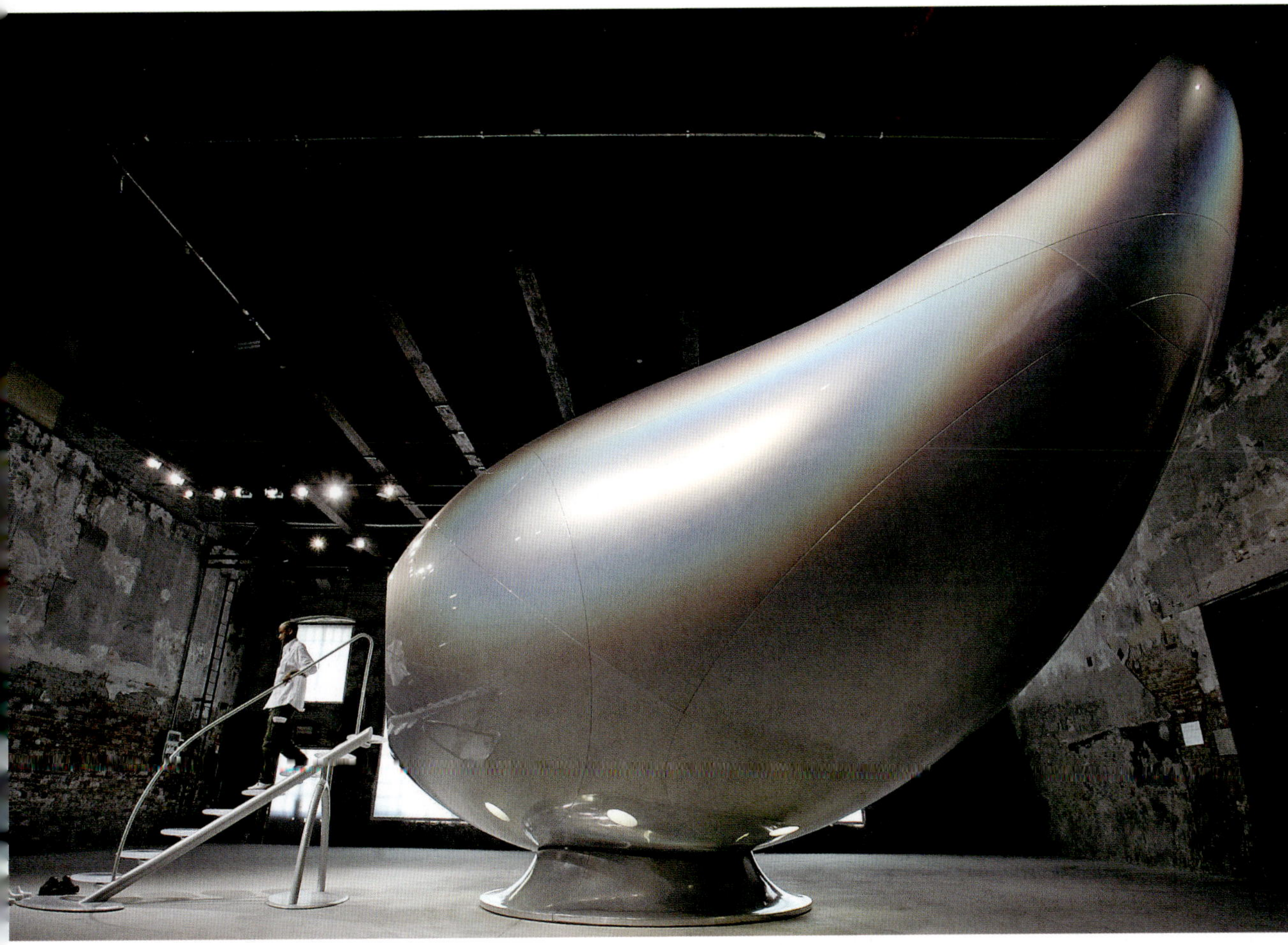

Wave UFO, 2005. Installationsansicht zur Biennale von Venedig

43

TAL R

Tal R spielt mit den Stilen der Vergangenheit. Seine Bilder zeigen kaleidoskopische Muster der 1970er-Jahre, picassoartige Collagen und Anklänge an den Expressionismus. Dynamisch und heiter feiern sie das Bewahren und das Neuinterpretieren abgelegter Teile unserer Kultur.

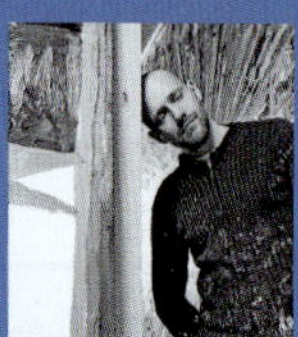

TAL R

1967 Tal Rosenzweig wird in Tel Aviv, Israel, geboren

1986–1988 Studium an der Kopenhagener Billedskolen

1991–1993 Lehrtätigkeit an der Nut Cracker-Art School, Kopenhagen

1994–2000 Studium an der Königlich Dänischen Kunstakademie, Kopenhagen

Seit 2004 Tal R unterrichtet an der Kunstakademie Düsseldorf eine Meisterklasse für Malerei

2005 Ausstellung *Mor* mit Jonathan Meese im Statens Museum for Kunst in Kopenhagen

2010 Ausstellung *Tal R*, Contemporary Fine Arts Galerie, Berlin

2012 Ausstellung *Tal R – Mann über Bord* in der Kunsthalle Düsseldorf

2018 Ausstellung *Academy of Tal R* im Museum Boijmans Van Beuningen in Rotterdam, Niederlande

Tal R sieht sich als Suppenmann: »Ständig kocht bei mir diese Suppe, und ich werfe alles Mögliche hinein – persönliche Erfahrungen und Dinge, die mich interessieren, wie ein Plattencover oder ein Albumtitel. Ich suche nach verschiedenen Mustern des Arbeitens und probiere immer neue Mischungen und Arten des Kombinierens aus.« Diese Fantasiesuppe ermöglicht es seiner Kunst, eine große Bandbreite von Themen und Bildern zu erkunden.

Tal R wurde in Israel geboren und wuchs in den 1970er-Jahren auf – eine Zeit, die ihn stark prägte. Nach seinem Studium in Kopenhagen zog er ganz nach Dänemark, wo ihm seine Werke allmählich internationalen Ruhm einbrachten. Viele Kritiker verstehen seine Ölgemälde als eine Rückkehr zur Kunst des frühen 20. Jahrhunderts: starke Farben, dicke Pinselstriche sowie Märchenbuchcharaktere und -landschaften.

Einige seiner frühen Werke scheinen jedoch direkt von der Hippie-Kultur beeinflusst zu sein. In *Moon Star and Planets* (1999) sieht man die ineinander verschlungenen Füße eines Paars unter einem Himmel voll psychedelischer Sterne. Die humoristische Szene macht sich über die Ära der »freien Liebe« lustig. *Lords of Kolbojnik* (2002–2003) hingegen erinnert an ein Plattencover aus den 1970er-Jahren und verwendet Collagetechniken. Eine Sternenexplosion wird von einer Armee ausgeschnittener Zeitschriftenfiguren umrahmt. Die Ausschnitte stellen Menschen und Dinge aus früheren Zeiten dar und stehen für alles – von Religion bis Sex. Tal R rettete solche Figuren aus dem »Kolbojnik« – jiddisch für Mülleimer – und hauchte ihnen neues Leben ein. Ähnliche Ideen finden sich auch in *Sisters of the Kolbojnik* (2002). Hier malte der Künstler eine Gruppe langhaariger Frauen mit Schlaghosen, vereint entschlossen, ihren Platz unter einem riesigen Pilz zu verteidigen.

In anderen Werken arbeitet Tal R ausrangierte Bilder aus noch früheren Zeiten und Orten ein. *New Quarter* (2003) zeigt eine mexikanische Stadt mit zwielichtigen Banditen und anderen Charakteren aus alten Westernfilmen. Wie die Frauen des *Kolbojnik* sind auch diese Männer eine stolze, eingeschworene Gruppe. In *The Japan* (2009) wird eine Postkartenszene aus dem alten Japan vor leuchtend bunten horizontalen Linien platziert. Die Linien erinnern an die Wellen eines Ozeans – ein Ozean, der die traditionellen Vorstellungen der Gesellschaft von den aktuellen Gegebenheiten trennt. In *We are the elephants* (2010) ist ein abstrahierter Nachtclub aus den 1920er-Jahren zu sehen, der an die kubistischen Arbeiten Picassos denken lässt. Im Club befinden sich Figuren, die halb Mensch, halb Gitarre sind und die »weißen Elefanten« der Kunst darstellen.

Tal R experimentiert auch mit anderen Materialien. Bei seiner Bronzeskulptur *Onions* (2005) arrangierte er eine Gruppe zwiebelartiger Formen auf Stäben – ein abstraktes Familienporträt. Seine Schwarz-Weiß-Drucke zeichnet eine expressive Linienführung aus, auch sie zeigen unterschiedliche Charaktere, die auf verschiedene Weise miteinander in Beziehung treten. Wie bei seinen meisten Arbeiten scheinen diese Figuren den Wunsch des Künstlers auszudrücken, Gemeinschaften zu bilden und neu zu gestalten. *bf*

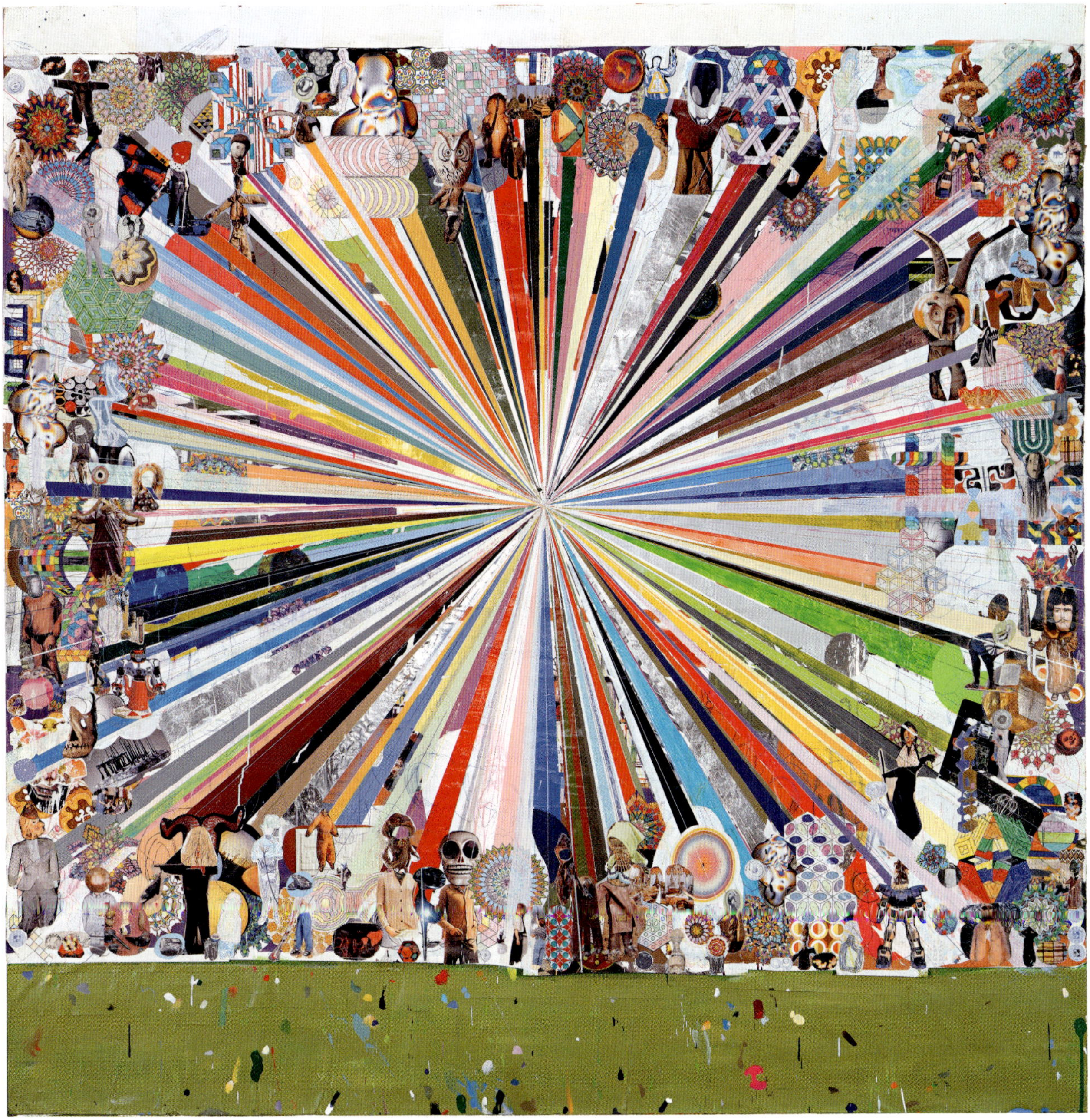

Lord of Kolbojnik, 2002, Mischtechnik auf Leinwand, 244 × 244 cm. Victoria Miro Gallery, London

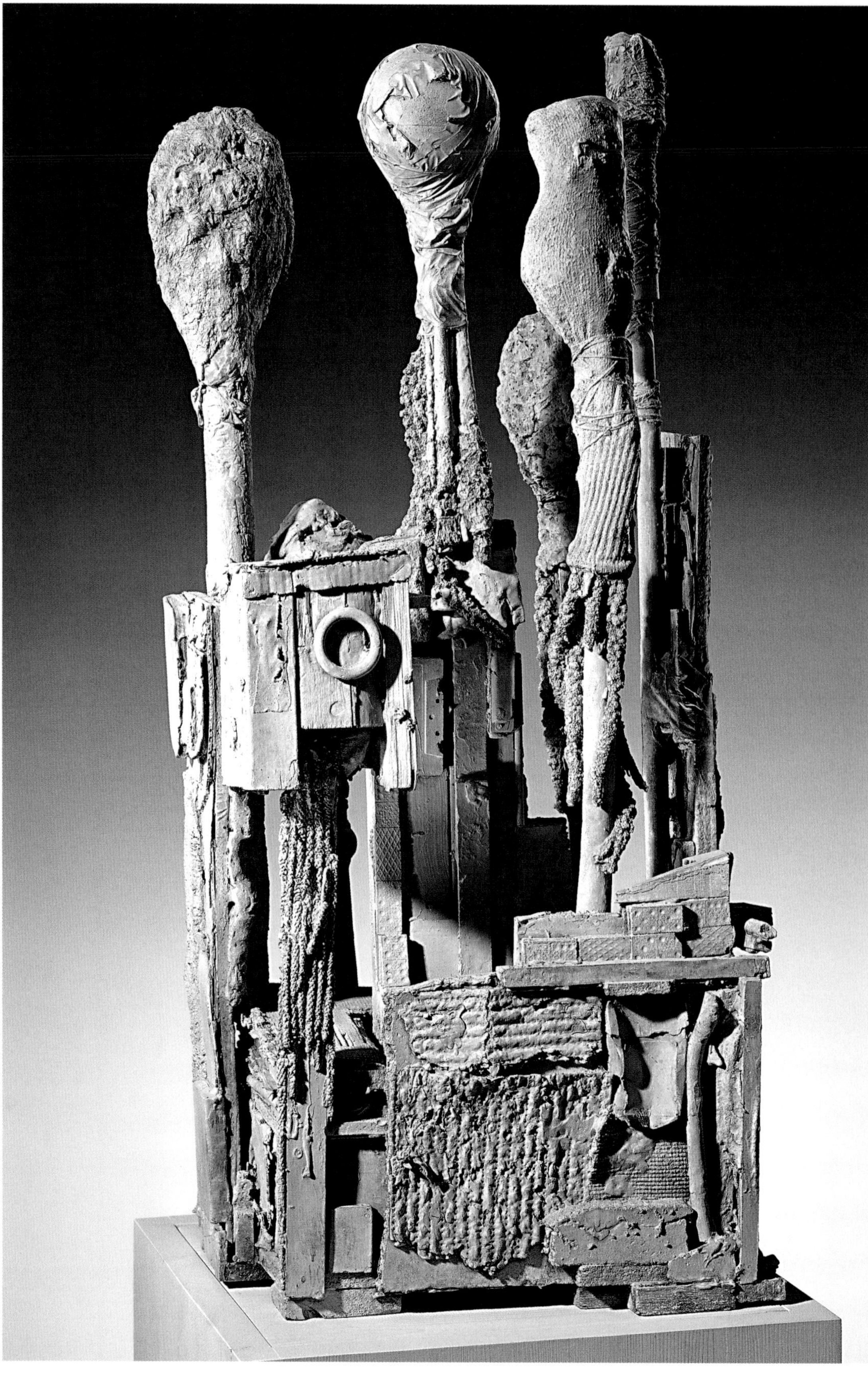

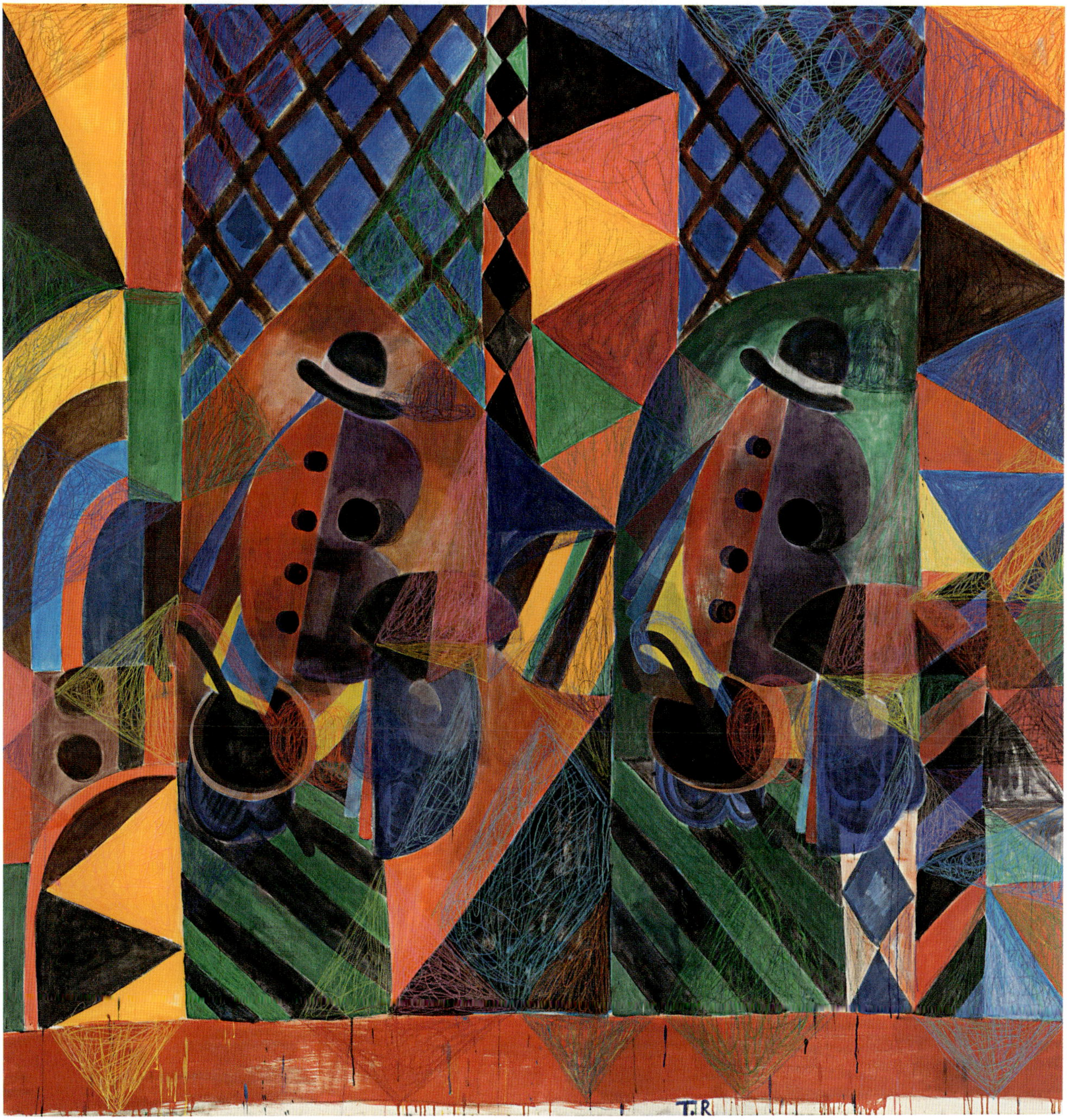

oben:

Onions, 2005, lackierte Bronze, 107 × 50 × 40 cm. Contemporary Fine Arts, Berlin

linke Seite:

We are the elephants, 2010, Hasenleim, Pigment und Wachskreide auf Leinwand, 250 × 250 × 4,5 cm. Contemporary Fine Arts, Berlin

44

WOLFGANG TILLMANS

Ende der 1980er-Jahre entwickelte Tillmans einen fotografischen Stil, der sogar die internationale Mode- und Lifestyle-Fotografie prägte. Höchste Auszeichnungen würdigen sein Werk, darunter der Turner-Preis, der 2000 erstmals an einen Fotografen und deutschen Künstler ging.

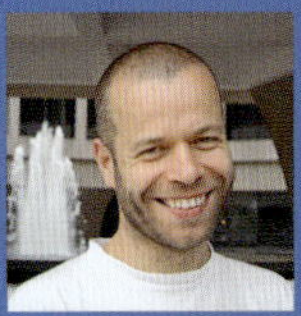

WOLFGANG TILLMANS

1968 Wird in Remscheid, Deutschland, geboren

1990–1992 Studium am Bournemouth and Poole College of Art and Design

2000 Erhält den Turner-Preis

2001 Ausstellung *Aufsicht* in den Deichtorhallen Hamburg

2003 Ausstellung *if one thing matters, everything matters* in der Tate Britain, London

2003–2006 Professur an der Städelschule, Frankfurt a. M.

2006 Ausstellung *Freedom from the Known*, P.S. 1 Contemporary Art Center, New York

2009 Kulturpreis der Deutschen Gesellschaft für Photographie

2015 Hasselblad Foundation Award

2017 Retrospektive *Wolfgang Tillmans* in der Tate Modern, London

Bekannt wurde Tillmans zunächst mit Momentaufnahmen aus der jugendlichen Subkulturszene in Londoner Clubs oder auf Veranstaltungen wie der Love Parade in Berlin. Zusammen mit den Porträts junger Menschen begründeten sie seinen Ruf als Chronist der eigenen Generation. Daneben entstanden durch achtsame Beobachtung der Umwelt Bilder aus dem urbanen Alltag, von Landschaften, der Natur oder Stillleben. Auch Serien von Faltenstudien oder Sonnenfinsternissen erscheinen auf den ersten Blick wie »Schnappschüsse«, sind jedoch Ergebnis eines sorgfältigen und langwierigen Prozesses.

Kennzeichnend für Tillmans Œuvre sind die Offenheit und die große Bandbreite seines Schaffens, die er auch durch das Fokussieren auf Vorgänge des Fotografierens selbst erweitert hat: Seine abstrakten Bilder entstehen im Labor, kameralos und ausschließlich unter Einwirkung des Lichts. Farbschlieren und feine Muster sind das Ergebnis von Serien wie *Blushes* (2000) oder *Freischwimmer* (2003–2005). Nicht das Abbildhafte zählt, sondern die Materialität, etwa wenn Tillmans die Fotos nach dem Belichten fein säuberlich faltet oder kunstvoll zerknittert. So werden in seiner Serie *Lighter* (2006–2008) aus Bildern Objekte. Seit 2006 experimentiert Tillmans außerdem mit analogen Fotokopien und der Auflösung des eigentlichen Bildmotivs durch maßgebliche Vergrößerung.

Ein weiterer prägnanter Aspekt der Arbeit des 1968 in Remscheid geborenen Künstlers besteht in seinen innovativen Ausstellungskonzepten und Präsentationsweisen. Häufig pinnt er seine Papierabzüge einfach mit Klebeband direkt an die Wand und mischt bei der Hängung kleine und große Formate. Das Prinzip der Kombination dient ihm auch dazu, Fotos mit Bild- und Textmaterial aus Printmedien und dem Internet in Vitrinen oder komplexen Tisch- und Wandinstallationen zusammenzufügen. So vermeidet er das Festschreiben von Bedeutungen, stellt in verschiedenen Kontexten Fragen nach dem Wahrheitsgehalt von Bildern und Nachrichten und vergewissert sich seiner Arbeit selbst immer wieder von Neuem.

Wolfgang Tillmans publizierte seine Fotografien zunächst in populären Magazinen wie *Spex* oder *iD* und stellte in Galerien aus, bevor er in bedeutenden internationalen Museen Einzelschauen erhielt und zahlreiche Künstlerbücher und Kataloge publizierte.

Tillmans Wirken gilt nach wie vor der »Faszination, wie aus einem industriell gefertigten Blatt allein mithilfe von Licht ein Objekt von großer Schönheit und Bedeutung wird«. Er lebt in Berlin und London, wo er mit seiner Galerie *Between Bridges* eine Plattform für vom Markt wenig beachtete und zumeist politische Kunstpositionen geschaffen hat. *cw*

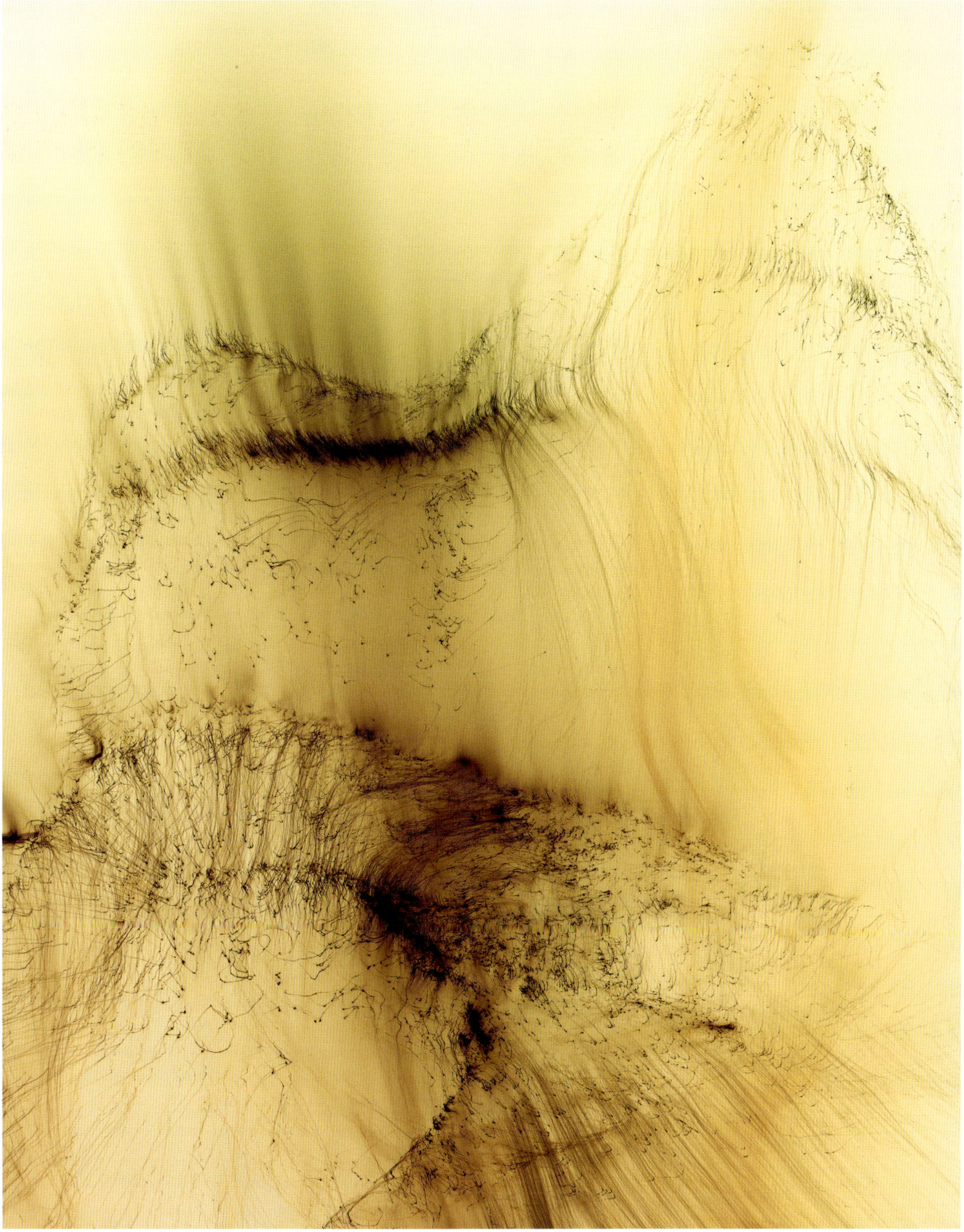

Freischwimmer 78, 2004, C-Print, 239 × 181 cm. Courtesy the artist and David Zwirner, New York/London

45

CHRIS OFILI

Ofilis Kunst untersucht ethnische Identität und interethnische Konflikte – mit viel Witz und großem Detailreichtum. Der in Großbritannien geborene Künstler setzt sich künstlerisch mit seinem nigerianischen Erbe und seiner Stellung innerhalb der Kultur seines Geburtslands auseinander.

CHRIS OFILI

1968 Wird in Manchester, Großbritannien, geboren

1987–1988 Tameside College of Technology

1988 Teilnahme an der Ausstellung *Sensation* der Young British Artists

1988–1991 Chelsea School of Art, London

1992 Austauschjahr an der Hochschule der Künste, Berlin

1991–1993 Royal College of Art, London

1998 Verleihung des Turner-Preis

2003 Gestaltet zusammen mit dem Architekten David Adjaye den britischen Pavillon für die Biennale in Venedig,

2010 Die Tate Britain zeigt die Ausstellung *Chris Ofili*

2012 Entwirft Bühnenbild und Kostüme für das Ballett *Diana and Actaeon* am Royal Opera House, London

2014 Retrospective *Chris Ofili: Night and Day* im New Museum, New York

Chris Ofili wuchs fern von seinen afrikanischen Wurzeln im Arbeitermilieu von Manchester auf, wo er die schwarze Kultur aus westlicher Perspektive wahrnahm. Er sog alles davon in sich auf – von kitschigen Blaxploitation-Filmen bis hin zu Funkmusik. Während seines Studiums am Royal College of Art reiste er 1992 nach Afrika und entdeckte dort die traditionelle Kunst Simbabwes. Später fand all dies Eingang in sein komplexes und manchmal ausgesprochen provokantes Werk.

Ofili entwickelte einen figuralen Malstil, der schwarze Männer und Frauen stilisiert zweidimensional zeigt und an traditionelle afrikanische Porträts erinnert. In einer seiner eindrucksvollsten frühen Arbeiten – *The Holy Virgin Mary* (1996) – entwarf er eine schwarze Jungfrau Maria aus flachen, blattartigen Formen, die von insektenförmigen Ausschnitten aus Sexmagazinen umgeben ist, allesamt Bilder der weiblichen Genitalien. Diese sexuell aufgeladenen Details scheinen über die Leinwand zu schwirren und zu flattern, durchzogen von kleinen Elefantenkothaufen. Viele empfanden die Verwendung religiöser Ikonografie gemeinsam mit Themen wie sexueller und ethnisch-rassischer Ausbeutung als anstößig. Andere jedoch beeindruckte das ausdrucksstarke Werk und sein Detailreichtum. Ofili wurde bald zu einem führenden Mitglied der Young British Artists.

Die Techniken, die Ofili in *Holy Virgin Mary* benutzte, tauchten auch in *Monkey Magic* (1999) auf, einer größeren Arbeit, bestehend aus 13 separaten Bildern. Zwölf dieser Bilder zeigen stilisierte Affen im Profil mit Hüten auf dem Kopf und einem Becher in der Pfote. Auf dem 13. Gemälde ist ein großer, nach vorn gerichteter goldener Affe zu sehen, der vage an eine Buddha-Statue erinnert. Ofili arrangierte die zwölf »Diener«-Affen um den zentralen Affen, wodurch ein sakral anmutender Raum entstand. Das Rituelle des Werkes wird noch durch die verwendeten Acrylfarben, Glitzerpartikel und Harz verstärkt, die den Bildern den Reiz schimmernder Mosaiken verleihen. Die komplexe Mischung aus religiösen Symbolen lässt zudem verschiedenste Interpretationen zu.

In dem säkulareren Werk *The Adoration of Captain Shit and the Legend of the Black Stars* (1999) beschäftigte sich Chris Ofili mit der Bildsprache der Popkultur aus den frühen 1970er-Jahren. Die zentrale Figur erinnert an die zornigen Helden der Blaxploitation-Filme – einschließlich offenem Hemd und Brustbehaarung. Weiße Hände fassen nach Captain Shit, während ihn schwarze Sterne mit menschlichen Augen anstarren. Der Körper des Helden ist durchsichtig, sodass die Sterne hinter ihm zu erkennen sind. Ofilis Bild spielt hier auf das Nichtfassbare kultureller Fantasien an, selbst jene mit multikultureller Anziehungskraft.

Nachdem Ofili 2005 nach Trinidad übersiedelte, vereinfachte sich seine Farbpalette. So beherrschen zum Beispiel blaue Töne *Iscariot Blues* (2006), eine Arbeit, die den Freitod des Judas Ischariots darstellt. Judas, der Jesus verraten hat, ist schwarz und umgeben von einer karibischen Nachtszenerie – ein düsteres Bild, in dem nichts vom Humor früherer Arbeiten Ofilis zu finden ist. Es fängt vielmehr Trinidads drückende tropische Atmosphäre ein und setzt sich mit der Geschichte von Rassismus und Lynchjustiz in der Neuen Welt auseinander. *bf*

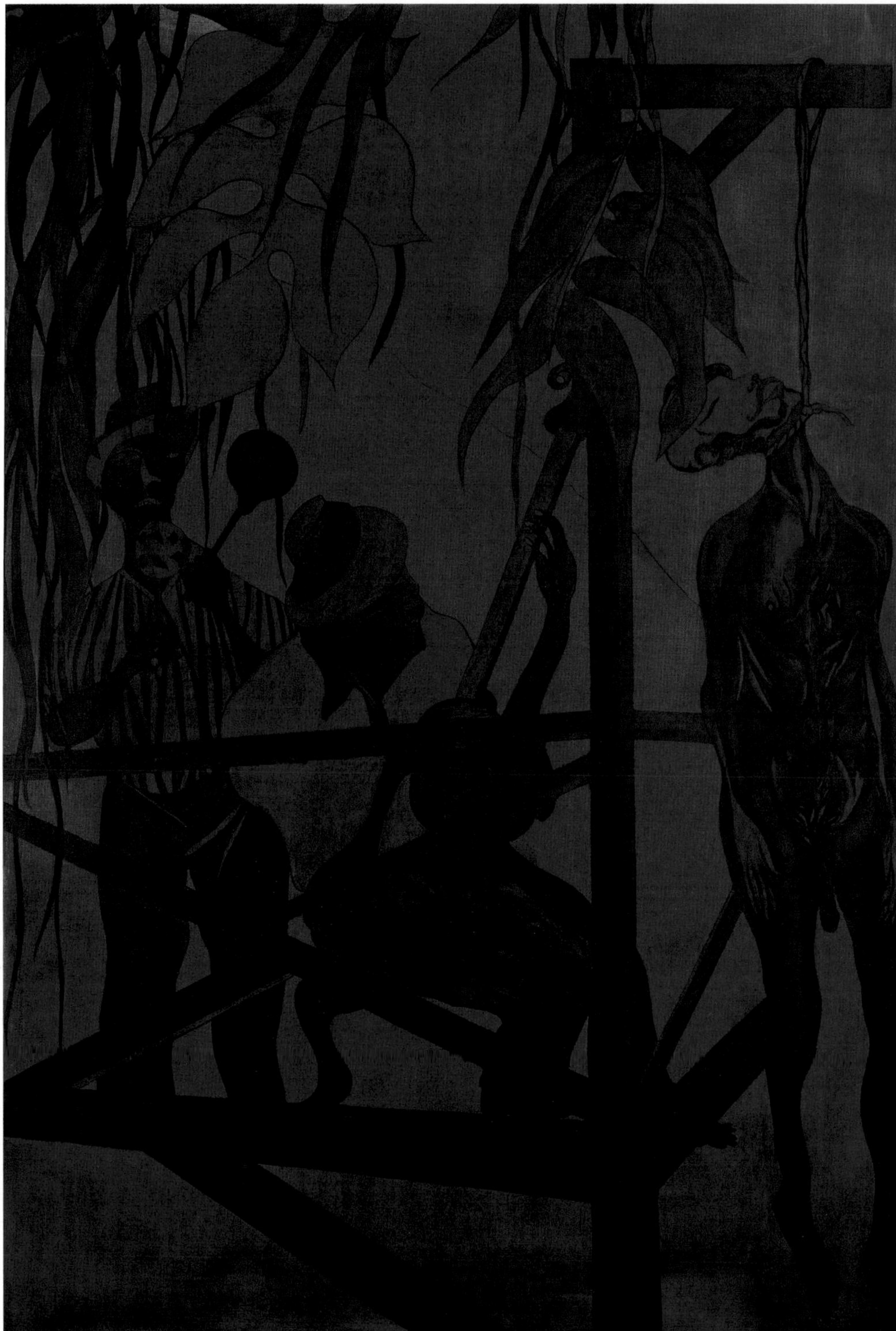

Iscariot Blues, 2006, Öl und Kohle auf Leinen, 281 × 194,9 cm,
David Zwirner, New York, und Victoria Miro Gallery, London

46 DOUG AITKEN

Aitkens Multiscreen-Installationen schaffen eigene Räume, indem sie ikonische Gebäude, urbane oder natürliche Landschaften neu definieren. Seine Werke umgeben den Betrachter mit Geräuschen, Bildern und einem Netz aus Geschichten.

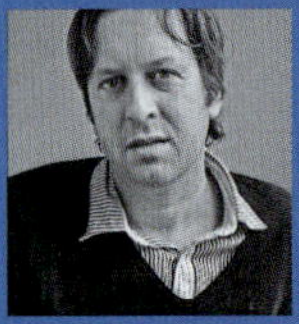

DOUG AITKEN

1968 Wird in Redondo Beach, Kalifornien, USA, geboren

1987–1991 Art Center College of Design, Pasadena, Kalifornien

1986–1987 Marymount College, Palos Verdes, Kalifornien

1999 Aitken erhält für seine Installation *Electric Earth* den Premio Internazionale der Biennale in Venedig

2000 Teilnahme an der Whitney Biennial, New York

2007 Installation *Sleepwalkers* im MoMA, New York

2007 Deutscher Kritikerpreis, Kunst-FilmBiennale, Köln, Deutschland

2009 Eröffnung von *Sonic Pavilion* im brasilianischen Regenwald

2015 Ausstellung *Doug Aitken* in der Schirn Kunsthalle, Frankfurt a. M.

Die sinnlichen Werke Aitkens stellen die Frage, »wie Menschen Räume besetzen und wie sie mit dem umgehen, was und warum sie etwas tun«. Seine Installationen drehen sich um das Leben von Individuen, aber auch um die Rolle des Individuums in Gesellschaft und Natur. Bereits früh – wie bei *Interiors* (2002) – verwendete er das Format, das er auch später dazu benutzte, solche Themen zu untersuchen: mehrere Bildschirme, miteinander verbundene Geschichten und packende Geräusche. So entstanden mit der Zeit immer größere und komplexere Arbeiten.

Eine seiner ersten monumentalen Außeninstallationen – *Sleepwalkers* (2007) – bedeckte die Mauern des New Yorker Museum of Modern Art mit riesigen Videoprojektionen. Die Videos zeigten fünf berühmte Darsteller, unter anderem die Schauspieler Donald Sutherland und Tilda Swinton sowie die Musikerin Cat Power. Man sieht die Darsteller beim Schlafen, Baden oder ähnlichen Tätigkeiten. Die Filme waren mit Schlagzeugmusik unterlegt, die den Rhythmus der Handlungen unterstrich. Aitken wollte mit dieser Arbeit »die vielen Facetten einer Stadt« zeigen, »wie ein Blick durch einen geschnittenen Diamanten, wie ein Kaleidoskop gleichzeitiger Blicke«.

In *Migration* (2008) verbindet Aitken die urbane Welt mit der Natur. Auf zahlreichen Breitbildschirmen sind nordamerikanische Wildtiere zu sehen, die in Hotelräumen gefangen sind – in Badewannen, Küchen oder Schwimmbecken. In einer besonders eindrucksvollen Szene sieht man einen Büffel, der Überdecken von Betten reißt und Möbel in einem Motelzimmer umwirft. Diese vertrauten Orte gewinnen durch das unvorhersehbare Verhalten der Tiere etwas seltsam Exotisches und lassen darüber nachdenken, wie Menschen die Orte nutzen, die sie selbst entwerfen. Zudem scheint die Arbeit ein Kommentar über das Unpersönliche des Lebens im 21. Jahrhundert zu sein.

Auch *Sonic Pavilion* (2009) erkundet die Beziehung zwischen Natur und menschlichen Interessen. Die Arbeit entstand für den Kunstpark Inhotim im ländlichen Südostbrasilien. Das Team von Aitken grub auf einem Hügel ein etwa 800 Meter tiefes Loch. Dann wurden am Boden des Lochs Mikrofone installiert, um die Geräusche der Erdbewegungen nach oben zu übertragen. Zudem wurde ein Pavillon aus Glas um das Loch gebaut, dessen Akustikgeräte die Geräusche unter der Erde verstärkten. Der ständige Wechsel dieser Geräusche ermöglichte es Aitken, »ein lebendiges Kunstwerk zu erschaffen … das nie genau gleich sein wird«.

Auch in *Frontier* (2009) erschuf er einen Raum für seine Kunst. Ein moderner Pavillon steht mitten im antiken Rom auf einer Insel im Tiber. An die Innenwände des Pavillons projizierte Aitken Videos, die den Künstler Ed Ruscha in einer Vielzahl von Landschaften zeigt. Wie bei den meisten von Aitkens Arbeiten wird der Betrachter auf mehreren Ebenen erreicht – durch Geräusche, Bilder und den Raum. Die Installation spricht zudem eine komplexe Bandbreite von Themen an und stellt der Ruhelosigkeit des menschlichen Lebens die größere Langsamkeit des Flusses und der alten Stadt gegenüber.

2015 präsentierte die Schirn Kunsthalle in Frankfurt a. M. die bislang umfassendste Solo-Ausstellung von Doug Aitken mit aufwendigen Videoinstallationen, Skulpturen im Innenraum und einer Soundinstallation im Außenraum des Museums. *bf*

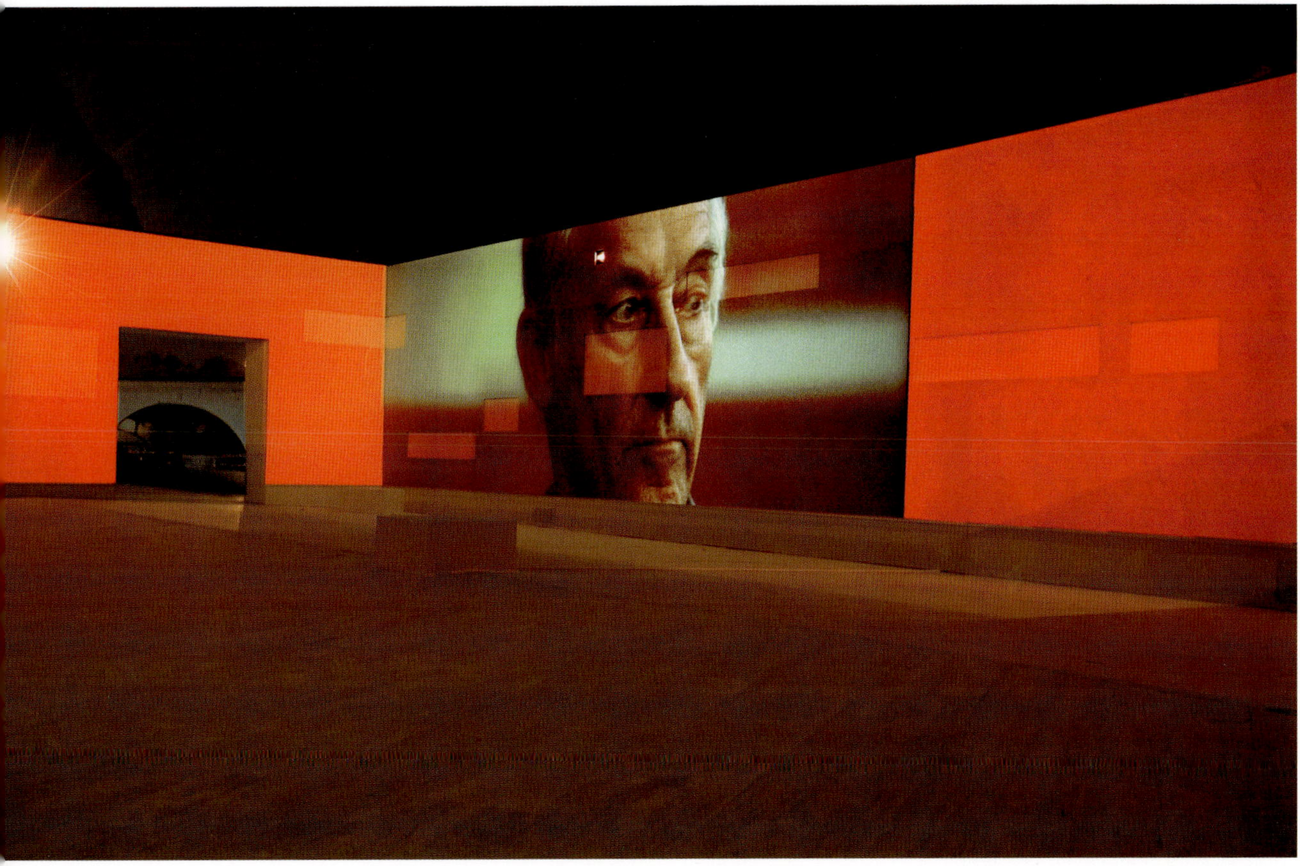

Frontier, 2009, Installationsansicht von der Tiberinsel, Rom, Italien. 303 Gallery, New York

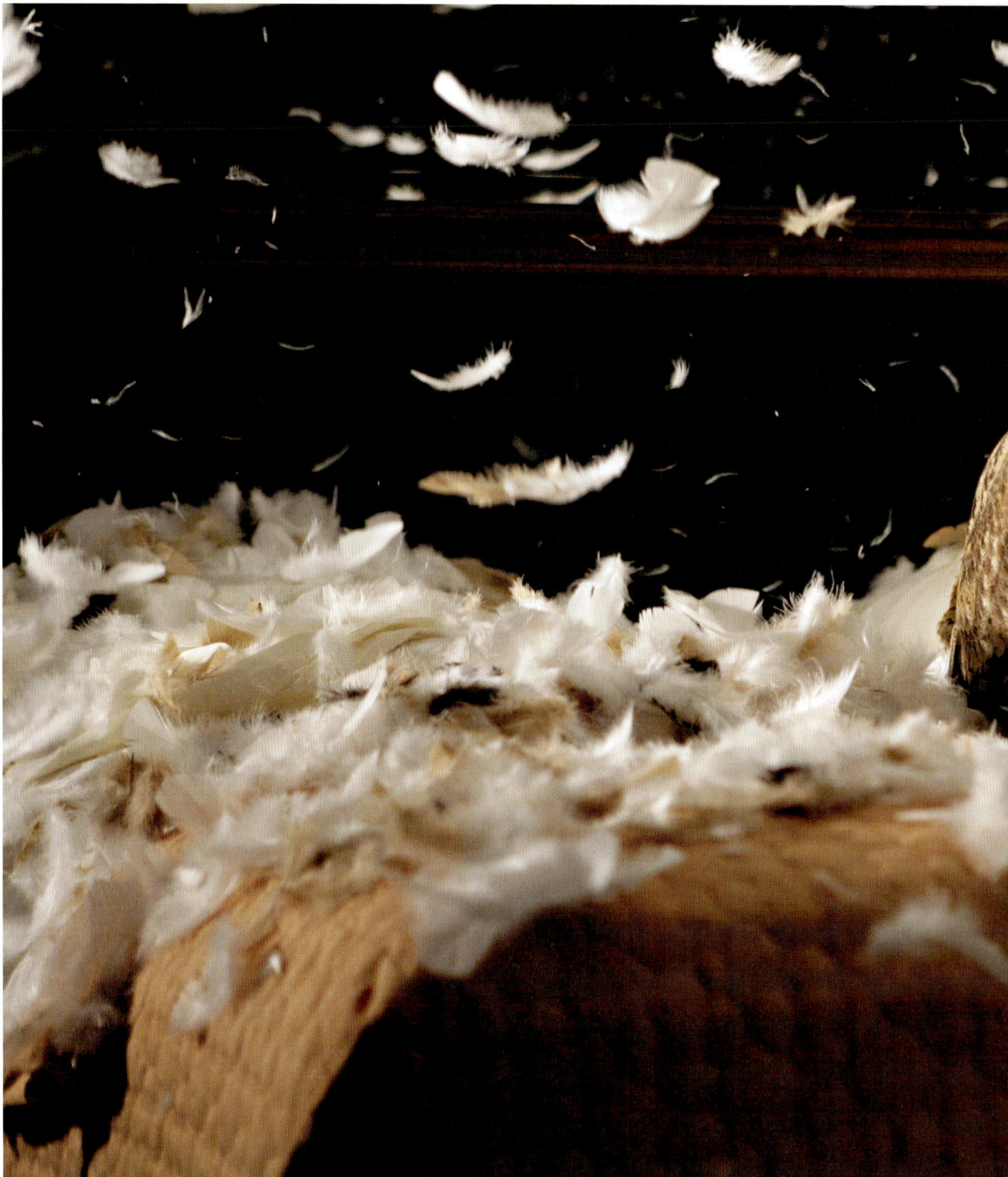

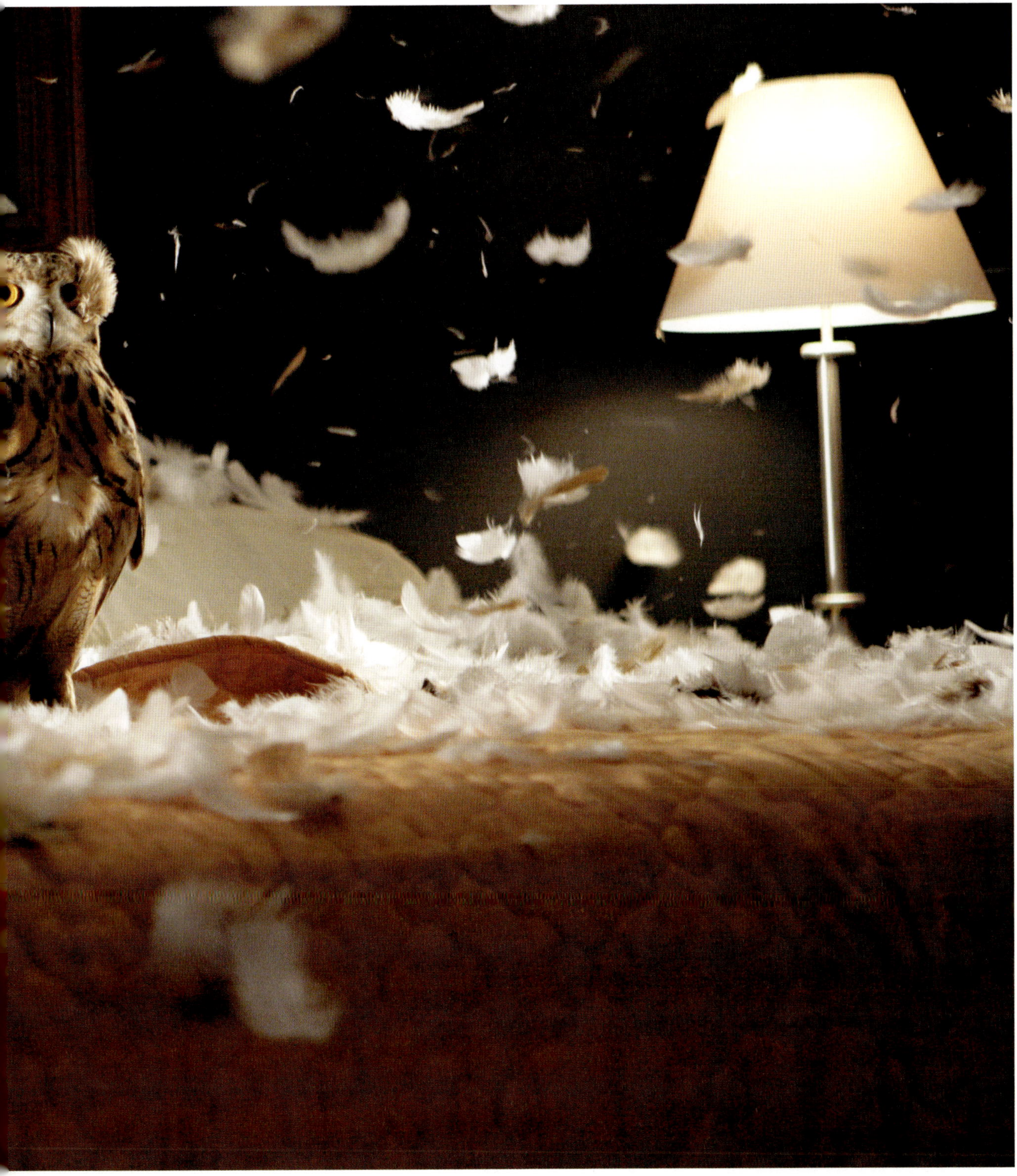

Filmstill aus *Migration*, 2008, Film (24.28 Min.). Courtesy of 303 Gallery, New York

47

GREGOR SCHNEIDER

Von dem Journalisten Fabian Perren stammt der Ausspruch, dass es beim Betrachten der Arbeiten des Künstlers Gregor Schneider so sei, als wandere man durch die Schichtungen und Schalungen des eigenen Gehirns und gehe dort den Mechanismen der Wahrnehmung und des Wissens nach.

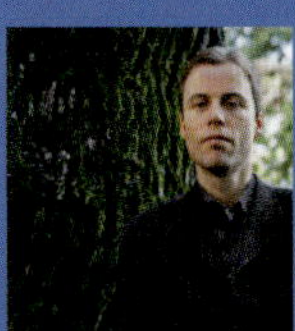

GREGOR SCHNEIDER

1969 Wird in Rheydt, Deutschland, geboren

1985 Erste Einzelausstellung *Pubertäre Verstimmung* in der Galerie Kontrast, Mönchengladbach

1989–1992 Studium an der Kunstakademie Düsseldorf und Münster sowie an der Hochschule für bildende Künste Hamburg

1999–2003 Gastprofessuren in Amsterdam, Los Angeles, Hamburg und Kopenhagen

2001 Goldener Löwe der Biennale in Venedig für den deutschen Pavillon *Totes Haus u r*

2003 Das *Tote Haus u r* ist für ein Jahr im Museum of Contemporary Art Los Angeles (MOCA) aufgebaut

2016 *Wall before Wall* in der Bundeskunsthalle in Bonn

Schneiders bekanntestes Werk besteht in der seit 1985 andauernden Arbeit des Um- und Verbauens seines elterlichen Hauses im niederrheinischen Rheydt. Die Arbeiten Gregor Schneiders lassen sich einfach beschreiben: Es sind gebaute Räume in Räumen, Wände vor Wänden, Decken unter Decken. Dabei gibt es Räume, die sich um sich selbst drehen, während ein nichts ahnender Besucher am Kaffeetisch sitzt. Eine komplette Decke hebt und senkt sich so langsam um fünf Zentimeter, dass es nicht zu bemerken ist. Verdoppelung ist hier die Vorgehensweise. Dies ist also keine Erfindung, oder wenn Erfindung, dann eine, die sich der Kenntnisname entzieht oder jedenfalls nicht als solche hervortritt. Das Vorhandene wird wiederholt und damit von Grund auf rekonstruiert. Die Arbeit konzentriert sich in sich selbst.

Die Bezeichnung *Haus u r* verweist auf seine Lage – »u« steht dabei für die Unterheydener Straße 12, »r« ist die Abkürzung für den Ort Rheydt. Irgendwann begann Gregor Schneider, Teile des Gebäudes auszubauen, um sie auf Galerieausstellungen und internationalen Schauen in Kunstvereinen und Museen zu zeigen.

2001 wurde er eingeladen, sein Haus nach Venedig zu verpflanzen. Mehr als 20 Räume wurden im deutschen Pavillon der Biennale aufgebaut, und Gregor Schneider erhielt als Auszeichnung für sein *Totes Haus u r* den Goldenen Löwen. Wiederum Räume, wenn auch keine privaten, beschäftigten den Künstler in *Cube*, 2007 realisiert vor der Kunsthalle in Hamburg. Der 14 Meter hohe schwarze Kubus ist der Kaaba nachempfunden, dem Heiligtum im Innenhof der Großen Moschee in Mekka, zu dem Jahr für Jahr Millionen Gläubige pilgern. Eine Aufstellung auf dem Markusplatz in Venedig war nach kontroversen politischen Debatten ebenso abgelehnt worden wie vor dem Hamburger Bahnhof in Berlin.

2008 sorgte Schneider erneut für Aufruhr mit seiner Ankündigung, einen auf natürliche Weise sterbenden oder gerade gestorbenen Menschen in einem von ihm gebauten, transportablen Raum zu präsentieren, um die »Schönheit des Todes« zu zeigen. Dieses Vorhaben entfachte in Deutschland eine kontroverse mediale Debatte, in der ihm der Missbrauch der künstlerischen Freiheit zu Provokationszwecken und ein würdeloses Umgehen mit dem Sterben vorgeworfen wurde, wovon sich der Künstler jedoch ausdrücklich distanzierte. Gregor Schneider fragt: »Darf Sterben Kunst sein?«

Der Medienrummel und die Schwierigkeiten im Bezug auf die Realisierung des *Cube Venice*, *Cube Berlin* und den *Sterberaum* zeigen, wie hochpolitisch der öffentliche Raum im Vergleich zum privaten Raum ist. Bis heute wohnhaft in seinem Geburtsort Rheydt, arbeitet Schneider weiter an gebauten Räumen. Nach verschiedenen Gastprofessuren, unter anderem in Los Angeles und Kopenhagen, ist er seit 2016 Professor an der Kunstakademie in Düsseldorf. *cw*

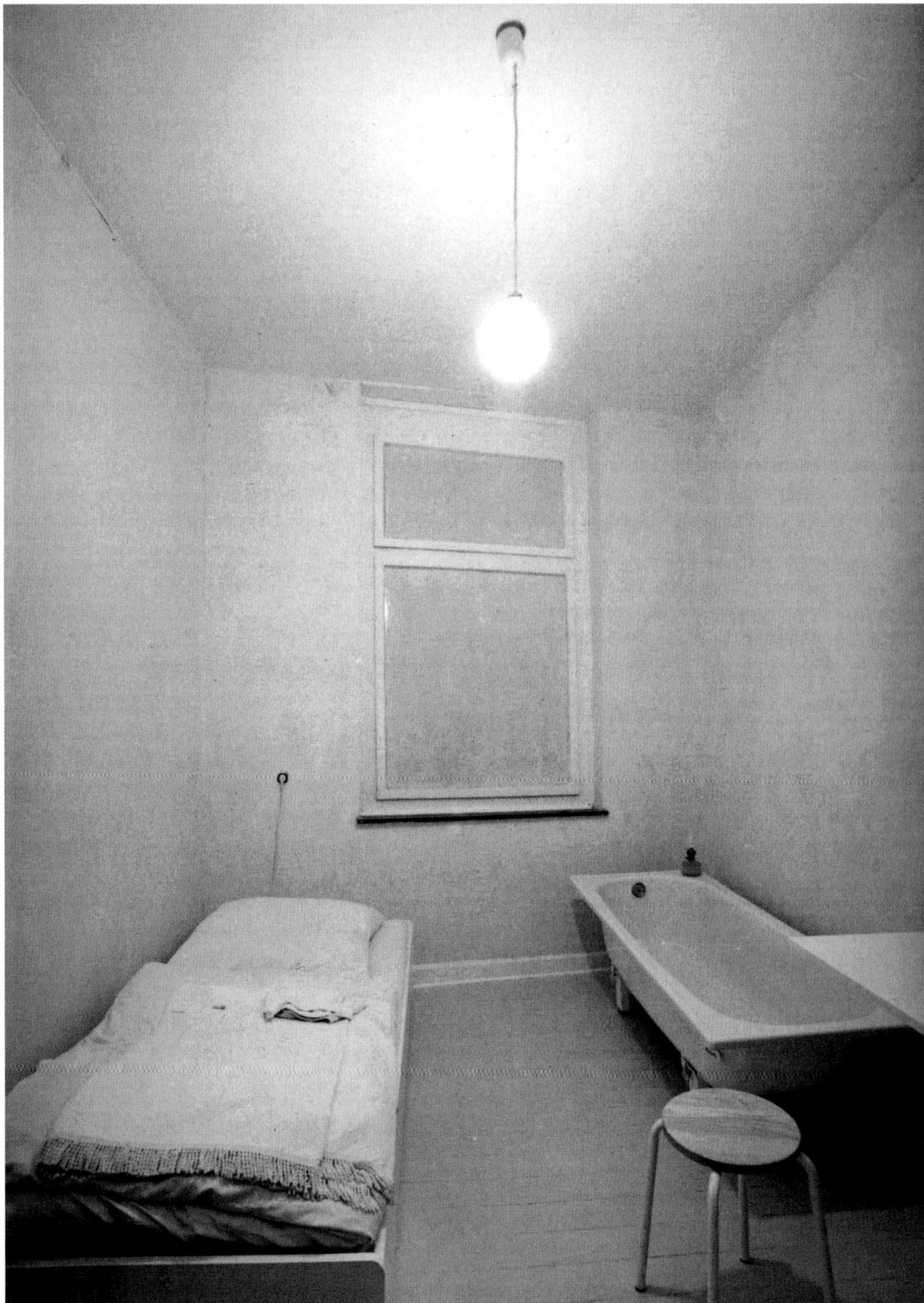

LIEBESLAUBE, 1995, Raum im Raum, Konstruktion aus Spanplatten und Holz, 1 Fenster, 1 Lampe, 1 Badewanne, 1 Heizung, 1 Schrank, grauer Holzboden, weiß verputzte Wände und Decken, 416 × 285 × 315 cm, Haus u r, Rheydt, Deutschland 1995–1996, Gregor Schneider, Venedig, 2010

48

KARA WALKER

Die Schatten der Vergangenheit erwachen in Walkers Bildern zu neuem Leben. Ihre Scherenschnitte konfrontieren den Betrachter mit der schmerzhaften Realität der afroamerikanischen Geschichte und verwenden Stereotypen aus der Zeit der Sklaverei.

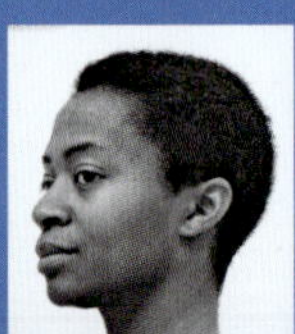

KARA WALKER

1969 Wird in Stockton, Kalifornien, USA, geboren

1991–1994 Abschluss am Atlanta College of Art und Abschluss in Malerei und Drucktechnik an der Rhode Island School of Design

1997 Erhält als jüngste Preisträgerin den MacArthur Foundation »genius« grant

2001 Dozentin an der Columbia University School of the Arts, New York

2002 Ausstellung *Kara Walker* in der Deutschen Guggenheim Berlin

2007 Titelseite für die Ausgabe des *New Yorker* vom 23. August in Erinnerung an den zweiten Jahrestag des Hurrikans »Katrina«

2014 *A Subtlety or the Marvelous Sugar Baby* in der Domino Sugar Factory Williamsburg (Brooklyn), New York

Der Scherenschnitt hat im amerikanischen Bürgertum eine lange Tradition. Bereits im 18. Jahrhundert war er ein beliebtes Medium für Familienporträts und Buchillustrationen. Kara Walker steht in dieser Tradition. Ihre Scherenschnitte lassen die Damen und Herren der Südstaaten vor dem Bürgerkrieg wiederauferstehen, doch diesmal in einer albtraumartigen Welt, in der sich die Brutalität von Rassismus und Ungleichheit gnadenlos enthüllt.

Walker fing im College an, mit Scherenschnitten zu experimentieren, und stellte bald fest, dass man so hochkomplexe Themen gut simplifizieren könnte. Sie schuf große Scherenschnitte für große Installationen. Ihre zarten Figuren aus schlichtem schwarzem Papier speisen sich aus ihrem Interesse für viktorianische Literatur und ihrem Wissen über die afroamerikanische Bildsprache des 19. Jahrhunderts. Ihr bekanntes Werk *Slavery! Slavery!* (1997) zeigt die typischen Protagonisten romantischer Geschichten über das Plantagenleben – Südstaatenschönheiten mit Reifröcken, elegante Herren in Gehröcken und »entzückende« Sklavenkinder. Doch Walker reißt Löcher in diese romantische Fiktion und entblößt die verzweifelte, demütigende Wirklichkeit der Sklaven. Die weißen Herrschaften misshandeln und missbrauchen schwarze Kinder, während ein Aufseher eine gefesselte Sklavin vergewaltigt. Walker baute zudem unheilvoll anmutende Fragmente der Südstaatenlandschaft wie Bäume mit Louisiana-Moos und einen riesigen, wolkenverhangenen Mond ein. Die Bilder umgeben den Betrachter in einem klaustrophobisch engen, runden Raum – eine Anordnung, die wiederum an eine andere beliebte Tradition des 19. Jahrhunderts anknüpft, die des Rundgemäldes.

Der Künstlerin zufolge spiegeln ihre Scherenschnitte wider, wie die Amerikaner Rassismus »mit einem Weichzeichner« betrachten und es vermeiden, sich dem »Zusammenspiel von Ekel, Begierde und Lüsternheit« zu stellen, »das sich im Rassismus zeigt«. Es ist am Betrachter, in Walkers zweidimensionaler Kunst das konkrete menschliche Leid zu entdecken.

Mit der Zeit testete sie verschiedene Methoden, um ihre Bildsprache noch stärker herauszuarbeiten. In *Insurrection! (Our Tools Were Rudimentary, Yet We Pressed On)* von 2000 platzierte sie die Scherenschnittfiguren vor einem Hintergrund aus farbigen Lichtprojektionen. Der in sanftes Blau und dunkles Rosa getauchte Himmel verleiht der Arbeit eine transparente Qualität, die an Szenen aus frühen Zeichentrickfilmen erinnert. Zudem knüpfte sie an die berühmteste aller Plantagengeschichten an, und zwar an *Vom Winde verweht* und deren Technicolor-Verfilmung. Die Projektoren waren außerdem so aufgestellt, dass die Schatten der Zuschauer an die Wände geworfen und diese zu Figuren in diesem komplexen Stück wurden.

In *8 Possible Beginnings or: The Creation of African-America, a Moving Picture* (2005) führte Walker bewegliche Bilder und Geräusche ein, um den Betrachter tiefer in ihre düstere Welt zu ziehen. Sie benutzte die Scherenschnitte als Schattentheater, um die Geschichte der amerikanischen Sklaverei zu analysieren, und setzte ihre Stimme und die ihrer Tochter ein, um zu demonstrieren, wie dieses Erbe ihr Bild als Künstlerin und als Afroamerikanerin prägt.

2014 schuf Walker eine 23 Meter lange, über elf Meter hohe und acht Meter breite Sphinx aus mit Zucker beschichtetem Styropor. Das Monstrum mit Kopftuch und den Zügen einer schwarzen Mammy trägt den Titel *A Subtlety or the Marvelous Sugar Baby.* *bf*

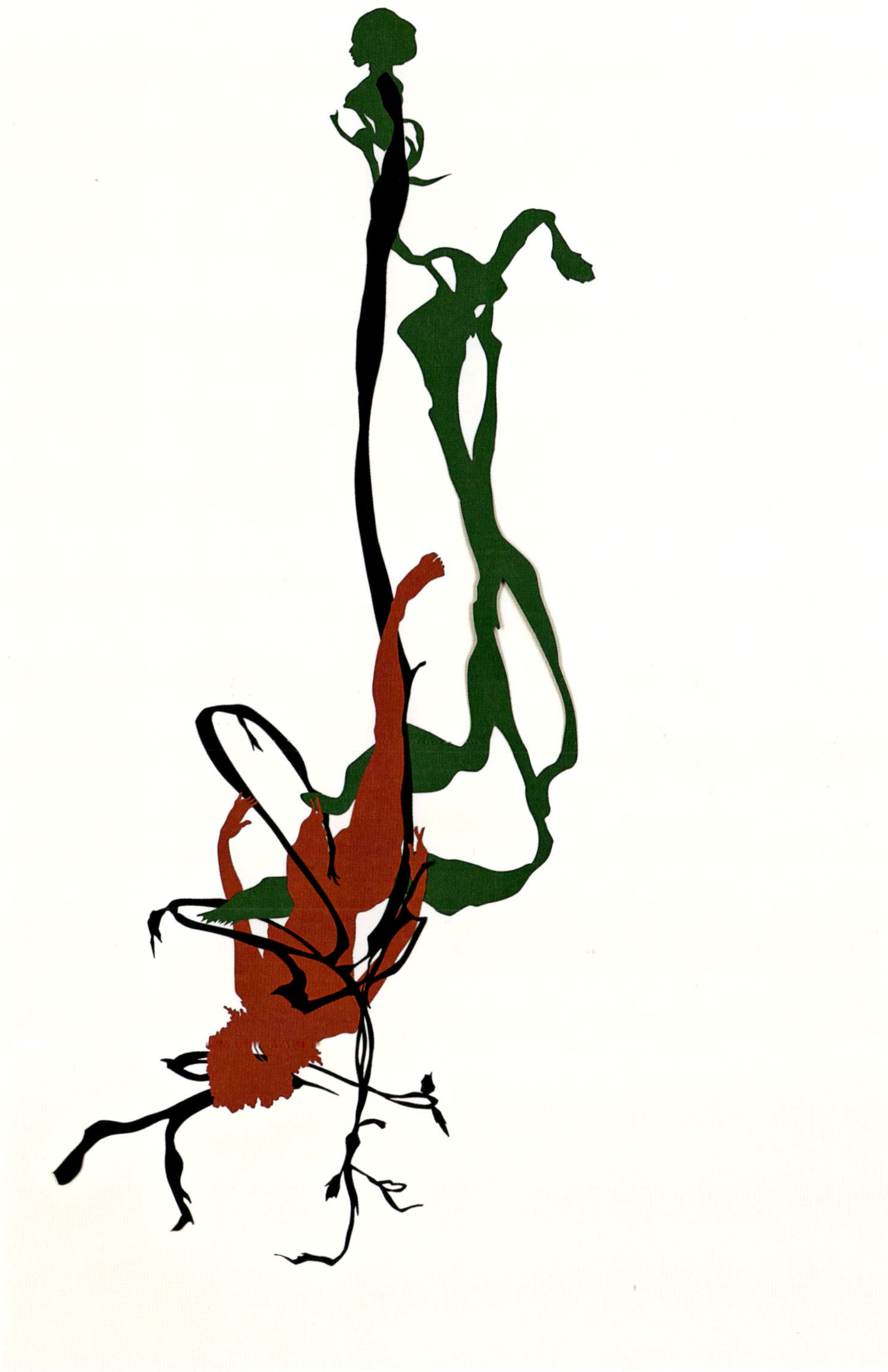

Bureau of Refugees: Mulatto hung by a grapevine near road side between Tuscaloosa & Greensboro, 2007,
Scherenschnitt auf Papier. 78,1 × 52,1 cm. Sikkema Jenkins & Co., New York

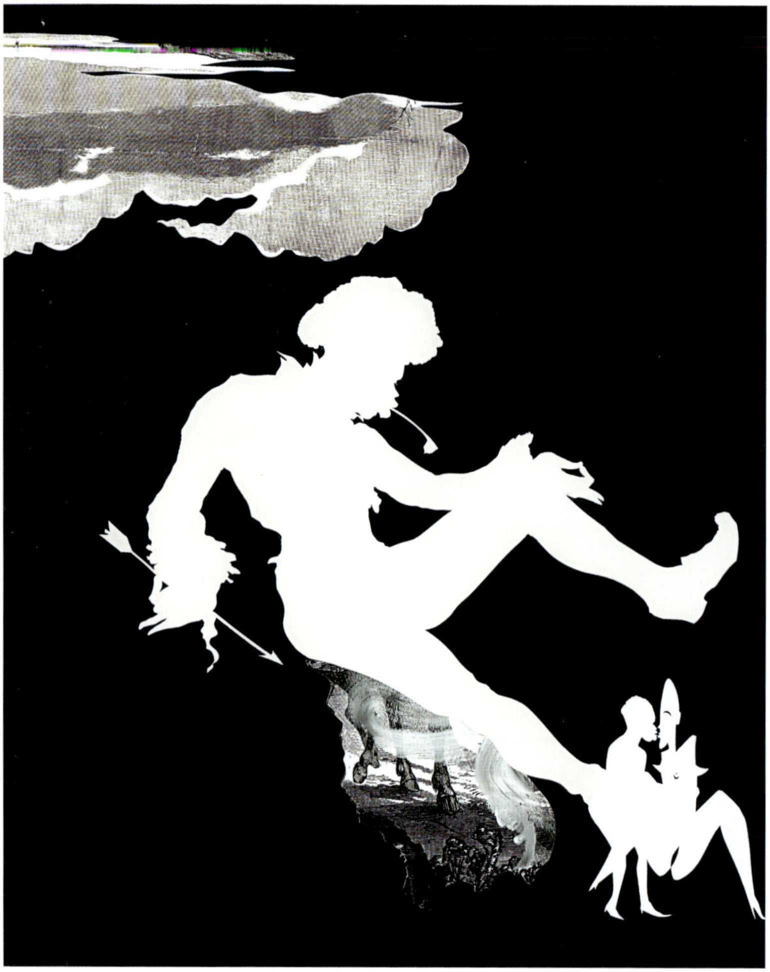

oben:

Untitled, 2009, Scherenschnitt und Collage auf Papier,

Sikkema Jenkins & Co., New York

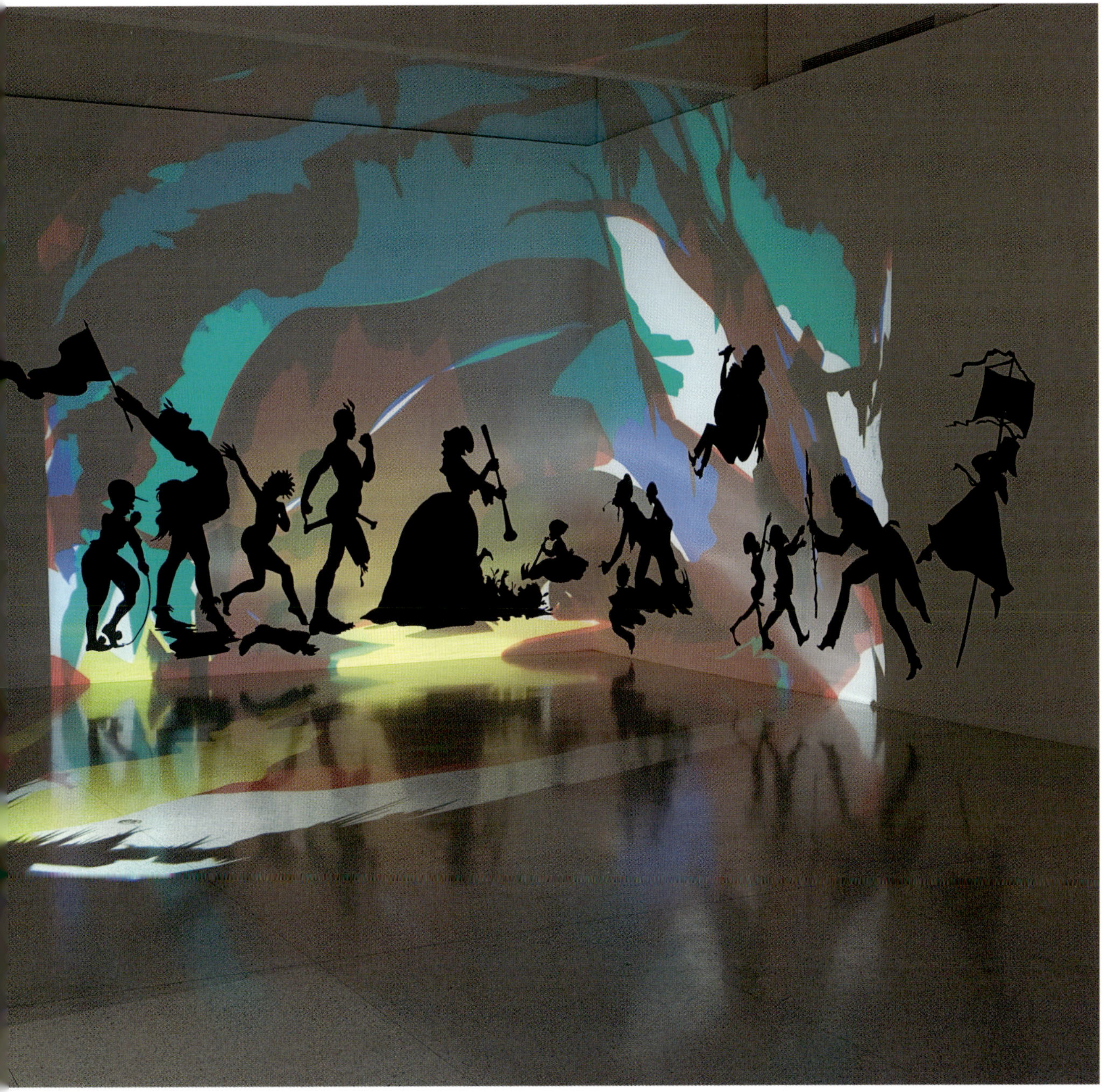

Darkytown Rebellion, 2001, Scherenschnitt und Wandprojektion, Installationsansicht: Kara Walker:
My Complement, My Enemy, My Oppressor, My Love, Walker Art Center, Minneapolis, 2007. Sikkema Jenkins & Co., New York

49 JONATHAN MEESE

Meeses Kunst hat chaotische Sensibilität. Als Performer gelingt es ihm in seinen Aufführungen, die Fragwürdigkeit organisierter Religion, rigider politischer Hierarchien und Formen sozialer Ordnung zu hinterfragen. Seine Bilder mixen Elemente aus der Natur, seiner persönlichen Geschichte und der Populärkultur.

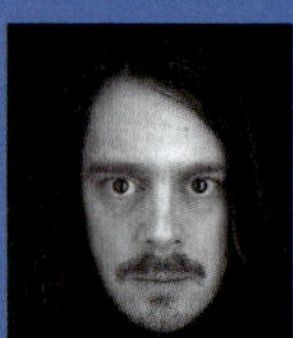

JONATHAN MEESE

1970 Wird in Tokio, Japan, geboren

1995–1998 Studium an der Hochschule für bildende Künste Hamburg

1997 Erste Einzelausstellung *Glockengeschrei nach Deutz* in der Galerie Daniel Buchholz, Köln

1998 Nimmt an der 1. Berlin Biennale für Zeitgenössische Kunst teil; entwirft die Kulissen für Leander Haußmanns Film *Sonnenallee*

2006 Retrospektive *mama johnny* in den Deichtorhallen Hamburg

2010 Bühnenbild für Wolfgang Rihms Oper *Dionysos* bei den Salzburger Festspielen

2011 *Jonathan Meese. Knight Exhibition Series.* Museum of Contemporary Art, North Miami, Florida, USA

2018 Ausstellung *Die Irrfahrten des Meese* in der Pinakothek der Moderne, München

Meese ist davon überzeugt, dass die Kunst die Vergangenheit zu durchleuchten vermag. »Kunst kann besser als alles andere mit der Vergangenheit umgehen«, erklärt er. »Kunst verwandelt alles in ein Spielzeug [...] Die Vergangenheit muss ein Spielzeug der Zukunft sein. Das ist die einzige Art, mit der Vergangenheit umzugehen.« Der Künstler spielt mit den Geschichten und Bildern der Vergangenheit und schafft so neue Möglichkeiten, ihre Botschaften ebenso wie ihre wegweisende Rolle für die Zukunft zu verstehen.

Meeses Kunst setzt sich oft mit der Vergangenheit seiner deutschen Heimat auseinander. Viele seiner Gemälde mischen Bilder aus der deutschen Militärgeschichte mit phallischen Symbolen, Filmfiguren, deutschen und englischen Texten sowie fotografischen Selbstporträts. Die Gesamtwirkung erinnert an Graffitis, an anarchische Proteste gegen eine Welt, die der Kunst nicht genug Aufmerksamkeit zollt. In *Mama Johnny* (2006) schickt Meese geisterhafte Soldaten in einen Krieg. Über ihnen steht eine goldene Sonne in Form eines Eisenkreuzes, die Männer tragen eine Flagge mit dem Wort »Erz« im Banner. Die Straße ist von Leuten gesäumt, allesamt winzige Selbstporträts des Künstlers, während im Hintergrund eine Burg zu sehen ist. Alles parodiert die uralten Beweggründe für Krieg: Macht, Bodenschätze, Nationalstolz.

In *Die Vampirburg »Dark Nackt – Hanswurscht«* (2005) vermengt Meese Horrorgeschichten mit religiösen Elementen. Ein Vampirschloss ragt über einem steilen Kliff auf, das einem Gesicht mit unheilvollen Augen ähnelt. Vertikale Farblinien bedecken die Leinwand wie Regen; christliche Kreuze umgeben die Schlossmauern. Das expressionistisch anmutende Bild greift auf *Nosferatu* (1922) sowie andere frühe Dracula-Verfilmungen zurück und zieht eine Verbindung zwischen der durch Horrorfilme hervorgerufenen Angst und der Angst vor der Hölle, wie sie von der Religion eingesetzt wird.

In anderen Bildern spielt er mit der Populärkultur. In *Die Saalhautyng der mickrigen Realität (Diktatyr der Kunst de Pypp*, 2008) umkreisen die Lippen und das Gesicht von Scarlett Johansson einen Strudel aus gemalten Gliedern und Genitalien – ein Hinweis auf die Macht der zur Ware verkommenen Sexualität.

Meese schafft auch mithilfe anderer Medien ähnlich chaotische Bilder. Seine Bronzeskulpturen erinnern oft an riesige mechanische Comicmonster. In *Totaladler, Baby-Chef der Kunst (das Ei des Columbussy)* von 2007 erscheint ein geflügelter Bronzedämon aus Metallplatten, Dosen und anderem Abfall – ein Wesen aus dem Mülleimer kreativer Vorstellung.

Meese ist zudem für seine energiegeladenen Performances bekannt. Eines seiner berühmtesten Stücke – *Dr. Humpty-Dumpty vs. Fra No-Finger* (2006) – wurde in der Londoner Tate Modern uraufgeführt. Meese schlug in einem nachgestellten Boxring auf Gegenstände ein. Viele davon – Plastikköpfe und ein Kreuz mit dem Namen »Richard Wagner« – zertrümmerte er. Das Tohuwabohu wurde noch wilder, als er begann, in ein Mikro zu brüllen, ins Publikum zu spucken und sich von den Ringseilen zu schwingen – ein Künstler, der die Dämonen der Vergangenheit »austreibt«. *bf*

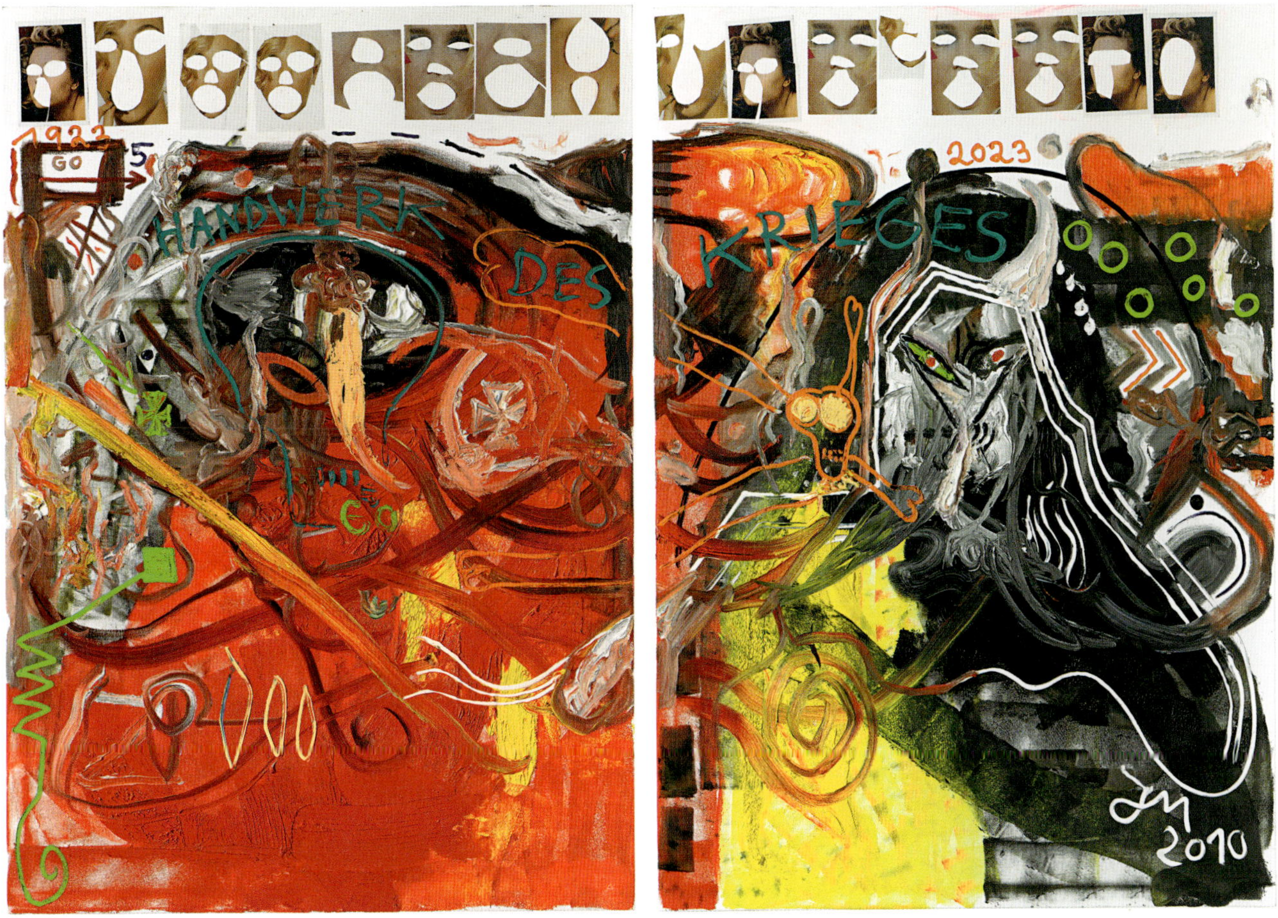

»HEY HOTTICHEN: SCHNULLER DIR DIE SAUKUNST, es bringt's …«, 2010, Mischtechnik, Öl auf Leinwand, 2-teilig, 260 × 372 cm, Sammlung unbekannt

50

ANSELM REYLE

In einer von figurativer Kunst und Performance-Art bestimmten Zeit konzentriert sich Anselm Reyle darauf, die abstrakten Stile des 20. Jahrhunderts neu zu interpretieren. Mithilfe von Metallfolien, Acrylfarben und anderen Materialen entwirft er eine ganz neue Generation modernistischer Kompositionen.

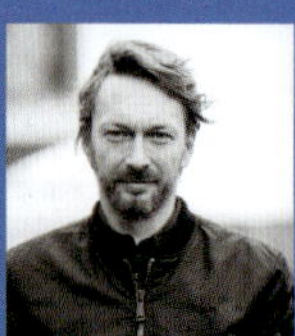

ANSELM REYLE

1970 Wird in Tübingen, Deutschland, geboren

1997/98 Umzug nach Berlin, wo das Anselm Reyle Atelier entsteht

2007 Ausstellung *The Artist's Dining Room* in der Tate Modern, London, mit Manfred Kuttner und Thomas Scheibitz

2009 *Monochrome Age*, Gagosian Gallery, New York

seit 2009 Professur an der Hochschule für bildende Künste Hamburg

2012 Ausstellung *Mystic Silver* in den Deichtorhallen Hamburg

2015 *Anselm Reyle. Ultracore* Le Magasin, Grenoble

2017 *Laguna Sunrise*, Galerie Almine Rech, Brüssel

Abstrakte Kunst hat stets Kritik hervorgerufen. Der ironische Symbolismus der Postmoderne, von Andy Warhols Suppendosen bis hin zu David Hockneys Swimmingpools, lehnte die nüchterne Ernsthaftigkeit des abstrakten Expressionismus oftmals ab. Die schlichten Bauhaus-Formen wie die gemalten Rechtecke eines Josef Albers wurden als antiquierte Relikte der 1950er- und 1960er-Jahre abgetan. Zu Beginn des 21. Jahrhunderts begannen jedoch viele Künstler diese »historischen« Stile neu zu entdecken. Einer dieser Künstler ist Anselm Reyle.

Das Werk von Reyle kombiniert traditionelle abstrakte Kunst mit den Empfindsamkeiten des 21. Jahrhunderts, was sich zum Beispiel darin zeigt, dass er die früher typischen Ölfarben durch billigere, schimmerndere Materialien ersetzt. Seiner Meinung nach besitzt seine Kunst eine »psychedelische Wirkung, wenn man sie aus der Nähe betrachtet. Ein bisschen wie [...] ein LSD-Trip«. Seine Werke mit dem eindeutigsten Wiedererkennungswert bestehen aus vertikalen, mehrfarbigen Folienstreifen, Acryl und Glas. Sie vermengen den strengen Stil von Barnett Newman oder Karl Benjamin mit dem glänzenden Kommerz-Look von Geschenkschachteln aus dem Kaufhaus. Andere Arbeiten aus zerknitterter Aluminiumfolie und Farbspritzern erinnern an Drip-Paintings eines Jackson Pollock oder an die rauen abstrakten Landschaften von Clifford Still.

Reyle eignet sich auch die abstrakte Bildhauerei und Konzeptkunst mit dem 21. Jahrhundert im Blick an. In einer Reihe von verchromten Plastiken zeigen sich die organischen, runden Formen eines Henry Moore. Doch während sich Moores Skulpturen an das Statuenhafte der Antike anlehnen, vermitteln Reyles glänzende Kreationen eine schwerfällige Beweglichkeit – beinahe wie das Innere von Lavalampen.

Andere Plastiken wie *Philosophy* (2009) schaffen auf einer Wand aus gewellten reflektierenden Aluminiumformen Illusionen im Op-Art-Stil. Die minimalistische Kunst eines Dan Flavin mit ihrem genau berechneten fluoreszierenden Licht verändert sich in Reyles Händen zu etwas Chaotischem. Vielfarbige Neonröhren sind zu anarchischen Kringelformen gedreht. Auch berühmte ikonische Darstellungen des Dadaismus und des Surrealismus werden von Reyle humoristisch verfremdet. Marcel Duchamp verwendete in seinem berühmten *Roue de bicyclette* (1913) als Erster gefundene Dinge für seine Kunst. Reyles *Wagenrad* (2003) verwandelt Duchamps Fahrradreifen in ein antik anmutendes Rad, das er an die Wand hängt und von hinten mit Neonlicht beleuchtet. Duchamps Idee mag zwar »antik« sein, aber aus Reyles Sicht besitzt sie für die heutige Kunst weiterhin große Relevanz.

Reyles »Neuverpackungen« vertrauter Kunstwerke stellen Fragen nach dem Charakter von Kunst und künstlerischer Erfindung. Wie kann sich ein Künstler das Werk anderer aneignen, ohne dabei seine eigene Originalität zu verlieren? Was unterscheidet Kunst von Ware? Ein zunehmendes gesellschaftliches Interesse an moderner Kunst und die hohen Preise, die für Werke von Anselm Reyle und anderen seiner Zeitgenossen gezahlt werden, lassen solche Fragen immer relevanter werden. *bf*

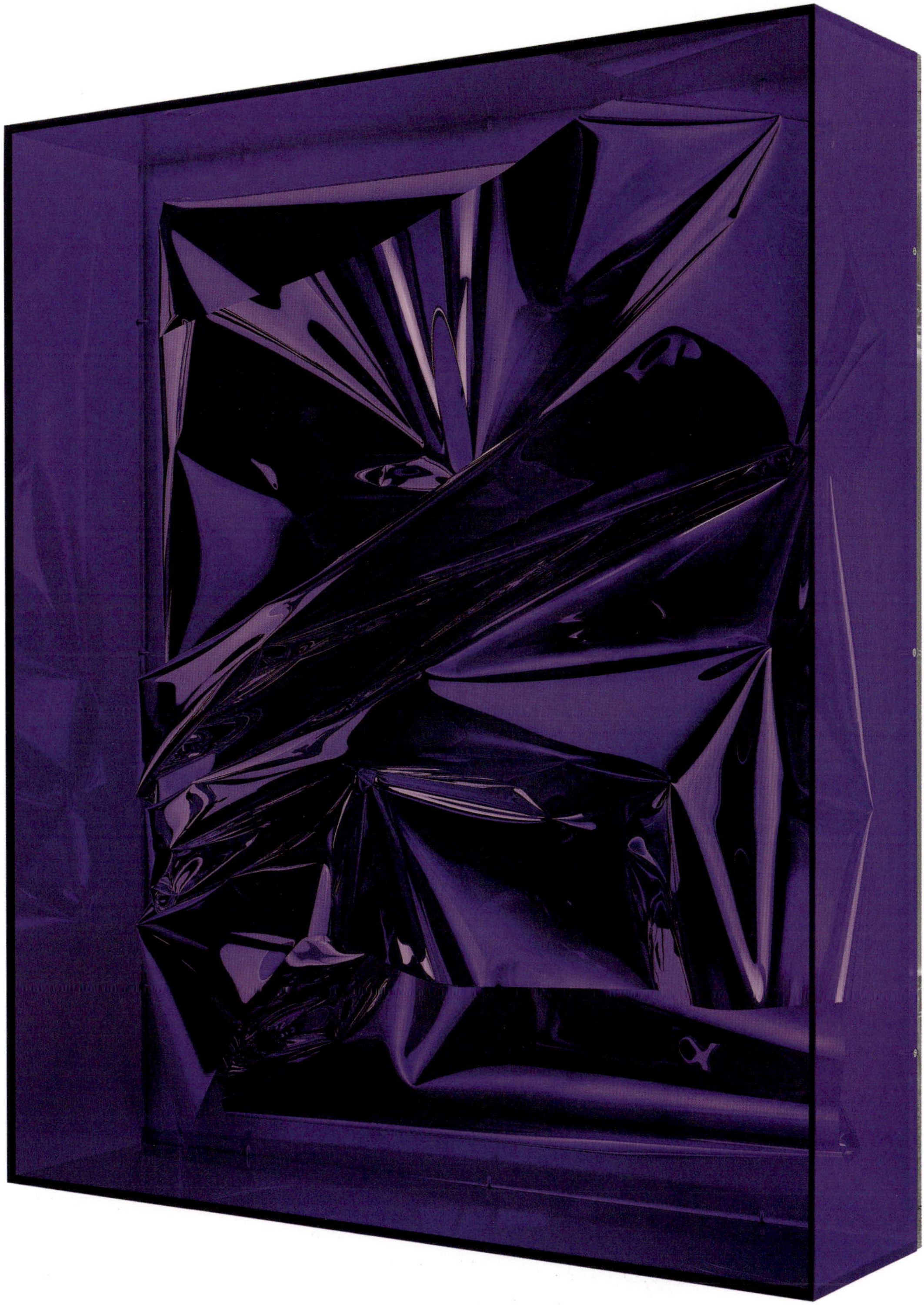

Ohne Titel, 2017, Mischtechnik auf Leinwand, Acrylglas, 101 × 87 × 22 cm, Courtesy of the artist, Paris

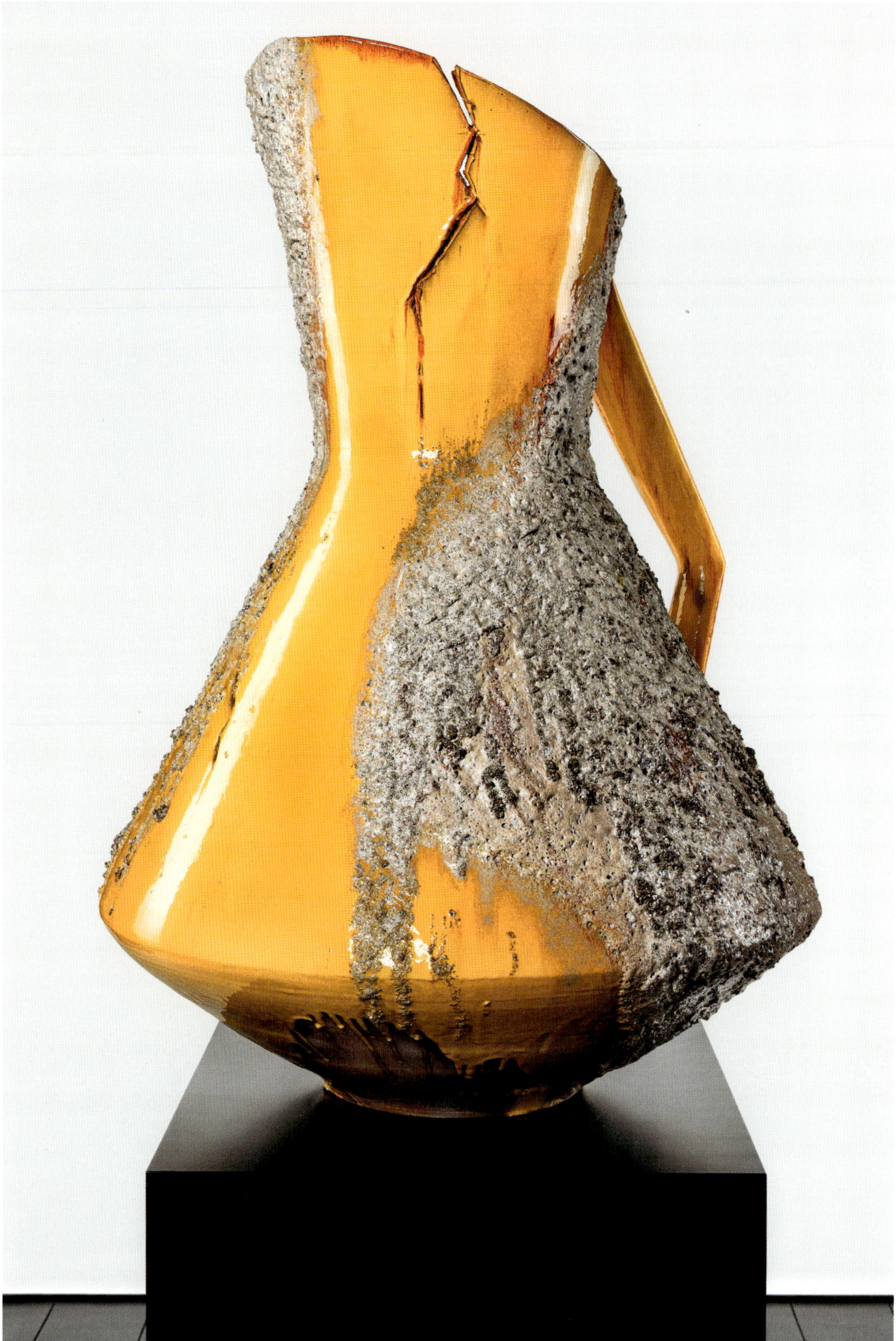

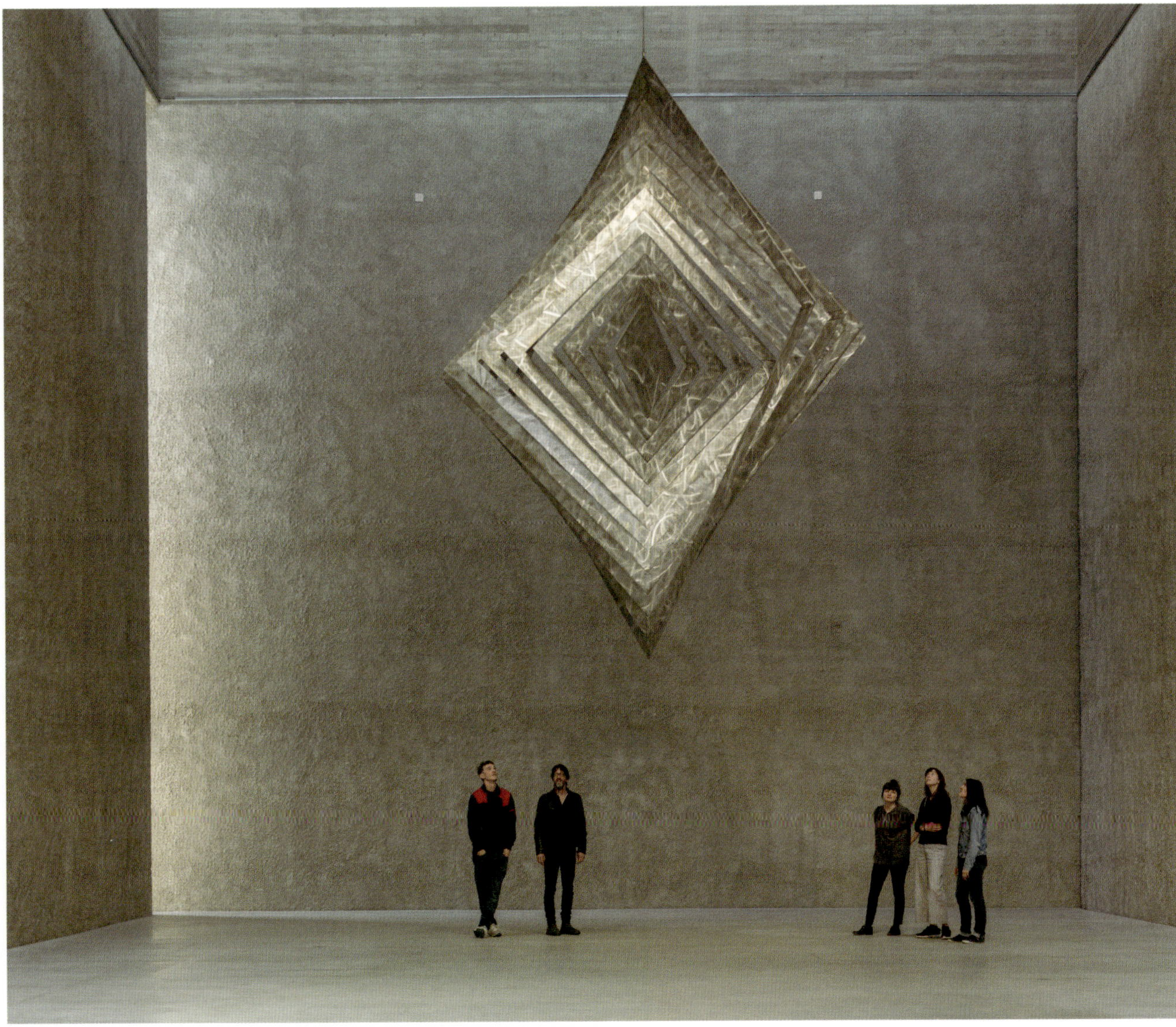

oben:

Ausstellungsansicht *»EIGHT MILES HIGH«*, 2017, KÖNIG Galerie, Berlin

linke Seite:

Them!, 2017, Keramik, glasiert, LED, h = 147 cm, ø 105 cm, Sockel 70 × 80 × 80 cm. Courtesy of the artist

GLOSSAR

ABSTRAKT, ABSTRAKTE KUNST, ABSTRAKTE MALEREI

Abstrakt bedeutet »nicht gegenständlich«. Ab 1910 entstand eine ungegenständliche Richtung der Kunst, bei der es nicht um die Wiedergabe von Dingen geht, sondern bei der die Farben und Formen aus sich selbst heraus wirken sollen.

ABSTRAKTER EXPRESSIONISMUS

Der Begriff abstrakter Expressionismus kam in der europäischen Kunstkritik bereits 1919 als Beschreibung für die Arbeiten von Wassily Kandinsky auf. Nach dem Zweiten Weltkrieg wurde der Begriff auch für die Malerei der New Yorker Schule und deren Künstler Arshile Gorky, Willem de Kooning, Jackson Pollock und Mark Rothko übernommen, deren abstrakte Gestaltung einen starken Kontrast zum Realismus des damals herrschenden amerikanischen Regionalismus bildete. Inspiriert durch die europäische Moderne und den Surrealismus, trugen die Künstler des abstrakten Expressionismus mit automatisierten Bewegungen und durchaus auch mit aggressivem Gestus ihre Farben auf die Leinwand auf, worin sich die innere Aufgewühltheit des Künstlers darin widerzuspiegeln schien. In diesem gestischen Prozess tilgten die Künstler jeden Gedanken an Gegenständlichkeit. Ende der 1940er- und Anfang der 1950er-Jahre fand die unverfälschte Intensität der abstrakten Gemälde große internationale Zustimmung und machte New York zum neuen Epizentrum der Kunstwelt.

AKTION

Aktion, Performance und Happening gleichen einer experimentellen Theater- oder Musikaufführung. Bei ihnen geht es – im Gegensatz zu Kunstwerken in Museen – um ein Ereignis, um ein Geschehen, das nur im Hier und Jetzt existiert. Während der Betrachter bei Happening und Performance mit in das Geschehen einbezogen wird, kann eine Aktion auch ohne Publikum stattfinden und erst im Nachhinein (z. B. anhand von Fotografien) betrachtet werden.

ASSEMBLAGE

(frz.: Zusammenfügung) Bei der Technik der Assemblage entsteht das Kunstwerk durch das Zusammenfügen von verschiedenen Gegenständen bzw. Objekten.

AVANTGARDE

(frz.: Vorhut) Als Vorkämpfer einer neuen künstlerischen Idee oder Richtung greift die Avantgarde der allgemeinen Entwicklung vor, bricht mit traditionellen Formen und etabliert etwas radikal Neues.

BIENNALE

(ital.: zweijährlich) Biennalen sind internationale Veranstaltungen wie zum Beispiel Kunstausstellungen oder Filmfestivals, die im Turnus von zwei Jahren veranstaltet werden. Die Biennale in Venedig zählt dabei weltweit zu einer der bekanntesten und wichtigsten Kunstausstellungen, die alle zwei Jahre stattfinden.

BODY-ART

Eine Kunstströmung, bei der der Körper des Künstlers als Medium eingesetzt wird. Ende der 1960er-Jahre in New York entwickelt, umfasst die Body-Art Aktionen mit dem Körper und Manipulationen der Körperoberfläche bis hin zu Verletzungen des Körpers. Die in der Regel einmalig stattfindenden Aktionen wurden häufig mithilfe von Film, Video und Fotografie aufgezeichnet.

COLLAGE

(fraz. *coller* = kleben) Bei dieser künstlerischen Technik werden Papierstücke, Zeitungsausschnitte, Stoffreste, Tapeten, zerschnittene Bilder etc. zu Bildern zusammengeklebt.

DOCUMENTA

Die documenta ist eine große, international ausgerichtete Ausstellung zur zeitgenössischen Kunst, die alle fünf Jahre in Kassel stattfindet.

EXPRESSIONISMUS

Anders als die Künstler des Impressionismus, die vor allem den stimmungsvollen Eindruck des Lichts in der Natur in ihren Bildern festgehalten hatten, ging es den Expressionisten darum, ihren eigenen Gefühlen in den Gemälden mittels der Farbe und Form Ausdruck zu verleihen: »Expression« bedeutet »Ausdruck«.

Mit ihren lebensfrohen Farben und vereinfachenden Formen hatte ihnen dies die Gruppe der Fauves in Paris vorgemacht. Wassily Kandinsky entwickelte den Expressionismus zur ► abstrakten Kunst weiter. In Amerika entstand der ► abstrakte Expressionismus.

GRAFIK

(von griech. *graphein* = schreiben, zeichnen, ritzen) Unter Grafik versteht man eine Zeichnung oder das Ergebnis eines drucktechnischen Verfahrens, zum Beispiel eine Radierung, einen Holzschnitt, einen Kupferstich, eine Lithografie oder einen Siebdruck.

HAPPENING ► AKTION

INFORMEL ODER INFORMELLE KUNST

Informel ist ein Sammelbegriff für die Stilrichtungen der abstrakten Kunst (ungegenständlich, nicht figurativ) in den europäischen Nachkriegsjahren.

INSTALLATION

Unter Installationen versteht man dreidimensionale Kunstwerke, die in einen bereits bestehenden Raum hineingebaut werden. Dabei können die unterschiedlichsten Materialien und auch Medien zum Einsatz kommen.

KONZEPTKUNST

Konzeptkunst entwickelte sich zu einem Überbegriff für Kunstformen, in denen die Idee (Konzept) hinter dem Kunstwerk wichtiger ist als das eigentliche Produkt. Die Konzeptkunst hat ihren Ursprung in den »Ready-mades« – vorgefundenen Gegenständen – von Marcel Duchamp (1887–1968), aber erst in den späten 1960er-Jahren entwickelte sich aus dieser Philosophie eine größere Bewegung, in der Künstler begannen, die traditionellen ästhetischen Konzepte zu überdenken. In manchen Fällen tilgten sie das fassbare Kunstobjekt vollständig aus. So lud die wegweisende Arbeit von Joseph Kosuth *One and Three Chairs* (1965) den Besucher ein, durch eine Installation mit einem tatsächlichen Stuhl, einer Fotografie eines Stuhls und einer schriftlichen Definition des Wortes »Stuhl« über den Begriff der »Stuhlheit« nachzudenken. Solche Arbeiten wiesen das konventionelle formale Element der Kunst zurück, lenkten die Aufmerksamkeit des Betrachters auf deren Konzeption und stuften damit die Idee höher ein als das Objekt.

KUNST IM ÖFFENTLICHEN RAUM

Kunst im öffentlichen Raum bzw. Public Art gilt als Sammelbegriff für Kunstwerke unterschiedlicher Epochen und Stile, die im kommunalen öffentlichen Raum, zum Beispiel in städtischen Parks, auf Straßen oder Plätzen zu sehen sind – angefangen bei antiken Reiterstandbildern über Antoni Gaudís Park Güell in Barcelona bis zu den Nana-Figuren von Niki de Saint Phalle in Hannover aus den 1970er-Jahren. Auch die Schablonengraffiti des britischen Street Artist Banksy fallen unter die Kategorie Public Art. Zu den bekanntesten Kunstwerken im öffentlichen Raum zählt die Verhüllung des Reichstagsgebäudes in Berlin von Christo und Jeanne-Claude im Jahr 1995. bei dieser spektakulären Kunstaktion wurde das gesamte Gebäude mit aluminiumbedampftem Polypropylengewebe abgedeckt.

MEDIENKUNST

Die neuen Medien sind jeweils der Träger bzw. der Vermittler der Kunst. Je nachdem, welches Medium im Schaffensprozess oder bei der Wiedergabe eingesetzt wird, werden Unterbegriffe zur Bezeichnung eigener Kunstformen verwendet, zum Beispiel digitale Kunst, Videokunst, Computerkunst oder elektronische Kunst.

MINIMALISMUS

Im Minimalismus wird versucht, das Medium der Skulptur auf dessen reinste Form zurückzuführen. Bildhauer des Minimalismus schufen schlichte geometrische Objekte, denen jegliche Raumwirkung fehlt und die von ihrer konkreten Greifbarkeit leben. In den 1960er-Jahren wurde die Bewegung inspiriert von der nachmalerischen Abstraktion sowie von der minimalistischen Musik, die ihre Ästhetik auf die einfachste Ausdrucksform zu reduzieren versuchten. Einige Künstler wie Donald Judd schufen mit einem minimalistischen Ansatz universelle Aussagen, in denen es keine Mehrdeutigkeit und nur die Wahrheit des »Objektseins« gibt. Andere nutzten die emotionale Kraft der Einfachheit, so auch, wie Maya Lin im Denkmal für die Veteranen von Vietnam in Washington (1981–1983).

MODERNE KUNST

Zusammenfassende Bezeichnung für die verschiedenen Kunststile seit etwa 1890.

NEOEXPRESSIONISMUS

Die Stilrichtung zeichnet sich einerseits durch eine figürliche Malerei, andererseits durch expressive Farbigkeit aus.

Neben Figürlichkeit bzw. Gegenständlichkeit sind ein spontaner, emotionaler Ausdruck, das humorvolle Spiel mit kunsthistorischen Stil- und Sujet-Zitaten, die ironische, emphatische oder aggressive Geste sowie ästhetische Provokationen charakteristisch. Der Neoexpressionismus entstand Anfang der 1960er-Jahre in Abkehr zum vorherrschenden ► Informel. Vertreter sind Georg Baselitz, Markus Lüpertz, Bernd Koberling, Karl Horst.

OBJEKT

Objekte sind (moderne) Kunstwerke, die aus vorhandenen Gegenständen bestehen oder sich aus diesen zusammensetzen.

OBJEKTKUNST

Marcel Duchamp gilt als Begründer der Objektkunst, deren Vertreter – etwa Man Ray – seit Anfang des 20. Jahrhunderts unveränderte oder leicht veränderte Fundstücke und Alltagsgegenstände in ihre Bildern, ► Assemblagen und ► Collagen aufnahmen. Die ► Konzeptkunst geht noch weiter: Hier zählt nur die Idee des Künstlers, unabhängig davon, ob er das später daraus entstandene Werk selbst geschaffen hat.

ÖLMALEREI

Bei dieser Maltechnik wird als Bindemittel für die Farbpigmente Öl (Lein-, Mohn-, oder Nussöl) verwendet. Ölfarben können sowohl lasierend (durchscheinend) als auch deckend aufgetragen werden. Sie ermöglichen feinste Abstufungen und Übergänge. Um einem Ölgemälde eine möglichst lange Haltbarkeit zu verleihen, wird das Bild abschließend mit einem luftundurchlässigen, durchsichtigen Firnis (z. B. Lösungen von Weichharzen) bestrichen.

PERFORMANCE ► AKTION

PLASTIK

(von griech. *plastein* = formen, bilden) Plastiken und Skulpturen sind dreidimensionale Kunstwerke, Bildhauerarbeiten. Im engeren Sinne versteht man darunter ein geformtes Kunstwerk aus ursprünglich weichen, formbaren Materialien (z. B. Ton, Bronze), während eine Skulptur aus einem harten Material geschlagen wird. Unter einer Rundplastik versteht man ein frei stehendes Kunstwerk, das von allen Seiten betrachtet werden kann.

POP-ART

Pop-Art bedeutet so viel wie beliebte oder alltägliche Kunst. Tatsächlich wollten die Pop-Art-Künstler aus England und den USA populäre Gegenstände des Alltagslebens auf künstlerische Art und Weise zeigen. Zuvor hatten die Maler des ► abstrakten Expressionismus in New York die Abbildung von realen Dingen aus ihren Gemälden verbannt. Jetzt waren plötzlich Film- und Musikstars, berühmte Politiker, Autos, Straßenschilder, Zigarettenschachteln, Bierdosen und Fahnen zu sehen, wie man sie aus Modemagazinen, aus dem Supermarkt oder von der Straße kannte. Der große Markt für Verbrauchsgüter bot eine reichhaltige Inspirationsquelle. Wichtige Vertreter der Pop-Art waren Andy Warhol, Robert Rauschenberg, Richard Hamilton, Roy Lichtenstein, David Hockney und Claes Oldenburg. Ihr spielerischer Umgang mit dem Ausgangsmaterial beeinflusst noch immer Zeitgenossen wie Jeff Koons (Seite 66) und Takashi Murakami (Seite 92).

PORTRÄT

(lat. *protahere* = hervorziehen) Bildnisse, die bestimmte Menschen darstellen. Es gibt Einzel-, Doppel- und Gruppenporträts. Ein Porträt kann den Menschen ganz (Ganzfigur) oder teilweise zeigen (Bildnis, Bruststück, Halbfigur, Kniestück), von vorn (Vorderansicht, en face) oder von der Seite (Profil). Auftragsporträts wurden beim Künstler in Auftrag gegeben.

RETROSPEKTIVE

Eine Retrospektive (wörtlich: Rückschau) ist eine Kunstausstellung, die einzelne Schaffensphasen eines bestimten Künstlers oder sein Gesamtwerk zusammenfassend präsentiert.

SKULPTUR ► PLASTIK

TURNER-PREIS

Dieser Preis, benannt nach dem britischen Maler Joseph Mallord William Turner (1775–1851), gilt als renommierteste Auszeichnung für zeitgenössische britische Kunst. Ins Leben gerufen wurde er in den frühen 1980er-Jahren von der Gruppe »Patrons of the New Art«, gegründet vom damaligen Direktor der Tate Gallery, Alan Bowness, mit dem Ziel, das Museum beim Erwerb neuer Werke und der Förderung zeitgenössischer Kunst zu unterstützen.

Der Turner-Preis ist mit 25 000 Pfund (ca. 28 000 Euro) dotiert und wird seit 1984 jährlich einem von vier Nominierten verliehen. Die anderen drei erhalten jeweils 5000 Pfund. Die Nominierung erfolgt für eine herausragende Ausstellung der letzten zwölf Monate. Die Kandidaten dürfen dabei das 50. Lebensjahr noch nicht vollendet haben. Vergeben wird der Preis von einer wechselnden Jury unter dem Dach der britischen Tate Gallery in London, wo jeweils im Herbst die Ausstellung mit den Arbeiten der Nominierten gezeigt wird. Unter den Turner-Preisträgern waren beispielsweise Chris Ofili (1988), Anish Kapoor (1991), Damien Hirst (1995), Rachel Whiteread (1993), Peter Doig (1994) und Wolfgang Tillmans (2000). Im Jahr 2017 erhielten unter anderen die britische Malerin Lubaina Himid und die 1972 in Suttgart geborene Künstlerin Andrea Büttner den Preis.

VIDEOKUNST

Die Videokunst ist eine Kunstform, die sich der Projektion als Medium der künstlerischen Aussage bedient. Sie entstand in den frühen 1960er-Jahren in Deutschland und Amerika. Der Begriff Videokunst bezieht sich darauf, dass die Künstler mit der Videotechnik arbeiten, also Videos im Rahmen einer Videoinstallation oder in Form einer Videoskulptur präsentieren. Dabei werden entweder die Technik selbst im Werk thematisiert und die Möglichkeiten des Mediums ausgelotet – oder aber der Bildschirm wird als eine Art Leinwand betrachtet, die neuartige, zeitgemäße Möglichkeiten und Formen einer »Malerei« mit bewegten Bildern eröffnet. Zu den bedeutenden Videokünstlern zählen Nam June Paik, Bill Viola, Gary Hill und Nan Hoover.

YOUNG BRITISH ARTISTS

Young British Artists (YBAs) ist die Bezeichnung für eine 1988 entstandene britische Künstlerbewegung. Als Gründungsausstellung gilt die maßgeblich von Damien Hirst initiierte Werkschau *Freeze*, die 1988 in einer leer stehenden Halle in den Londoner Docklands gezeigt wurde. Die 16 teilnehmenden Künstler, unter ihnen Damien Hirst selbst, Angela Bulloch, Sarah Lucas und Gary Hume, waren alle Studenten am Londoner Goldsmiths College. Zur Gründergeneration der YBAs gehören außerdem Chris Ofili, Tracey Emin, Mona Hatoum und Rachel Whiteread. Der Londoner Kunsthändler und Werbemanager Charles Saatchi wurde auf die Künstlergruppe aufmerksam und prägte mit seiner Sammlertätigkeit den Kanon der Young British Art entscheidend mit. Die in seiner Galerie im Londoner Norden stattfindenden Ausstellungen trugen maßgeblich zum Erfolg der Young British Artists bei. Im Jahr 1992 wurde in der »Saatchi Gallery« auch die erste »Young British Artists«-Ausstellung präsentiert, auf der Damien Hirst dem Publikum sein bekanntestes Werk *The Physical Impossibility of Death in the Mind of Someone Living* zeigte. Auch die Werkschau *Sensation* präsentierte 1997 in der Royal Academy Werke, die mittlerweile zu Ikonen der Kunst der YBAs avanciert sind, wie zum Beispiel die schaurig mutierten Kinderfiguren von Jake und Dinos Chapman (*Tragic Anatomies*, 1996) und das Zelt mit den applizierten Namen aller Personen, mit denen Tracey Emin einmal gemeinsam in einem Bett geschlafen hat (*Everyone I Have Ever Slept With 1963–1995*, 1995). Bei einem Großbrand im Jahr 2004 wurde allerdings ein großer Teil von Charles Saatchis Sammlung zerstört.

ZEITGENÖSSISCHE KUNST

Zeitgenössische Kunst bezeichnet Kunst, die von einem lebenden Künstler hergestellt und von anderen Zeitgenossen als bedeutend wahrgenommen wird. In der Regel ist damit die Gegenwartskunst angesprochen. Im Kontext der Kunstgeschichte ist der Begriff der Moderne mit einer zwar nicht abgeschlossenen, aber bereits historischen Epoche der Kunstgeschichte verbunden. Modern gilt hier nicht mehr unbedingt als zeitgenössisch oder zeitgemäß. Mit den Begriffen »Zeitgenössische Kunst«, »Gegenwartskunst« und -»Contemporary Art« ist keine Aussage hinsichtlich Konzept, künstlerischem Stil, Technik, Form oder hinsichtlich Zugehörigkeit zu einer künstlerischen Strömung, Bewegung bzw. Gruppe verbunden.

PORTRÄTABBILDUNGEN

01 GERHARD RICHTER
Gerhard Richter in seiner Ausstellung *Acht Grau,* Deutsches Guggenheim Berlin, 2002, © akg-images/Bruni Meya

02 DAVID HOCKNEY
Porträt von David Hockney, undatiert, Fotografie

03 BRUCE NAUMAN
Bruce Nauman, *Hologram B* aus der ersten Hologram-Serie *Making Faces (A-K),* 1968, holografisches Bild auf Glas, 20,3 × 25,4 cm, © VG Bild-Kunst, Bonn 2021/Foto: Courtesy Speron Westwater, New York

04 BARBARA KRUGER
Porträt von Barbara Kruger, 1991, Fotografie

05 ANSELM KIEFER
Porträt von Anselm Kiefer, undatiert, Fotografie, © Courtesy Studio Anselm Kiefer

06 PAUL MCCARTHY
Porträt von Paul McCarthy, 2001, Fotografie, © Mara McCarthy

07 JEFF WALL
Porträt von Jeff Wall, undatiert, Fotografie

08 MARINA ABRAMOVIĆ
Marina Abramović auf Sardinien, 1967, Fotografie

09 RICHARD PRINCE
Porträt von Richard Prince, undatiert, Fotografie

10 JENNY HOLZER
Porträt von Jenny Holzer, 2001, Fotografie, © ullstein bild – Minehan

11 BILL VIOLA
Porträt von Bill Viola, undatiert, Fotografie, © Kira Perov

12 MONA HATOUM
Porträt von Mona Hatoum, undatiert, Fotografie © Jim Rakete

13 MARLENE DUMAS
Porträt von Marlene Dumas mit ihrer Arbeit *Selfportrait at Noon,* 2008, Öl auf Leinwand, 90 × 100 cm, Antwerpen, Courtesy Zeno X Gallery, © Wim Daneels

14 NAN GOLDIN
Nan, Goldin, *Nan one month after being battered,* 1984, Fotografie, 69,5 × 101,5 cm, Tate Gallery, London © Nan Goldin

15 SOPHIE CALLE
Porträt von Sophie Calle, 2007, Fotografie, © Alberto Pizzoli/ Getty Images

16 CINDY SHERMAN
Porträt von Cindy Sherman, undatiert, Fotografie, © Courtesy of the artist and Metro Pictures

17 ANISH KAPOOR
Porträt von Anish Kapoor, 2007, Fotografie, © Phillipe Chancel

18 ROBERT GOBER
Porträt von Robert Gober, undatiert, Fotografie

19 MIKE KELLEY
Porträt von Mike Kelley, undatiert, Fotografie, © Cameron Wittig, Courtesy of Kelley Studio and The Walker Art Centre

20 ANDREAS GURSKY
Porträt von Andreas Gursky, undatiert, Fotografie, © Mikael Olsson

21 JEFF KOONS
Porträt von Jeff Koons, 2008, Fotografie, © Frederic SOULOY/GAMMA-RAPHO/laif

22 WILLIAM KENTRIDGE
Still aus *Journey to the Moon,* 2003, 35 mm und 16 mm Film (Schwarz-weiß mit Sound unterlegt), 7:10 Min., Museum of Modern Art, New York, © Courtesy of William Kentridge and Goodman Gallery

23 SHIRIN NESHAT
Porträt von Shirin Neshat, 2006, Fotografie, © Lina Bertucci

24 RAYMOND PETTIBON
Porträt von Raymond Pettibon, undatiert, Fotografie, © Elfie Semotan

25 AI WEIWEI
Porträt von Ai Weiwei, undatiert, Fotografie, © Courtesy Mary Boone Gallery

26 PETER DOIG
Porträt von Peter Doig, undatiert, Fotografie, © Alex Smailes/abovegroup

27 MAURIZIO CATTELAN
Porträt von Maurizio Cattelan, undatiert, Fotografie, © Pierpaolo Ferrari

28 NEO RAUCH
Porträt von Neo Rauch, undatiert, Fotografie, © Gregor Hohenberg

29 TRACEY MOFFATT
Porträt von Tracey Moffatt, undatiert, Fotografie, © Courtesy of the artist and Roslyn Oxley9 Gallery, Sydney

30 TAKASHI MURAKAMI
Porträt von Takashi Murakami, undatiert, Fotografie, © Takashi Murakami/ Kaikai Kiki Co., Ltd. All Rights Reserved/Foto: GION

31 GABRIEL OROZCO
Porträt von Gabriel Orozco, undatiert, Fotografie, © Enrique Badulescu

32 PIPILOTTI RIST
Porträt von Pipilotti Rist, 2008, Fotografie, © giorgio@vonarb-fotografie.ch. Courtesy the artist and Hauser & Wirth Zürich London

33 RACHEL WHITEREAD
Porträt von Rachel Whiteread in der Tate Gallery, 2005, Fotografie, © Peter Macdiarmid/Getty Images

34 TRACEY EMIN
Tracey Emin, *Why I Never Became a Dancer,* 1995, Super-8-Film, © Tracey Emin, All rights reserved/ VG Bild-Kunst, Bonn 2021/ Foto: Courtesy Jay Jopling/ White Cube London

35 DAMIEN HIRST
Damien Hirst in seinem Studio in Chalford, September 2006, Fotografie, © akg-images/ Purkiss Archive

36 ZHANG HUAN
Porträt von Zhang Huan, undatiert, Fotografie

37 ELIZABETH PEYTON
Elizabeth Peyton, *E,* 2010, Kohle auf Papier, 28,9 × 21 cm, © Elizabeth Peyton, Courtesy neugerriemschneider, Berlin

38 JAKE & DINOS CHAPMAN
Porträt von Jake & Dinos Chapman, undatiert, Fotografie, © Elfie Semotan

39 ÓLAFUR ELÍASSON
Porträt von Ólafur Elíasson, 2010, Fotografie

40 MATTHEW BARNEY
Porträt von Matthew Barney, 2007, Fotografie, © Michael Rees, Courtesy Gladstone Gallery, New York

41 SAM TAYLOR-JOHNSON
Porträt von Sam Taylor-Johnson, 2010, Fotografie, © Phil Poynter

42 MARIKO MORI
Mariko Mori in Venedig, 2005, Fotografie, © akg-images/ Niklaus Stauss

43 TAL R
Porträt von Tal R, undatiert, Fotografie, © Elfie Semotan

44 WOLFGANG TILLMANS
Porträt von Wolfgang Tillmans, undatiert, Fotografie, © Henry Linser

46 DOUG AITKEN
Porträt von Doug Aitken, 2009, Fotografie, © Aubrey Mayer

47 GREGOR SCHNEIDER
Porträt von Gregor Schneider in Venedig, 2010, Fotografie, © Albrecht Fuchs

48 KARA WALKER
Porträt von Kara Walker, undatiert, Fotografie

49 JONATHAN MEESE
Porträt von Jonathan Meese, undatiert, Fotografie, © Jan Bauer

50 ANSELM REYLE
Porträt von Anselm Reyle, undatiert, Fotografie, © Courtesy Studio Anselm Reyle

Die Bildvorlagen wurden uns freundlicherweise von folgenden Fotografen, Bildagenturen und Galerien etc. zur Verfügung gestellt:

Mike Bruce: S. 101; Pater Cox: S. 45–47; Bill Viola Studio LLC, Foto: Kira Perov: S. 38–41; A, Burger, Courtesy of the artist and Hauser & Wirth Zürich, London: S. 99; Ólafur Elíasson, Courtesy of the artist; neugerriemschneider, Berlin; Tanya Bonkadar Gallery, New York: S. 119; Getty Images/Andrew H. Walker: S. 32/33; Michael James O'Brien, Courtesy Gladstone Gallery, New York: S. 121; GION: S. 93; David Heald: S. 37; Jochen Littkemann, Berlin: S, 77, 81; Jochen Littkemann, Berlin: Courtesy Fine Arts, Berlin: S. 129–131, 147; Attilio Maranzano: S. 31, 59; mauritius images/ Songquan Deng/Alamy: S. 58; Dave Morgen, Courtesy the artist and Royal Academy of Arts: S. 57; Philippe Migeat, Courtesy Centre Pompidou, Paris: S. 43; Frederik Nilsen, Los Angeles: S. 63; Catherine Opie: S. 61; Prudence Cuming Associates/© Hirst Holdings Limited and Damien Hirst: S. 105; Courtesy the artist and Roslyn Oxley9 Gallery, Sydney: S. 91; Richard Schmidt: S. 15; Courtesy Speron Westwater, New York: S. 17; Studio Elíasson, 2010, Courtesy of the artist; neugerriemschneider, Berlin; Tanya Bonkadar Gallery, New York: 118; Sam Taylor-Johnson, Courtesy White Cube, London: S. 125; Uwe Walter, Berlin: S. 87–89; Stephen White: S. 113; Stephen White, Courtesy Jay Jopling/ White Cube London: S. 103

Umschlag-Vorderseite: Gerhard Richter, *Abstract Painting*, 1992, 200 × 180 cm, Privatsammlung; Frontispiz: Maurizio Cattelan, *Not Afraid of Love*, 2000, Polyester, Kunstharz, Farbe und Stoff, 205,7 × 312,4 × 137,2 cm, Privatsammlung. Seite 10/11: Mike Kelley, *Kandors*, Installationsansicht 2007, Jablonka Galerie, Berlin. Courtesy Gagosian Gallery, New York

Der Text zu Marina Abramović stammt von Christiane Weidemann und wurde von Cornelia Panzacchi aus dem Englischen übersetzt.

München · London · New York, 2022, in der Penguin Random House Verlagsgruppe GmbH
Neumarkter Straße 28 · 81673 München
Die Originalausgabe erschien 2007

Projektleitung Verlag: Andrea Weißenbach, Kira Uthoff
Übersetzung aus dem Englischen: Mechthild Barth
Lektorat: Andrea Weißenbach, aktualisiert von Antje Eszerski für bookwise GmbH
Bildredaktion: Katharina Knüppel, Adeline Henzschel
Coverdesign: Sofarobotnik
Gestaltung: normal industries, München
Satz: bookwise GmbH, München
Herstellung: Corinna Pickart
Druck und Bindung: DZS Grafik, d.o.o., Ljubljana

FSC www.fsc.org MIX Papier aus verantwortungsvollen Quellen FSC® C106600

Verlagsgruppe Random House FSC® N001967

Printed in Slovenia

ISBN 978-3-7913-8441-2

www.prestel.de

TIMELINE

1930er

GERHARD RICHTER
*1932

DAVID HOCKNEY
*1937

1940er

BRUCE NAUMAN
*1941

BARBARA KRUGER
*1945

ANSELM KIEFER
*1945

PAUL MCCARTHY
*1945

JEFF WALL
*1946

MARINA ABRAMOVIĆ
*1946

RICHARD PRINCE
*1949

1950er

JENNY HOLZER
*1950

BILL VIOLA
*1951

MONA HATOUM
*1952

MARLENE DUMAS
*1953

NAN GOLDIN
*1953

SOPHIE CALLE
*1953

CINDY SHERMAN
*1954

ANISH KAPOOR
*1954

ROBERT GOBER
*1954

MIKE KELLEY
1954 – 2012

ANDREAS GURSKY
*1955

JEFF KOONS
*1955

WILLIAM KENTRIDGE
*1955

SHIRIN NESHAT
*1957

RAYMOND PETTIBON
*1957

AI WEIWEI
*1957

PETER DOIG
*1959